特级教师和你一起学作文

石头教美文

——献给小学生、家长和老师

蒋开键　高应帆　著

四川大学出版社

特约编辑:覃柳慧
责任编辑:楼　晓
责任校对:张　雪
封面设计:肖　尧 / 原谋设计工作室
责任印制:王　炜

图书在版编目(CIP)数据

石头教美文：献给小学生、家长和老师 / 蒋开键，
高应帆著. —成都：四川大学出版社，2014.7
ISBN 978-7-5614-7886-8

Ⅰ.①石… Ⅱ.①蒋… ②高… Ⅲ.①作文课-小学
-教学参考资料　Ⅳ.①G624.243

中国版本图书馆 CIP 数据核字（2014）第 165097 号

书　名	石头教美文	
	——献给小学生、家长和老师	
著　者	蒋开键　高应帆	
出　版	四川大学出版社	
地　址	成都市一环路南一段 24 号 (610065)	
发　行	四川大学出版社	
书　号	ISBN 978-7-5614-7886-8	
印　刷	郫县犀浦印刷厂	
成品尺寸	170 mm×240 mm	
印　张	16.5	
字　数	303 千字	
版　次	2014 年 7 月第 1 版	
印　次	2014 年 7 月第 1 次印刷	
定　价	35.00 元	

◆读者邮购本书,请与本社发行科联系。
　电话:(028)85408408/(028)85401670/
　(028)85408023　邮政编码:610065
◆本社图书如有印装质量问题,请
　寄回出版社调换。
◆网址:http://www.scup.cn

版权所有◆侵权必究

開智慧之門

啟愛心之鍵

題陶之原石郎
丁亥春李書林

吾静思 老顽童

石头教美文，贯穿爱精神。 石头爱学生，学生乐美文。

入课解聪字，听看说用心。 读书和观察，石头教窍门。

素材铺垫好，表达需求旺。 如何表达好，石头善引导。

典型做示范，鼓励尽周到。 学生上讲台，师生换位好。

讲课初磨练，成长加力棒。 美文上博客，相互评论忙。

家长沟通畅，亲近正能量。 博友来参与，群贤助人长。

石头教美文，方法多创新。 例文编得好，经验写得真。

学教作文者，读读想窍门。 功夫在体悟，实践要紧跟。

语文重人文，别生功利心。 经验在书里，学习在个人。

要学教美文，先学石头人。 忠诚做教育，做事先做人。

目 录

上·文心篇

下·文法篇

书写魅力生活

上海　常生龙

人生存于这个世界上，原始的趣向是什么？台湾教育家黄武雄认为主要就是三件事：维生、互动、创造。

在这三件事中，维生基本上不需要学校来教，这是人的天性和本能，主要通过遗传和家庭教育来完成；创造是学校很难教的，因为创造的前提是不受约束、给人充分的自由，创造的成果也是无法预期的，以"批量生产"为特征的学校教育，很难创设这样的环境。学生之所以要到学校来，一个很重要的原因就是学习"互动"。学着如何与人互动、如何与自然互动、如何将自己和世界联结，学习如何将自己的经验和他人的经验相互印证，以拓宽自己的视野，找准自己在世界中的方位，并在这其中发展自己各方面的能力。互动，是孩子从自然人成长为社会人的基础；互动，也是人在社会上生存必须具备的基本能力。

互动，是从各种感官捕获信息，通过大脑的分析判断，选择恰当的方式作出回应，以实现和自己、和他人、和世界沟通交流的过程。互动表达的类型很多，说话、肢体表演、绘画、音乐、文字、摄影……这其中，最为重要的方式之一就是运用文字进行"生命的表达和交流"，也就是我们常说的"作文"。《小学语文课程标准》指出："写作是运用语言文字进行表达和交流的重要方式，是认识世界、认识自我、创造性表述的过程。"这样的定位为小学作文教学指明了方向。蒋开键老师正是沿着这个方向孜孜不倦地探索着、实践着，并将她的思想、观念、作法、成果梳理成《石头教美文》，与小学生、老师、家长分享，作更大的互动。

（一）

爱是教育的灵魂，作文是生命的表达和交流。

长期以来，不少小学的作文教学走入了误区。教师对学生在作文中编撰的那些不切实际、根本没有做过的事情不管不问，对学生改头换面的仿写或者抄袭他人的作文也表示默认，为了提高考试成绩，甚至要求学生提前背诵，以便考试的时候默写在试卷上。这样的学，导致学生"一看题目就摇头，摊开稿纸咬笔头，苦思冥想皱眉头，一个小时没开头"。作文成了一件恐惧的事情，更别提兴趣了。这样的教，也让教师惧作文，缺乏对作文教学规律的把握，指导力不足，引领方向不明。

作文教学出现这样的问题，与教师将作文看作是一项学习任务，而不是"生命的表达和交流"有很大的关系。任务指向的教学，教师的眼中关注的是每学期要让学生完成几篇作文，作文的类型是什么。至于学生是否喜欢这样的写作，那就另当别论了。以"生命的表达和交流"为目的的作文，关注的则是"我手写我心"，期望学生写出自己内心独特的感受和体验，写出真实的自己。

蒋开键老师对此有深刻的体会。她认为，教小学生作文，要以"生命的表达和交流"为出发点和回归点，不能仅仅局限于"作文教学"，而应上升为"作文教育"，把育人放在首位，真正做到目中有人；要解放每一个学生的"脑、手、嘴、时、空"，让学生"用心感受生活，快乐写出美文，无声塑造灵魂"；要用"文心统率文法"。只有这样，写作才会有生命力，才能真正破解作文之"难"。

相信大家都有用磁铁吸引铁屑的体验。磁铁靠近铁屑时，铁屑内部的自由电子旋转方向发生变化，使得自身也产生磁场，与磁铁的磁场相互作用而吸引在一起。蒋老师的作文课就有这样的奇效。她在课堂上营造的活力场，会激发课堂中每一个学生的活力和创作欲望，让每一个学生沉醉其中、兴奋不已；让蒋老师自己也忘记年龄，忘记一身的病痛。这个场有一个特别的名字，叫做"爱"。爱，是蒋老师作文教学的法宝，更是蒋老师热爱教育、关爱学生的真情流露。

教师的爱，有多方面的体现，以下三点在蒋开键老师的作文教学中体现得最为明显：

一是理解。理解儿童世界和成人世界是两个完全不同的世界，成人不能要求学生按照自己的意图来学习和生活，而应该尊重学生身心发展的规律，因材施教。老师意识到这一点还不够，还要引导家长与老师达成共识，"同念一本经，同唱一个调"，形成合力，为学生营造和谐的成长环境。

二是指导。教师是学生学习的指导者、协商者，而不是学习的命令者。学习是学生自己的事情，当学生感受到教师是在指导他、帮助他，而不觉得这是一件充满负担的"任务"时，他能学得更好。

三是解放。教育的最根本的目的是让每个人的个性得到最充分的发展。教师要"用肩扛住黑暗的闸门，放孩子到光明的世界"，让学生成为独立自主的个体，成为最好的自己。

爱不是单向的付出，而是相互作用的双方心与心的交流。学生在写作中一句话、一个词，甚至一个字表述得好，都会被蒋老师发现并给予表扬；学生有了进步、做了一件好事，蒋老师会在课堂上送上一个大大的拥抱；学生成长中的错误、学习上的失误，能被蒋老师宽容和谅解，并让学生体会到这也是个体成长的教育资源；学生一个动作、一个意图背后的需要和感受，能被蒋老师觉察到，会通过回馈一个微笑、课后散步交流、邀请到家里做客等多种方式予以回应……学生透过自己的心看到了蒋老师那金子般的童心，感受到了自己的生命与老师生命的相遇，爱自然就发生了，并开始在师生之间流动，和谐而暖人。蒋老师的博名为"高原石头"，她的学生因此一个个变成了"小石头""小石子"，争先恐后地和"老石头""石兄"进行交流和互动，敞开心扉地表达自己的思想和观点，并通过写作的方式呈现出来，和大家一道分享。师生们将蒋老师的作文课称之为"美文课"，总是期待、盼望着下一节课的到来。这样的教学，怎能不温馨感人？

"爱，是教育的灵魂。"蒋开键老师用自己的言行，向我们揭示了这一教育的真谛，诠释了"生命的表达和交流"的作文内涵，促进了作文与做人的和谐统一。

（二）

生活是作文的源泉，兴趣是写作的动力。

一位老师曾对任教的小学六年级的学生做过一个是否喜欢写作的调查，结果发现喜欢写作的人数占比是 1.34%，而怕写作的人数占比达到了 32.57%。为什么不喜欢写作呢？14.11% 的学生认为缺少写作素材，42.16% 的学生认为写来写去就这几件事，而作文总是凑字数的比例达到了 36.14%。有 73.21% 的学生希望考试能取消写作。

这个调查的样本较小，但调查所反映出来的问题还是很有现实意义的。作文难，难就难在两个方面：一是"写什么"，二是"怎样写"。作文和生活相隔离，不能从生活中提炼出写作的题材，是导致学生不知道"写什么"的主要原因。

叶圣陶先生说："作文这件事离不开生活，生活充实到什么程度，才会做成什么文字。"生活是作文的源泉，作文是生活的一部分。学生是否喜欢写作，看上去是作文教学的事情，其根源却在生活。学生如果每天只是上课、做作业，没有丰富的生活积淀，要让其写出生动感人的作文，是不大现实的。充实的生活经历，不仅能够拓展学生的视野，训练学生的思维，培育学生的情感，还能够成为学生作文的基础。

蒋开键老师非常重视学生生活经验的积累。平时的课堂教学，她总是带着一个"百宝袋"，里面装着各种各样的"宝物"，给学生创设亲自动手的机会，让他们在亲身体验中获得对事物的新认识。课余时间她更是敢于担当，组织丰富多彩的活动，让学生到植物园踏青、河边赏花、人民广场放风筝，参观博物馆、科技馆、城市规划艺术馆，看4D电影，参加军事训练，玩真人"CS"……

学生参加这些丰富多彩的活动，不能只是去凑热闹，要用眼睛看、用耳朵听、用鼻子嗅、用嘴巴尝、用手脚触、用心灵去感受，调动身体的各种感官来观察和体悟。一件事物在不同的时空用不同的感官来观察，会有很多变化；用不同的心境来观察事物，也会得到不一样的结果。当各种感官感触到的外部信息传递到人的内心世界，就会唤醒心灵的发现，激活写作的灵感。正如叶圣陶先生所说："写作材料的来源普遍于整个生活里，整个生活时时在那里向上发展，写作材料会滔滔汩汩地无穷尽地流注出来，而且常是澄清的。"

充实生活，还有一个非常重要的途径，那就是阅读。蒋开键老师从一年级就开始培养学生的阅读兴趣，从简单的看图说话逐步到报纸、杂志、文学名著和各类科普、人文著作，为学生阅读习惯的培养奠定基础。蒋老师强调，阅读要"读通、读懂、读出味道"，不仅要读准确、读流畅字词和句子，更要围绕内容"心到"展开想象。让学生想象词语句子所呈现的画面，想象一幅画、一个情景……感受其中的美，读出自己的感情来。

玩是儿童的天性，对小学生来说意义非凡。孩子的社会性体验，情感、语言和智能的发展，对复杂事物的认知等等，大都是在玩耍的过程中实现的。玩耍过程中的那些触动心弦的细节、激动人心的场面、出人意料的事件，也是学生感受生活、积累作文素材的主要渠道。蒋老师在作文教学中，注重顺应学生的天性，尽可能为学生创设玩的时空，让学生玩得有趣、学得开心。她坚信，当学生对生活中的人、事、物、地产生了兴趣，内心有了表达的欲望、渴望写出来时，就会对作文产生兴趣，这就是学生作文的内在动力。动力有了，"写什么"就不困难了。

蒋老师最擅长的，就是促使学生将生活兴趣和作文兴趣相融合，让学生明白作文与自己生活的密切相关。学生有了这样的认识之后，就会更加留心身边的人和事，注意探索其奥秘，成为生活的有心人。在指导学生写作时，蒋老师不给孩子条条框框的限制，让学生对什么感兴趣就写什么，想到什么就写什么。没有了压力和束缚，孩子们兴趣盎然，写得轻松和快乐，写出了自己内心的真感受，写出了一篇篇妙趣横生的好文章。

（三）

作文要有读者意识，千锤百炼铸美文。

叶圣陶先生说:"文字是一座桥梁。这边的桥堍站着读者,那边的桥堍站着作者。通过了这一桥梁,读者才会与作者会面。不但会面,并且了解作者的心情,和作者的心情相契合。"这对作者提出了两点要求:一是要通过写作将自己真实的想法表达出来;二是要有读者意识,用读者理解的语言来表述自己的想法和观点。

不少学生辛辛苦苦写就的文章,只被老师一个人阅读,不仅是一种资源的浪费,也很难激发学生努力写作的欲望和热情。作文的目的是"自由表达和与人交流",学生有了自由表达的冲动,教师就要积极为学生创设与人交流的平台。蒋开键老师深谙此道。请同学们互相批改作文,让学生在班级里朗读自己的作文,把写得有特色的文章发布在自己的"高原石头"博客中,将学生的佳作推荐到各类报刊杂志上发表……她总是想方设法给每一个同学创造展示交流的机会,让更多的人知道"我的意思"。

学生们最在意的莫过于文章的发表。在网络上的发布、在报刊杂志上的发表、作品集的汇编,都能让学生兴奋不已。这是对作者写作才华的认可,更是为作者提供了"公众言说"的机会。发表在"高原石头"博客中的学生作品,篇篇都有来自全国各地的热心读者给予点评,这些博友会对文章的结构、语言做出精到的分析,也会对学生的出色表现大加赞赏。一方面,这能给学生带来荣耀和信心,体悟到写作的价值。当学生意识到自己写的心里话是有价值时,他的作文就一定会有重大的突破。另一方面,也让学生进一步体会到"读者意识"的重要性,在写作时学着从读者的角度去思考。

蒋开键老师认为,培养读者意识,可以从以下四个方面着手:一是要用通用的语言文字来表达自己的思想;二是要注意交代文章的背景信息,有些信息如果不交代,读者可能云里雾里,不知道作者在说什么;三是语言要有特点,表达要有新意;四是文章的内容要能够激发读者的兴趣。这不可能一蹴而就,需要落实在作文教学的全过程中,一步一个脚印地予以落实。

人们常说,好的文章是改出来的。古今文章大家,给我们留下了许多重视文章修改的美谈。欧阳修改文章是"书而傅之屋壁,出入观省之";曹雪芹写《红楼梦》,"批阅十载,增删五次";马克思写《资本论》从初稿到定稿经过多次修改,第二卷前一部分原稿现在保存下来的就有八种之多;美国作家海明威的《老人与海》的手稿,在反复读了两百遍后才定稿付印。这方面的例子,举不胜举。

作者撰写一篇文章,是将他的旨趣转化为符号的过程;读者阅读一篇文章,则是将符号转化为他自己的旨趣的过程。这其中,文字符号这座桥梁很重要。用得不好,作者的思想很难正确表达,也会导致读者错误的转译。因此,文章撰写出来之后，一定要反复加以修改，这既是锤炼好文章的手段，也是提升写作能力的途径。

文章的修改，作者要身体力行。既要审视作文的构思，看文体、顺序、结构、搭配、波澜等是否妥帖，也要审视用词是否恰当、语句是否通顺、是否正确表达了自己的意思。在修改的过程中，同学之间的相互评价很重要。同伴有相近的思维方式，更能理解作者想要表达的意境，能够设身处地去体悟作者的意图，在此基础上给出的修改建议往往是有建设性的。老师在文章修改中的作用不用多说，其他读者的意见和建议，也常常会让自己灵光闪现。兼听则明，你一个思想，我一个思想，交锋之中会有新的思想火花迸发。蒋开键老师总是鼓励同学们将这几种方法一起使用，从而修改出一篇篇的美文来。

蒋开键老师无论是在作文的指导还是修改时，都注意"啐啄同机"，依据学生的身心发展特征，遵循教育的规律，不揠苗助长。对于小学低年级的学生，只要求能改正错别字和标点符号、把话说完整、意思表达清楚。对于小学中段的学生，在修改文章时要求做到用词准确、语句通顺、作文故事完整。而对于小学高年级的学生，则要求写前互相启发思路，写后自改互改，交流写法，把习作改得更好；讲评中互相激励，互相评议，提高作文水平。学生的作文能力是循序渐进的，对作文修改的要求也当如此。

（四）

读蒋开键老师指导的学生"美文"，常常会有一种感动。

这种感动来自学生发自内心的对写作的热爱，来自孩子们对蒋开键老师深厚的感情，来自学生潜能的激发，来自学生对美好生活的讴歌。这是蒋开键老师以爱育爱的成果。

语文学习的外延与生活的外延是相等的。蒋开键老师用满腔的热情，在三尺讲台上书写着自己的魅力生活。在她的引领下，一批批的孩子也奋力书写着自己的魅力生活。相信随着《石头教美文》的出版，会有更多的师生书写出瑰丽的魅力生活。这是多么令人兴奋的场景啊！

2014 年 5 月 21 日于上海虹口

（作者简介：常生龙，上海市虹口区教育局局长，特级教师。2012 年度《中国教育报》评选的全国推动读书十大人物之一）

山中清泉，林中小溪

（前　言）

听、说、读、写是语文教学的基本内容，也是学生需要掌握的基本能力，写是其中最重要的能力。然而"作文难"却是较普遍的现象。

小学生初学作文，就如大海捞针，无从入手。怎么写呀？什么可以写进作文啊？难！

家长面对孩子，一写作文就咬笔头的痛苦。怎么帮助，才能让孩子突破写作的瓶颈呀？怎么才能让孩子真正享受作文的快乐呀？难！

老师面对教学效果不佳、学生畏惧作文。怎么指导，学生才会有兴趣、写作才更有效果呢？怎么教，学生的写作能力才能真正得到提高啊？难！

这是为什么呀？症结在哪里呢？迷惘。

反思：

一是教学两张皮，缺人文。"人文"是重视人的文化，即集中体现重视人、尊重人、关心人、爱护人、做好人的文化。先有人后有文，有人才作文，"人文"不能分家。作文教学的知识传授与关注人不能"两张皮"。也就是说作文教育要以学生为本，以学生的发展为本、以学生的需要为本、以学生的自我实现为本。

二是重技巧、技法，缺文心。一些老师和作文辅导书做了许多技法上的探索。一般只研究老师怎么教，而没有研究学生需要怎么学。方法、技巧只是达到目的的手段、工具，只能"为用"。它不是作文教学目标——"写作是自我表达和与人交流"的本身。现实中常常把手段和目标混淆了，只"望见指月的手而忘记了月亮本身"。主次错位了，"技"教了不少，学仍不得"法"。

苏格拉底说："教育不是灌输，而是点燃智慧的火焰。"教育的过程是师生之间、生生之间，思想、观念的碰撞和融合，碰撞出智慧的火花，融合出新的感悟、新的理解和思考，也启发出教与学的新方法。这正如老祖宗在《学记》中阐述："学然后知不足，教然后知困。知不足，然后能自反也；知困，然后能自强也。故曰，教学相长也。"老师是和学生共同成长进步的，即古人所说的"学学半"。

三是教师孤军奋战，没有拓宽教育资源。教师常年面对几十个孩子易产生疲劳；学生感觉沉闷，缺乏新鲜劲，没有写作冲动。现代社会是信息多元的时代，教师思维的触觉要突破教室的墙壁去开拓新的教育资源，不断给学生补充新的写作动力。自己也能摆脱孤军奋战的疲惫状态。

教小学生作文，不能囿于"作文教学"，而应上升为"作文教育"。要将对人的关注放在首位，才有生命力，才能破解作文之"难"。

对小学生作文而言，不能只局限于上作文课，作文教育是渗透在整个教育过程中的。重要的是将作文教育与学生个体生命的成长联系在一起，去认真地关注学生心灵；去唤醒孩子心灵的发现、心灵的感动、心灵的感悟。牵着他的小手，在保证"安全"的前提下，顺其自然地由着他走。当他能独立行走后，将一些方法技巧适当地、逐渐地、不动声色地浸润其中。这样的作文教育才符合自然之道，犹如"山中清泉，林中小溪"那样自自然然。这样的写作，才既有灵魂也有方法。这样的作文就是"美的作文"，像"美的艺术"简称"美术"一样，简称"美文"。也就是说作文不是老师教出来的，而是学生学出来的、用出来的、美出来的。这就是大道无为、无为之治、无治之法、无法之巧、大道自然。

当然，每一个教师，都可以结合自身和学生的特点，找到一条合适的写作教育之路，让每一个孩子都爱上作文。前提是要符合孩子生理、心理成长的规律。

作为家长，对孩子首先需要的是心灵的交流，相互温暖；其次是具体而简单有效的方法引导；更需要精力和时间组成的毅力、细心、耐心，在学习的过程中和孩子一道，付出应有的艰辛。其过程是缓慢的、快乐的，结果是喜人的。认为用功利的程式化的方法快速解决孩子的作文难，那是五彩缤纷的美丽幻想。

转眼即逝的小学六年，是父母的一生中可以献出自己家长之爱、尽到自己家长之责、发挥自己家长之艺的最佳时期。过了这个时期，孩子长大了，对我们的需要、依赖会逐渐减少；我们对他们的影响力也会越来越小。在这几年时光里，家长和孩子一道学习，一道成长，都有许多潜能可以挖掘。也就是说，爸爸妈妈好好学习，孩子才会天天向上。当然您也不必为孩子的作文着急上火，孩子一出生，您就是天然的作文老师。不是吗？孩子呱呱坠地，您就开始对他讲话，这就是教他说话。孩子呀呀学语就开始和您对话交流，这就是作文的萌芽。再大一点他把说的完整的话写下来，这就是作文。教孩子好好说话，说完整的话，说看见的、听见的、吃的、玩的……心里想的话，这就是学习作文的良好开端。

孩子们，作文是件很好玩儿的事。初学作文，你看见什么、听见什么、玩了什么、吃了什么、做了什么……想清楚，说出来，再完整地写下来就是很好的作文。那些技巧方法是以后的事儿。作文是你的小伙伴，你有什么快乐的事、烦恼的事、做过的事、心里想的事……就找你的作文小伙伴说吧！天天说，天天写，你一定会成为作文达人，还会有很多的"粉丝"呢！

几十年的教育工作，我以爱为灵魂、以文心为主导、以技法为辅助，努力开拓教育资源，将网络、博客引入作文教育。学习陶行知先生，解放每一个学生的"脑、手、嘴、时、空"。让学生"用心感受生活、快乐写出美文、无声塑造灵魂"。即"文心统率文法"的作文教育、教学法，去探索、去实践，得到了学生及其家长的喜爱和同行的认同。

我不是理论工作者，不是作家，也没有厚实的理论素养对小学作文教育做系统的理论研究。我只是一个小学语文教育教学的过来人，在教学第一线几十年，对小学作文教育、教学有所体悟，拓一些脚印叠起来与小学教育同行、小朋友、小学生家长分享。正如作家谢云所说，一个好的教师，应把"实践经验，通过梳理和反思转化为理性的认识，转化为促进自己更好成长的精神财富"。

破解小学生"作文难"，要孩子、老师、家长同唱一出戏。学生是主角，老师是二号，家长跑龙套。因此我把对孩子、老师、家长说的话集合在一本书里说，实现无缝衔接，各角色同念一本经，同唱一个调。在编排上考虑了小学生、家长和老师的不同关注点，权重又不一样。本书如对您有一星半点的帮助，我心亦安；如认为不合时宜，余也不争论，毕竟是已完成工作使命颐养天年之人。

2013.6.28　草于山东潍坊园丁园
2014.3.28　定于重庆巴蜀丽景

上◇文心篇

　　作文是以"生命的表达和交流"为出发点和回归点的。也就是说教作文、学作文只有抓住"生命的表达和交流"这个纲，才抓住了作文的精髓，这就是文心。因此课程标准确定了"写作是自我表达和与人交流"这个终极目标。有了目标，从什么方向、用什么方式到达"目的地"，这是需要学生、家长、老师共同努力践行的课题。

第一章 爱是教育的灵魂

道理很简单，学生真心喜爱老师，才会愉快接受老师的教育，亲其师信其道嘛。老师要得到学生的爱戴，首先要点燃自己的"心灯"，去照亮学生的心灵。老师具有丰富的爱心，才能够唤醒学生的童心，只有爱心才能够滋润童心。师生之间架起了爱的桥梁，才能有效沟通。只有用爱心构筑的教育之路，教育才是顺畅快乐的。正如雷夫所说："教师（家长）要回到教育的起点，真正走进孩子的心灵，走进孩子的世界才能够真正找到教育孩子的方法。"教育是人与人之间的交流与对话。这种交流与对话离开了情感、缺失了爱，就失去了教育的前提和基础。如此再谈教育，不过是空中楼阁而已。

第一节 爱学生

1. 关爱每个学生

爱学生，要先与学生交朋友。列夫·托尔斯泰说过："如果教师只热爱自己的专业，那他可能会成为一个教书的教师；如果教师既爱专业，又爱学生，那他将是一个完美的教师。"每一个学生都需要老师的爱，老师必须爱每一个学生。

爱学生，要真心微笑。"教师就是面带微笑的知识"，你传递这种"知识"，一个人的微笑就会变成几十个人的微笑，并放射开去。其乐融融啊！

爱学生，要善于走进学生的情感世界。只有爱的温情、善意的理解、由衷的尊重，做一个忠诚的倾听者、耐心的引导者、宽容的教育者，才能走进学生的情感世界。

爱学生，要蹲下身来用平行的目光看待学生。把学生当作自己的朋友，去感受他们的喜怒哀乐。一句温暖的话、一个轻柔的抚摸、一个鼓励的眼神、一句善意的提醒，可能就是催生一位伟人的萌芽；一个有意无意的不良举动、一次白眼、一句伤心的话，也可能是撒下一颗人间妖魔的种子。在孩子内心深处能留下烙印的就是这些小而具体的爱与不爱，种瓜得瓜，种豆得豆啊。

真正的教育是教师与学生生命、灵魂的相遇。教师要珍惜这个相遇，要对每个学生都重视，要感受他们的喜怒哀乐；要探究其主要精力在什么方面，他最关心、最感兴趣的是什么，他有哪些长处与不足，他有哪些快乐和痛苦……要向他们传递浓浓的人文关怀。这种情感不是教师对学生居高临下的"感情恩赐"，而是如平起平坐的朋友般真诚的感情。感情不能取代教育，但教育必须充满感情。当学生感受到老师的爱，他们会回馈爱，和老师建立起真诚的情感。正如泰戈尔所说："孩子的眼睛里找得到天堂。"这就是教育的前提和基础，有了这个基础，教育就顺畅了。

学生中，有的家庭富有、有的家庭困难、有的先天聪慧、有的不占先机……老师都要关爱到每一个。好比医生，小毛病要治疗，危重病人也不能拒绝，都要真诚自然地对待。让每一个学生公平地享受到爱，他们才会互爱，才会相互体验彼此的情感、彼此的经历，产生彼此的同情和友谊。这样会提升学生的道德修养，同时老师的工作也才会更加顺畅。这既是教师的责任，也是教育的目的。我有一个学生，先天智力因素不"圆满"，但全班同学都不吝啬爱，不管什么活动都要他参加。诗歌朗诵，他歪着头在台上读得有滋有味，尽管口齿不清，但他自豪；广播操比赛，他动作不协调，容易扣分，也不把他落下；上课，他就坐我旁边，随时都可以得到老师的关照，尽管他考试不及格，但他已经尽力了，我们都不嫌弃他。因为我懂得"灰心生失望，失望生动摇，动摇生失败。"只要心中充满爱，个个孩子都可爱，因此我的心中没有"差生"，每一个孩子都是"天使"。这个学生在《我眼中的石头妈妈》中写到："我恨我自己，为什么昨天学过的东西，今天又忘记。我还恨自己懒，怕苦，拖了全班后腿。但是我尽力了，石头妈妈也说我尽力了。她说我长大了能够自食其力，不会增加社会的负担就行。"

【对家长说的话】爸爸妈妈也要放下"老爸""老妈"的架子，弯下身来和孩子做知心朋友。孩子在温馨快乐的家庭氛围中，会把心中的小秘密向您说，您对他的教育才有效。条件好的家长，苛求老师特别关照自家的孩子是有负作用的；条件差的家长也要抬起头，要求老师对自家孩子一视同仁，这有助于孩子的成长。

【对孩子说的话】"老师那么爱我们，我们也要爱老师呀！"不管老师是哥哥姐姐级别的，还是叔叔阿姨级别的，甚至是爷爷奶奶级别的，快去交朋友吧！同学在一起就是兄弟姐妹，人人都需要爱，一起挺起胸膛伸出双手，大胆接受老师的爱吧！老师就是陪伴我们成长的好伙伴呢！

"砖头""妹儿"是石头在山东、四川交的学生朋友，读读她们的文章，你会想到什么呢？

 例文 1

当砖头遇上石头

山东　六年级　丁海粟

我是一块砖，来自一面墙，我今天碰到一块石头。这块石头，真的好神奇，对我亲切，对我好，把我吸引住了。

我叫砖头，我的家是一面虽矮却很安全的墙，这面墙由十四块大小不一的砖头组成，我便是其中的一员。这儿的砖头有活泼的，有沉默的，有伶俐的，有憨厚的……我们每天在一起快乐地学习，快乐地玩耍，虽然避免不了一些砖与砖之间的磕磕碰碰，但我们依然团结友爱，共同进步。

每一天都平平凡凡，每一天都普普通通，但每一天都快乐、温馨，像冬天手捧一杯热咖啡坐在落地窗前看雪一样，手是暖的，身是暖的，心也是暖的。就这样，时间从我们的指尖、我们的身边悄悄地溜走了。而今天，是不平凡的一天。为什么这样说呢？因为今天墙上出现了一块石头。

"砖墙上怎么会出现石头呢？"小砖头们交头接耳。但是，疑惑很快都迎刃而解，因为老石头来上课了，她和十四块大小不一的砖头融为一体了。砖头们只和老石头接触了一会儿，我们就都爱上了老石头。当然，这份爱很纯洁，很清澈，就好似初雪一般，洁净得让人无法言喻，让人指尖微颤，心尖微颤，心灵像在接受洗礼。

在小砖头们与老石头的交流中，我发现：老石头曾经有一群群爱她的小石子，小石子们个个出类拔萃，不禁让砖头我深感敬佩，但同时我也坚信，我们砖头一定是更了不起的又一代小石子！

当砖头遇上石头，他们会碰撞出怎样的火花？敬请期待。

【博友评价】静水：石头碰上砖头，一定是实打实了。石头对学生的爱总是让人感动。

【博友评价】老顽童吾静思：
师生交朋友，真爱在心头，一见能如故，魅力诚正构。

心在学生中，真情自然流，温暖儿童心，幸福在成就！

 例文 2

爱的许愿树

四川　六年级　章妹（化名）

别人都说：老师是蜡烛，是渡船，是辛勤的园丁，但我却认为老师是许愿树！为什么要这样说呢？想想看，我们许许多多的科学家、艺术家、名人……他们每一个人都上过小学，他们后来的优秀、出色，甚至是杰出的人才，不正是当年老师和他们共同许下的愿望吗？现在，他们实现了儿时的愿望，成为了社会需要的人才，这正说明老师对他们的期盼，曾经许下的愿望在他们心中生根、发芽、开花、结果了。所以我固执地认为：老师是许愿树！

可以这样说，一个人除了吃喝穿戴，其他的一切都是老师给的，老师教育我们怎样做人，传授我们知识，伴随我们成长。我们班不少的同学在石头老师那里许下愿望的种子，他们有不同的心愿，有的想成为发明家，有的想成为宇航员，有的想和您一样——当神圣又辛苦的老师，还有的……而我，却一直漫无目的地"摇晃"，寻找属于我的种子。现在我有一种感觉，好像觉得自己在混日子，是的，不珍惜时间就是在混日子！

石头老师，我不知道可不可以叫您妈妈！因为我犯了很多错，甚至影响了同学和班级，辜负了您对我的殷切期望，真不配叫您妈妈，但我还是从内心深处渴望叫您妈妈！

看了同学们的留言，我十分感动，文笔可真是绝妙！妙就妙在一个字：真！是的，"只有真的才是最美的"，想起您常说的这句话，我的心情轻松了许多。因为我想自己的留言也许不是最好的，但却是最真诚的。石头妈妈，您很爱学生，无条件地为我们奉献，从不求回报。我知道，您对我也有过特殊的偏爱（因您从不嫌弃我，总是鼓励、信任我）。尽管很多老师说我聪明，但我从小就调皮捣蛋，脾气还很怪。我常常犯错，而石头妈妈总是耐心地指出。我有时还不服，心里埋怨着……不过，这是在气头上，等到气消了，也就知道您是为我好，是爱我的……

石头妈妈，此时我已经把您当作了知心朋友，就认真地和您聊聊真心话。我和您、同学之间似乎有一些误会，我怕不解释清楚，就没有机会了。记得一次付静雯写作文说，那次运动会我们班输了，我好像一点儿也不在乎，没集体主义观念。其实不是这样的，我还在安慰她呢，可能安慰的时候说错了话吧，却造成了……好了，不说这些了，这也不能全怪付静雯，她也是无意的，并且还主动向我道了歉。

现在把想说的都说出来了，心里十分舒坦，石头妈妈，我终于找到了属于我自己愿望的种子——珍惜现在的生活，好好读书，将来堂堂正正地做一个自食其力的人，这就是我活着的意义！石头妈妈，您给我许个愿吧，您希望我将来做什么？

石头妈妈注意身体喔！不仅意志要像石头那样坚强，身子也要向石头那样硬朗才好喔！千万不要因为我们把身体累垮了，这样大家会心痛的……

石头妈妈，最后告诉您一点生活小常识，在睡觉之前把天然水晶放在眼睛上冰一会儿，可以预防眼病、减轻疲劳，希望您能试试！

妈妈，现在已经凌晨了，还有太多的话想说，但不能再写下去了，应该休息了，明早还要上学呢！

您的妹儿

2007.4.23 凌晨

【石头的话】孩子，自从你转学到我们班，老师一直认为你是能学好的，并坚信你能及早醒悟。看看，这不是很好吗？当然，老师也很清楚，由于家庭的原因，你很孤独，甚至自卑，但你渴望理解，渴望幸福。家中的有些事是你多心了。爸爸是爱你的，阿姨也是爱你的，弟弟虽然顽皮，但毕竟是你爸爸的亲骨肉，和你有血缘关系。要理解他们，设身处地为他们想想，这样你就会觉得开心、快乐一些。

孩子，你的路还长，千万要把握好自己，不能得过且过了。你完全可以学得很好，将来有大的出息。但一定要走好人生的每一步，千万千万要交好朋友！马上你就要上中学了，老师好担心"不良少年"来"关心"你……

孩子呀，你是聪明的，应该有明辨是非的能力了！相信你遇到解决不了的问题时会来找老师的，石头妈妈会竭尽全力帮助你！

孩子，记住：我能管住自己！我一定走正路，做一个堂堂正正、走路都咚咚响的人！

【博友评价】茶叶盒："只有真的才是最美的"，我看到了最真最美的师生情谊。

2. 让学生知道被欣赏

爱的方式是多样的，欣赏便是其中之一。人人都希望得到别人的认可与欣赏，孩子也一样，而且更加强烈。这给老师提供了更广阔欣赏孩子的空间。学生感受到周围世界的温暖，感受到老师、学校、社会对自己的肯定，因而会爱生活、爱集体，对前途充满信心，朝气蓬勃，奋发向上，就会进一步激发写作激情。

怎样去欣赏他们呢？首先，课堂的语言应是积极肯定的，充满笑意的，让学生带着内心的微笑上好每一堂课。对习作的评价，绝不作横向比较，只"用学生自己过去的表现来衡量他现在的进步"。我的学生从开始练习写话，到毕业时的最后一篇作文。几乎每个人每次的作文成绩都是肯定的，学生会看到作文本上大大的"优"或"好"，最好的还加3个"☆"。因此，每个"作者"都可以得到父母、亲朋和其他伙伴们的称赞，而这称赞会换来他对下次写作的期待，盼望换来又一次的称赞。稍稍差一点的，我也会肯定他态度端正，书写工整等优点，善意指出他的问题，热情鼓励继续完善。每每这样的交流都会见效，学生会竭尽全力写好每一次作文。

课堂上，老师对每一个学生的任何一点闪光，都要及时表扬。即使是批评也要转换成表扬的话说。好比做饺子，表扬是皮，馅有多种，吃到饺子的自然知道"我的馅"。我还采用了鼓掌表扬的形式，只要我说"表扬他"，全体孩子会自然地拍出整齐划一、节奏感强、很有韵味的掌声。鼓掌的、获得掌声的都很享受，谁不喜欢鲜花和掌声呢？慢慢的，孩子们的掌声就变成自发的了。因此我的课堂成了掌声不断的课堂，同事戏称这叫"石头表扬法"。梁恕俭老师说得好："怎样简单判断一节课的好坏？学生上完这节课，盼着上下一节课，是好课；如果盼着下课，不希望再有下节课，是坏课。"学生喜爱我的美文课，不愿下课，究其根本是喜爱我对他们的充分肯定和由衷赞扬。

阅读孩子们的作文，石头常常会为他们在不经意间迸发出的灵感而激动，为文中那纯真无邪的情感而共鸣，为他们独有的童言魅力拍案叫好。此时我们不要吝啬赞美的语言，把自己从孩子的作文中感受到的快乐，用批注的方式告诉给他们。哪怕令你感动的只是一个句子、一个词语，甚至只是一个字。在文后写批语的方式远不如灵活的批注来得自由自在，来得及时明确。也许只是在老师批注中那一两句赞语，甚或是一两个溢美之词，就可能会让未来的中国文坛多一颗璀璨之星！

【对家长说的话】好孩子是夸出来的。我们对孩子，要多用"拇指"，不用

"食指"，真诚地欣赏孩子的每一点进步。让他们在学习中尽情发挥自己的才能，充分地表达自己的思想，勇敢地阐述自己的观点，真诚地表露自己的感情。那是多么愉快的事啊！

【对孩子说的话】把我们的进步、成绩、真实的情感展示给他人，这会很快乐。当然，高高兴兴地欣赏老师，欣赏同学，欣赏爸爸妈妈……欣赏身边美好的人和事，我们会更快乐。因为美好的心会看见美好的一切。

 例文1

石头妈妈的学生——冷静

四川　五年级　徐维

冷静，不是一个词，而是石头妈妈的学生！（开头别具一格，简明扼要）

今天是美文班的第一堂课，我认识了冷静哥哥。

冷静哥哥名符其实，果真很冷静，他来给石头妈妈送书的时候，很腼腆地走进教室，一点儿也不张扬。要知道他可是四川大学即将毕业的研究生，并且学业优秀，已经顺利地找到了理想的工作。看见冷静哥哥来了，大家都很兴奋，要请他说几句话。我们给他出了三个题目：1. 说说小时候的故事；2. 成长过程中遇到过哪些困难；3. 说说小时候干过的傻事儿。（用词准确，叙述清楚）

这时，冷静哥哥挠挠后脑勺，脸一下红了。他谦虚地说："因为我是第一次站在讲台上，所以有点儿不好意思。"全班同学都友好地笑起来了。"那我先说小时候的事吧。其实呀，我只在石头老师门下读了一年书，二年级的时候，我的婆婆死了，没有人照顾我了，只得离开老师，回老家和爸爸妈妈住在一起了。但是，石头老师并没有忘记我，还专门写信告诉我爸爸妈妈，吩咐他们好好关注我的成长，说我是读书的好苗子。虽然我离开老师十九年了，但是我一直和她保持着密切的联系，每一学期都要来看老师两次。老师就是我的妈妈，老师的家就是我的家。"说到这里，冷静哥哥脸上没有了羞涩，流露出来的是自豪、幸福的神情。听到这儿，我好羡慕他哟，我也想当石头妈妈的女儿，我也想回石头妈妈的家。（观察仔细，把冷静哥哥的动作、神态、语言描写得清清楚楚）

"困难嘛，我的学业基本上很顺利，从上小学到读研究生，成绩都还可以。因为我从小就养成了良好的学习习惯，先学个踏实，再玩个痛快。所以中考、高考、考研都顺顺当当的。成长过程中我也遇到过一些困难，就是上初中就离开了父母，独自生活，没人照顾，有点儿可怜，但这也锻炼了自己的能力，现在自理能力特别强。"

"哇！好幸运，这么顺利。"我在心里暗暗地佩服。（第二次写自己的心理活动了，好！）

"第三个问题嘛……"冷静哥哥思索了一下，说："我在一年级的时候，和张代标同学玩得最好，他喜欢练武功，比如说'铁砂掌'。一天我们去他家，因他家有一口很大的铁锅，他弄来好多沙子，放在铁锅里，我们把火烧得旺旺的，把沙子炒得烫烫的，然后就把手掌放进铁锅里……"

"那你们的手烫着没有？"石头妈妈着急地问。

"因为怕烫嘛，我们不敢把手伸进去，只在面上。"

"哈哈哈！哈哈哈！"我们哄堂大笑。冷静哥哥也跟着我们笑了起来。（第二次写同学们的反应，说明大家很喜爱冷静哥哥）

……冷静哥哥还有事要做，我们还得继续上课。他腼腆地向我们挥挥手，我们全班同学一边拍手欢送，一边目光追随着他，很舍不得他的离去。（既照应开头的"腼腆"，又进一步写出了"我们"对冷静哥哥的爱。漂亮！）

石头妈妈的学生——冷静真好，我很喜欢他！

【石头的话】徐维，你真能干！九册学生，课堂作文写得这么漂亮，老师心里比喝了蜜还甜。除了文中老师的批注，结尾还点题了，直接抒发了对冷静哥哥的爱。好孩子，我们未来的女作家，继续加油！

【学生评语】冷静的留言：可爱的学弟学妹们，很高兴与你们相聚。和你们相处的时间虽然短暂，却被你们的热情和纯真感动了。仿佛又回到了我的童年时代。有机会一定再来看你们！

【博友评价】阳光：让孩子互相欣赏，不仅扩大了孩子们的思路，同时也教会了学生用欣赏的眼神学习的品质，从中找出自己的差距！这些方法真实，特别好！

教会学生观察，等于教给学生热爱生活。只有认真观察体验了生活，才会发现生活中处处都是美！感觉石头的教学不仅是教知识，而且还是在教做人！

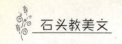

例文2

鲜花和掌声适合我吗

山东 五年级 黄方鹏

这件事要从我们放风筝时捡到一个钱包说起。那是4月14号上午，我正开心地放风筝，突然一个布面的包映入我的眼帘，我马上把它捡起来，发现是一个鼓鼓囊囊的钱包。我立即交给了大树伯伯，还没来得及听大树伯伯说什么，我就像欢快的小鸟一样飞去放风筝了。这事儿很自然地过去了，很快我就忘了。

放完风筝后，我们集合在一起，老师一边总结一边发本子。发到我这儿时，石头老师高声地喊："方鹏，前边来！"随后专门讲了我拾到钱包的事儿，同学们用热烈的掌声表扬了我。石头老师奖励了我一份新报，那报厚厚的，有我们石头美文班两位初一姐姐的作文呢。大树伯伯还给我照了相，我的心里甜甜的。这时，那位丢钱包的阿姨——王瀚的妈妈请我指了指我的妈妈。她们认识后，我们就一块儿去了停车场，我以为只是顺路而已，没想到没看见爸爸的车，我问妈妈怎么一回事儿。妈妈高兴地说："我们坐王瀚妈妈的车。"天！我怎么也想不到一件小事儿让大人成了朋友。

本来我以为捡钱包的事儿就这样结束了，可没想到今天上课时，石头老师又当众表扬我，还代表学校给我发了奖品——一个精致的笔记本和一支漂亮的笔。关键是本子上有石头老师亲笔写的字"我们永远记住了拾金不昧的方鹏！"我的心里真是乐开了花！

可石头老师让我讲讲拾钱包的经过。天！我从来就害怕上课发言，这不是让我休克吗？我站在讲台上，心里像打翻了五味瓶，脸上火辣辣的……石头老师可能看到我的窘样，亲切地摸了摸我的脑袋，然后请我回到自己的座位。我终于松了一口气，感觉自然了！

可到写作文时又节外生枝，石头老师把我的名字写在黑板上。唷，本来是个光荣的名字，可我却不敢看，而且特想找个地缝钻进去！

我喜欢表扬，可为什么表扬到了时，我却害怕呢？难道我天生就不适合鲜花和掌声吗？

【学生评语】李桦文：黄方鹏，鲜花和掌声非常适合你！你品德高尚，不

10

仅仅是拾金不昧，而且谦虚，做了好事一点儿也不炫耀。你是最优秀的学生。是我们美文班的骄傲。我们大家都要向你学习！你的作文写得多好，让我们看到了一个腼腆而又高尚的你。今天我很幸运，评到你的作文，我很开心。原来你上课不喜欢发言，现在你一定要积极发言哦。我们大家都为你加油！

【学生评语】徐文理：黄方鹏哥哥真是个拾金不昧的好学生，向你学习！真为黄叔叔养了个好儿子高兴。

【博友评价】清茶：今天谭校长亲自到我办公室告诉我孩子的事情，并转达石头老师的鼓励和表扬，以及王瀚妈妈的感谢。我深受感动，回家后我申请了微博，因为我觉得有必要说点什么。

儿子做的事情，正如他说的，是微不足道的，我觉得大部分的小朋友会做同样的事情，但是王瀚妈妈、学校的领导、老师给了孩子如此的荣誉和充分的肯定，我很是感动！看到朋友们的留言和鼓励，我真诚地对大家说一声：谢谢！

通过这件事情，真正体现出的是学校、老师对孩子思想品德教育的重视，体现出了老师们对孩子的关爱。

要表扬的，不仅仅是方鹏，还有我们学校的老师，是他们让物品完璧归赵；还有王瀚妈妈，是她让大家知道，感谢同样具有伟大的力量；还有那些支持这一举动的广大朋友们，是你们让这个世界更加纯洁！

【博友评价】pplong：家庭、学校和教师，共同形成育人的环境和氛围，孩子需要的全方位的良好教育就可以落到实处了。

【博友评价】印迹：方鹏好棒！1. 拾金不昧，好品德；2. 文章写得好，特别是心理活动写得好，也进一步表现了你的谦虚、淳朴的品质。向你学习！

【博友评价】老城：一件小事，反映的是在道德层面的教育过程，方鹏父亲的微博和石头老师的回复都很令人感动。一个人品质的培养，儿童少年阶段是关键。

3. 爱学生的自尊

爱学生就要爱他们的自尊。我们不仅是给他们"传道、授业、解惑"的良师，还要成为与学生心心相印的益友。学生愿意接近你，愿意与你交流沟通，教师教育学生时，才能有的放矢。而且教育的方式，最好是将教育的目的隐藏在一举手、一投足、一个眼神或一句轻松的话语里。"不著一字，尽得风流"，这样就会化教育于无痕，取得事半功倍的效果。老师对学生的爱是给予而不是索取。老师要爱所有的学生，特别是问题比较多的学生，更要亲近他们。教"好学生"是你的运气，"教好"学生是你应有的心态和责任，让爱在他们心里安个家。学校是什么？是允许孩子犯错的地方，是逐步规范学生言行的地方，是培养学生慢慢学会对自己的成长负责的地方。即使学生"犯错"也是他成长过程中的必然。老师要坦然面对，正如雷夫所说："教师的气度决定了教室的容量，教师的智慧决定了教室的尺度。"苏霍姆林斯基曾说："教师无意中的一句话，可能造就一个天才，也可能毁灭一个天才。"没有错，哪知道对呢？没必要抱着惩罚的心态对待学生。拿学生的"错"来惩罚学生，也是在惩罚自己，何必给自己找不快乐，我们不是为了生气来做教师的。一个10岁的孩子亲身经历了老师的惩罚，令自己伤心欲绝的事情后，用第三人称反省自己："他热情、善良、爱读书、乐于助人，知识面较广，可他就是管不住自己，好动。常常在课堂上不自觉地影响同学，原来的老师没有一个喜爱他，更谈不上尊重他。所以他也不尊重任何一个老师。一个偶然的机会，他认识了石头老师，石头老师尊重他、爱他、鼓励他……慢慢的，他被石头老师感化了，也像石头老师尊重他、爱他一样尊重石头老师、爱石头老师……"

规范学生言行，减少乃至杜绝错误；知道正确乃至多做正确的事，是一个慢的过程，不可能一蹴而就。老师不要奢望一觉醒来全部都正确了，即使你认为正确了，也不一定就真的正确。对与错永远都同时存在，我们要时时珍爱和保护学生的自尊，让他们在鼓励和表扬中生活，自觉地规范言行，健康快乐地成长。

【对家长说的话】只要是正常人都很爱面子。别看孩子小，更要爱护他们的自尊心。如果伤害了孩子的自尊，他可能成为一块永远立不起的扁扁石，或是一堆碎石而失去方向，那时后悔也晚了。

【对孩子说的话】昂起我们的头，挺起我们的胸，学会遵守规矩，嗅两旁的花香，看前方的美景，我们沿着正确的道路前行，就会成为顶天立地的人。

 例文 1

我是金子，不是沙子

四川　五年级　戴宗林

前两周，我表现不好，老师找我谈了几次，我也没管住自己。老师着急了，把我调到一个很优秀的小组里。这下可好了，同学们都说："你们小组掺沙子了，你们小组掺沙子了！"老师听见了，义正辞严地说："谁说戴宗林是沙子呀？他是金子！"我知道老师在激励我，心里暗暗下定决心：我一定要让沙子变成金子！

上课时，我管住自己的嘴巴，坚决不窃窃私语了；老师提出问题，我马上就认真思考，积极发言；作业时我再也不三心二意，每一个字都写得工工整整、漂漂亮亮。果然第二天我就得了表扬。老师拿着我的作业，高高扬起，眉开眼笑地说："我说戴宗林不是沙子，是金子吧。大家看看，这金子在发光呢！"听到老师的表扬，我心里美滋滋的，比喝了蜂糖还要甜好多倍，我觉得自己是世界上最幸福的孩子了！当天晚上，我就在 A61（教育论坛）上发了言："哈哈！得到老师表扬的滋味真爽！我还要得到老师的表扬！"

从这件事我知道了：成功并不难，关键是要管好自己，战胜自己！当然，要坚持必须要有毅力，要不断地超越自己！请大家相信吧，老师说的没错："戴宗林不是沙子，是金子！"我不会让老师失望的，我会经常发光的！

【学生评语】谢璇：戴宗林，你可真有志气呀！老师说了你，这么快就能改正，并且还从中悟出了人生哲理。文章写得不错，值得我们每一个人学习！我们一块儿做金子吧！

【学生评语】贾孟坤：戴宗林，其实你就是一块闪闪发光的金子，只是那些缺点将你身上的光芒遮盖了一部分，所以，只要你改正缺点，身上就会发出更多的光芒。

【博友评价】阳光：戴宗林同学，你的文章写得很棒，蒋老师说得没错，你是金子，而且正在发光呢。我在遥远的北京都看到了！希望你继续努力，将来考上北京的大学，好吗？

【学生评语】戴宗林留言：谢谢老师们的鼓励，谢谢同学们的提醒，我会把身上的光芒全展现出来的。请相信我是一个男子汉，说的话会算数的。同学们的眼睛永远是雪亮的，监督我吧！

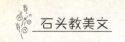

例文2

"妈妈"老师

四川　六年级　郑淼文

我的"妈妈"老师已经年过半百了。她高高的个儿，胖胖的身体，样子很威武。她有一头自然卷的短发，虽然夹杂着不少白发，但看起来仍然很精神。她的眼睛很大，好像会说话，如果你上课不专心听讲，她的眼睛盯着你，你马上就会明白她说什么了。她慈祥的脸上有一张棱角分明的嘴，那嘴里吐出的都是不加掩饰的真话。怪不得戴宗林说"妈妈"老师像透明的玻璃，一眼就可以看出她心里是怎么想的。

那是我读二年级的冬天，一次课间操，我边做边玩，一副心不在焉的样子。做完操，"妈妈"老师把我拉在花台边，我个子小，她让我站在高处，平视着她，然后轻声问我："老师经常说一句什么话？""不做就不做，做就要做好！"我明白她的心思。"那你做好操没有？"我耷拉着脑袋不吱声。"妈妈"老师见我意识到自己错了，就头对着头，前额顶着我的前额，信任地说："我们的淼文会改的，是吗？"我心里暖暖的，连连点头。

上学期的一天，我又没做好作业。"妈妈"老师发现了，望着我招了招手，我连忙跑到她身边。她那双会说话的眼睛看着我半天不吱声，我心里难受极了。我分明从她眼神里看出了失望，恨铁不成钢。好一阵后，"妈妈"老师叹了一口气，有点伤心地说："淼文，上等人不教自成人，中等人一教便成人，下等人教死也不成人。你准备做那类人？""我愿意做中等人。"我小声地回答。"那就好！老师看你的行动了。"她松了一口气，拍着我的肩膀说。

从一年级到现在，"妈妈"老师和我谈过多少次话，我已记不清了，但老师在我心中是扎下了根的，她的地位和我妈妈一样，是至高无上的！

【博友评价】阳光：淼文，在你的文章中，我深切地感到"妈妈老师"的爱，对你，对同学，对同事，对朋友的真诚透明的爱。你写得真好！

石头姐姐，从孩子们的文章中我学到了你的教育方式，不仅是语言，还有你的一个眼神，一个微笑，一个动作。我要向姐姐好好学习。爱笑的"妈妈老师"，祝福您！

【博友评价】起之：师生情演变为一种母子情，伟大。为你们有这样伟大的、用笑脸陪伴你们成长的"妈妈老师"而高兴。你们真是幸福的孩子。努力吧，孩子们，用你们优秀的成绩回报你们的老师、回报你们的家长、回报社会、做国家栋梁之材。

4. 爱学生的时间

爱学生就要爱他们的时间。这有两个方面。一是教学过程中，尽量做到，可讲可不讲的不讲，可多讲可少讲的少讲，不可讲的绝对不讲。教师的语言应当简明、准确、生动、合乎逻辑，多为学生创设情境，让他们去思索、去体验、去领悟，切忌啰啰嗦嗦、模糊混乱。下课铃声一响，再高级的座椅都会长出刺来，老师还继续"讲经"，你再高大的形象在学生心中都成了"微雕"。一个称职的老师，一定要珍惜学生的时间。二是及时发现、纠正学生的问题，不要让问题长时期保鲜，占去学生过多的时间。人误地一时，地误人一年，教师误人则一生。作为老师不仅要洞若观火，还要养成节约孩子时间的好作风。珍惜学生点点滴滴的时间，是一份尊重，是一份沉甸甸的爱。

【对家长说的话】现代社会节奏越来越快，换句话说，时间越来越少，不珍惜怎行。您看后面的慢性子爸爸，"急什么急，不就是乘下一辆车吗？"许多时候没有下一辆车了，给孩子做个好榜样吧。

【对孩子说的话】一寸光阴一寸金，是说时间宝贵，浪费时间等于慢性自杀。向急性子妈妈学习吧，走在时间前面，就能稳操胜券。

 例文 1

我的爸爸妈妈

四川　三年级　吴宇奇

慢性子爸爸

唉，又要跟爸爸上街了，我心里实在不愿意。你知道为什么吗？告诉你吧，我爸爸是个慢性子，做事磨磨蹭蹭的，一点也不着急。

你看，他慢吞吞地吃饭，好像在数饭粒一样。我耐着性子等他吃完饭，催他："快换衣服，穿鞋吧！"他不慌不忙地说："着什么急呀，又不赶考！"终于出了门，我大步流星地赶到 10 路公交车站。回头一看，爸爸还没影儿，我又回头去喊他："爸爸，你快点啦！"他还不耐烦地说："急什么急，不就是乘下

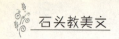

一辆车吗？"

嗨，摊到这样的慢性子爸爸有什么办法呢？

急性子妈妈

"咚、咚、咚……"一听那急匆匆的脚步声，一定是妈妈回来了。我连忙起身去开门，果然是妈妈回来了。妈妈放下菜就去做饭。她手脚麻利地淘好了米，打开电饭煲的开关，马上就理菜、洗菜、切菜，像个机器人一样。

一会儿，厨房里就传来"吱——吱——"的煎油声，妈妈开始炒菜了。大约半个小时的时间，香喷喷的饭菜就好了。一顿饭吃完，饭厅、厨房都干干净净一尘不染，那是妈妈一边做事，一边就收拾了的。

我真佩服我的急性子妈妈！

【博友评价】青山白水间：慢性子的爸爸和急性子的妈妈，多么和谐的一个家庭！在你的笔下，爸爸妈妈的性格都在细节的描绘中得到了充分的展现。

 例文2

爱笑的老师

四川　六年级　陈武

我们的语文老师天天脸上都有微笑。你看，预备铃一响，她就笑嘻嘻地站在教室门口了，值周班长一起音唱歌，她就走进教室，一边拍手一边笑盈盈地、兴致勃勃地大声跟着我们唱，那个认真劲儿哪，真像一个听话的好学生！（开门见山，直接点题）

上课时，老师仍然是笑眯眯的，这不，她正笑着要评讲作文了。"今天，我要给大家一个惊喜。猜猜，我们要评谁的作文了？"

"谁呀？老师，您说吧，别卖关子了！"我们都迫不及待。

"不知道了吧？他就是——"老师把眼睛盯在了学习有点儿懒散的来瑞祥同学身上。"来瑞祥！"同学们心领神会齐声答道。我心里可有点儿不服气了，哼！又偏爱"差生"了。多少好作文啦，老师不讲，专讲走得慢一些的同学的文章！（写出了老师"偏爱"差生）不服气归不服气，讲还是要认真听的。只见老师脸上阳光灿烂，声情并茂地朗诵来瑞祥的《20年后的聚会》，我们听得聚精会神，仿佛亲眼看到了20年后那个热闹的场面。欣赏完作文，大家开始发言了。

"写得真好，一开始就把自己置身于 20 年后的绿叶别墅中了。想象也是合情合理，没有胡编乱造。"王俊杰打了头炮。老师望着坐在后排的她，微笑着点头。（写出了同学们的积极性）

陈旭接着说："来瑞祥文章中的主人公，全都是学习有些困难的同学，但他们都成功了，说明谁都是想上进的，我们不能小瞧他们。"

"我懂到陈旭的意思了，她是说来瑞祥的作文是积极的，表达了他们渴望进步、渴望有出息的思想感情。是这样吗？"老师笑着征询陈旭的意见。陈旭连连点头，像鸡啄米似的……（比喻形象，很生动）

同学们真诚的评议还没完。下课铃响了，老师又笑着下命令了："出去，出去！透透新鲜空气！"（写出了老师从不占用大家的休息时间，真是个好老师）

我们爱笑的老师啊，全班同学都爱看您的笑脸！

【学生评语】汪月、谢璇：本文紧扣老师爱笑来展开笔墨。首尾照应。讲评还未结束，下课铃就响了。哎，大家都叹着气不愿离开教室，通过描写老师爱笑来突出了同学们都非常喜欢上老师的课，也非常喜欢老师。修辞手法的灵活运用，使文章描写得形象、生动，招人读，使人仿佛也见到了爱笑的老师。

【博友评价】阳光：陈武，你的描写，把我也带入到了课堂，我仿佛看到了石头老师的微笑和那双会说话的眼睛。

【博友评价】起之：陈武小同学将"爱笑的老师"介绍给我们："预备铃一响，她就笑嘻嘻地站在教室门口了……上课时，老师仍然是笑眯眯的，这不，她正笑着要评讲作文了……下课铃响了，老师又笑着下命令了：'出去，出去！透透新鲜空气！'"……老师的微笑贯穿整个课堂，从上课铃声响起到下课铃声提示。老师的微笑像雨露、像甘泉，点点滴滴润进孩子们心田，同时又反映出老师很爱惜学生的时间。

5. 爱学生要民主

民主也是爱的体现。就教师而言，我以为民主包含两个方面，一是民主处理班务，二是民主教育。民主精神、民主政治需要民主教育。我一个小学语文老师没有水平去研究真正意义上的民主教育，只是在班主任的工作范围内撒下一棵民主的种子让它萌芽。我从未任命过一个小干部，也从未指定过一个三好学生。所有的干部、荣誉都由学生们酝酿、提名、民主选举产生。我班上的座位从不固定，每个学生每学期会轮流坐到每一个座位。美文课上，早到的孩子有固定的座位。对走在学习后面的学生也给予同等的爱，没有后面哪有前面，是后面成就了前面。老师也有出错的时候，要敢于躬下身来倾听学生的意见。这样做学生能感受到老师的公平、公正，然后都会在心里产生涟漪，产生想表达的冲动。

【对家长说的话】民主是社会发展的必然，也是社会生活的必须。孩子感受民主是从家中开始的，当然家庭中的民主并不等于迁就，也不等于孩子与父母"平起平坐"。这是两个不同的概念，既要做到人伦关系的"父子有亲"，又要做到心灵的民主。慎重！慎重！

【对孩子说的话】在家中我们不是小皇帝，在学校我们也不是小公主。年龄大的是哥哥姐姐，要爱护小的；年龄小的是弟弟妹妹，要尊重大的。这就是《弟子规》里"兄道友，弟道恭"的意思。与其他人之间的事儿好好商量，开始学习民主吧。

 **例文 1**

我俩和好了

重庆　六年级　甘甜

我和邓莹，是一对形影不离的好朋友，论个头，我俩一样高；论成绩，我俩差不多。有同学说我是她的影子，也有同学说她是我的影子，因为我俩总在一起嘛。

可是，有一件事使我们反目成仇。那是刚开学不久的一个下午，我们班改选干部，只选五个，黑板上候选人的名字已有三个了，还没有我。我把希望全寄托在邓莹身上了，我扭转头看，她毫无选我的意思。哼！还是好朋友呢。呸！既然你对我不仁，我就对你不义，我偏选你，让老师同学夸奖我，而我又不投你的票，既不得罪人，又给别人留下好印象。嘿嘿，这一招还有谁想得出来哟！

我选了邓莹，扭头一看，她紧皱眉头，一脸的不高兴，眼神好像在说："你的用意何在我知道，反正我又不想干。"我的心咯噔了一下，增加了恨意。

改选后，她担任了体育委员，我更不服气了，因为我体育比她好嘛。所以老和她作对。有一次，邓莹找到我，诚恳地对我说："嗯，甘甜，我知道你为什么选我当干部。我没选你是因为真正的友谊不是互相蒙骗，对吗？请原谅我吧！"啊，邓莹的心灵多么纯洁。她知道我有很多缺点，不配当班干部，听了邓莹的话，我没有说什么，只是紧紧地握住了她的手。

从此，我和邓莹又成了一对形影不离的好朋友。

【学生评语】匡扶：这是十一册基础训练6的作文（题目：记一件你亲身经历过的事）。要写清楚事情的经过，并注意把自己当时的感情、心里的想法写出来。

甘甜同学的作文达到了写作要求，特别是自己的心理活动和感情变化写得真实，事情的发展过程也写得有条有理。

 **例文 2**

感动老师的"知错不改"

四川　六年级　谢晨

教师，是人梯，是渡船，是蜡烛，是人类灵魂的工程师……作为教师，就应该为人师表，做学生的榜样，以身作则地带好学生。然而，我们却有这样一位"知错不改"的老师。

我们的蒋老师50多岁，外表很朴素，却拥有一双会说话的眼睛，拥有一颗真诚、善良、充满爱的美好的心。蒋老师已不是班主任，但"爱管闲事"的她总是很关心班上大大小小的事情。我曾经多次提醒过她："老师，您多管闲事不好，弄不好还自寻烦恼呢！"（谁让我和老师是诤友呢？所以我一向在她面前都很直言）她马上认识到自己错了，有越位之嫌，并在开学时还写了随笔《管好自己》。可不到三天半，她的老毛病又犯了。妇女节那天，班主任老师担心同学们放学不能按时回家，就没有让值周的同学扫地，直接放了学。第二天，蒋老师像往常一样早早地来到教室，见地面很脏，马上和同学们打扫起来。上语文课时，她还叮嘱同学们以后一定要扫地，不然既污染了早晨教室清新的空气，影响大家的健康，还浪费了早上宝贵的读书时间。更让我们想不到的事，她竟和班主任谈到此事。哎，她老人家真是"太平洋的警察——管得宽"！蒋老师很民主，为了搞好工作，她常常征求大家的意见，我们可以直截了当、理直气壮地说出自己的见解，只要是正确的，老师都会虚心接受并采纳。比如：我们自己上早自习，不要老师来了，免得我们总是依赖。她答应了，坚持了20来天吧，可有的同学早上还是不认真读书，浪费了时间，中午留下来补吧，会影响吃午饭，下午留下来补吧，又影响了回家完成作业。思去想来，老师还是"知错不改"，又陪我们上早自习了。

蒋老师对工作可真是在拼命，虽说在大家的多次提醒下总算改了一点儿，但毕竟"江山易改，本性难移"。她是爱教育事业，爱我们这些孩子们，想她把工作过于勤奋这个缺点改掉，我看不太可能。尽管深知蒋老师"知错不改"的缺点，我还是要劝老师一句：工作别太累，多注意身体，别让我们太担心！

我们的蒋老师什么都好，就是"知错不改"不好。可冷静一想，她的"知错不改"源于发自内心对学生真诚的爱，对教育事业的执著。这样一位爱学生、爱事业的好老师怎么能不让人感动呢？

【学生评语】付静文：本文紧扣题眼"感动"，向读者描绘了一位"爱管闲事""知错不改"的好老师。文章以一种对比的方式开头，引起读者的悬念，重点部分有具体的事例，明贬实褒，是一种很不错的写法。全文情真意切，非常感人。

【博友评价】阳光：从学生的习作中，我知道您是蒋老师。您的言行令我感动，我也是一位老师，只不过我不是语文老师，我写的文章和您的学生写的差不多。我是一名英语老师，如果您的学生英语方面有什么问题，我很愿意帮忙。虽然我和您远隔千里，但网络使我们相遇，也使我们的心灵贴近，这就是所谓的缘分吧。愿您的学生成绩优异，愿您身体健康。

第二节　爱家长

教育是家庭、学校、社会三位一体的系统工程。学生的成长，离不开家庭教育。家长作为孩子的第一任作文教师，对学生的说话和作文起着重要的作用，老师要注意开发这一资源。我以为孩子的作文始于婴幼儿。因此在教育过程中，要尽力和家长交朋友，赞美家长的优点，倾听家长的心声，把家长当作教育学生的合作伙伴。可以这样说，全心全意为学生和家长服务，是教书育人和家长相处的一个秘诀。每到一个新班，第一次家长会上，我总会这样说："家长朋友们，请大家相信我，我会善待每一个孩子，因为我们为了同一个目标，那就是孩子的进步、成长。我们所做的一切工作都将从孩子的身心健康出发。相信我们今后的合作会很愉快。"站在家长的立场，为着同一个目标，这样的话语，是暖人的。实践证明，第一次与家长见面，这种传递着老师爱学生、全心全意为学生着想的信息，很能赢得家长的心，也使家长愿意积极配合老师的工作。要注重赞美家长的优点，倾听家长的心声。有的家长文化素质高、关心孩子、支持老师的工作，我们需要真诚地欣赏他们、感谢他们。我班有一个叫谢晨的同学，知识面广、思维敏捷、写作思路开阔，语言也不落俗套，在三年级小朋友中显示出难得的文才。我和她爸爸交谈时就说："谢晨之所以优秀，都是因为你们素质高，爱读书，家里文化氛围浓厚，对孩子起了潜移默化的教育作用，谢晨有你们这样的家长，真是幸运。"家长听到这话，脸上写满了喜悦，并谦虚地说："我们能做多少啊，还是老师为孩子付出得多。"在家长会上，要不失时机地对某方面做得好的家长进行表扬，从而达到"赞扬一个，激励一批"的效果。

倾听家长的心声，不仅会给人留下深刻的印象，而且还有利于自己找到更好的突破口，达到与家长心灵沟通的目的。如果老师静下心来，认真倾听家长的意见，家长会觉得受到尊重，自然愿意和老师交流，支持老师工作。家长应是老师的朋友、贵宾、合作伙伴。对待家长要柔和、亲切。即使是学生犯了错误，与家长谈及孩子的问题时，语言也要柔和、悦耳。把犯错的学生放在对立面，不是明智的做法。对那些文化水平不高、孩子表现较差，总觉得没脸见老师的家长，也要和他们沟通。内容就是"寻找孩子的闪光点"，向家长报喜，让他们分享孩子成功的快乐，从而坚定家长和孩子的信心。

尊重理解家长，用爱去感动家长，倾听家长心声，竭力与家长建立一种平等、和谐、友好的关系，全身心服务于他们的孩子。这样，老师就能走进家长的心田，就能够使家长信任、理解、尊重、支持我们。家长就是教育资源，家长认可了老师，与老师形成教育共同体，从而最终达到成功育人的目的。家长也会反馈对老师的爱。

【对家长说的话】老师是爱学生的，面对几十个孩子有时也可能有疏忽，甚至欠妥。老师是人不是神，要及时交流沟通，有好的建议一并奉送，您会和老师成为朋友的，因为家长和老师是教育共同体哟！

【对孩子说的话】爸爸、妈妈、老师都是陪伴我们成长的教育人，他们合作愉快，受益的是我们，穿针引线让他们交朋友吧。不利于他们团结的话不说，不利于他们团结的事不做。

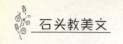

六年心连心

——一次家长会的发言

亲爱的家长朋友们：

大家好！今天是我们的孩子在小学阶段的最后一次家长会，很高兴有这机会再次坐在一起谈谈孩子们的事情，同时互相告个别。毕竟六年的心心相印，我们早已是朋友了。

在各位家长的通力配合下，我们的孩子六年来进步很大，不管是做人，还是读书，他们中大多数人比同龄的孩子懂得多一些，这从他们平时的举止言谈，为人处事，特别是他们的作文中可以看出来。认识字的家长都看了《石头和孩子们》这本珍藏他们童年的书，67个孩子在书中都有珍藏自己童年的喜怒哀乐，珍藏自己的情与爱，珍藏自己人生第一笔收获的文章，这本书孩子们当宝贝似的，生怕弄脏了，弄皱了，很小心地使用着。在出这本书的过程中，孩子们的表现很感动我。

王俊杰同学在《我们的小学生活》中写到：

小学阶段，我们班的朗读不赖，谁都爱听我们朗读课文。并且大家都说："听6·2班的学生朗诵，那可真是一种享受。"可他们不知道，写作更是我们的强项，一上作文课，大家那兴奋劲儿啊，全都洋溢在脸上了，似乎每个人都是作家，笔下都会涌出智慧的泉水，写出漂亮的美文。六年来，我们班同学的习作源源不断地发表，隔三岔五就有稿费寄来。这么多美文，如果能汇集成一本集子，永久留着纪念，那该多好啊！我们将这个建议向老师倾诉了，她说："等我想想后再回答你们吧。"

我们盼着老师的回答，但也很理解老师，她已53岁了，身体不好，编一本书还是很麻烦的。第二天，老师征求了全班同学的意见，大家都渴望编这本书，老师狠了狠心，说："既然大家都有这个愿望，我们就编吧！"一听老师的话，我们都欢呼起来"耶！"大家都明白，老师是一位说话算话的人，只要她决定做的事一定会做好的。

时间一天天过去了，我们见老师的眼睛里布满了血丝，她显得疲惫不堪，我们知道老师熬夜了。要知道，这正是总复习的关键时刻，白天老师要给我们上课、批改大量的卷子，晚上又要忙编书的事，我都有些于心不忍了。

5月25号，老师告诉我们编书工作已完成80%，基本定稿了，可最低的印刷费也需要3300元。老师说："这钱不要你们出，老师来承担。"世界上哪有这样的道理？我们要珍藏自己的童年，老师熬更守夜为我们编书，还要为我们出钱！老师真诚地说："这钱还是老师出，我教了你们六年，早就把你们当作自己的子女了，只希望你们从内心深处记得老师的真爱就行。盼望老师的精神像种子一样，能在你们心中生根、发芽、开花、结果，这就足矣。"

老师说得很平静，可老师是人不是神！她自己省吃俭用，穿的大多是廉价的衣服，但为我们大把大把地花钱。外出学习时，为我们每人买一本书，每本6元，连平行班老师也不例外。每学期老师都要为我们买奖品，要知道老师的奖品不是发给部分人，是全班同学都有份，这些钱都是她自己掏的呀！

六一儿童节那天，我们捧着精美的《石头和孩子们》，每个人都很激动，因为校长在序中写道："孩子们，你们是幸福的，天会老、地会荒，这本记录真情、承载真爱的文集，将陪伴你的一生，就像窖藏的美酒，越久越醇。"我们全班同学更明白了老师对我们的"真诚永恒"！

王俊杰同学的文章非常感人，从中可以看出她是个懂事的孩子，她很理解老师。

付静文在日记中也写道

六一儿童节，我们全班同学得到了最珍贵的礼物——《石头和孩子们》。手捧着这本珍藏我们自己童年的书，仿佛有千斤重。这是我们老师花了多少心血才编成的呀！

六年前，我在教室里第一次和老师见面时，老师将书包放在我的桌上，我居然将书包推下了桌子，不许老师放。时隔六年，老师已把我培养成一个既懂礼貌，又爱学习的孩子，六年的心血叫我怎么回报？

为了实现我们最后的愿望，老师不惜牺牲休息时间，自己掏钱为我们编书，为我们付出了那么多，那头上一缕缕白发，那脸上一条条皱纹便是见证。编书是我们的愿望，是编我们的书，不是编老师的书。老师通宵达旦地整理作文，编辑文稿，校正清样……老师没有这个责任，也没有这个义务。老师已经53岁了，她凭什么还要这么拼命地工作？还不是为了我们。老师六年陪我们上早自习，让我们养成了良好的早读习惯，谁给她付过一分钱，什么时候老师有过怨言？

《石头和孩子们》这本书不仅记录着我们童年的美好回忆，还记载着比山还高、比海还深的师生情！

家长朋友们，六年来你们对班级工作的支持，对老师的关爱，我都牢记在

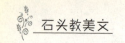

心。四年级时"我们真快乐"的主题队会，向林豆的妈妈买蛋糕，付静文的妈妈买大笔记本，杜柯的家长买鲜花。

2006年12月31日，我们的主题观摩队会，黎颖的妈妈带着朋友来帮助化妆，做完事以后连活动都没参加，急急忙忙就走了，当了真正的无名英雄。赵雨霏的妈妈、付静文的妈妈为活动买了四盆鲜花，为活动增添了艳丽、喜气；贾孟坤的妈妈为来宾准备了礼物，想得真周到；刘佳佳的爸爸为集体准备了两个彩色爆竹，为活动增添了喜气、声响……还有很多家长为集体做出了奉献，老师都记在心里的，真诚地感谢我们的家长朋友们。谢谢你们！

我在《石头和孩子们》一书的编后语中也写道：六年中，你们的父母也为班级做出了贡献，一个个笔记本，一支支钢笔，一张张照片，一盘盘光碟，一束束鲜花……饱含着家长们的满腔深情。这是对老师的信任，对班级工作有力的支持，老师难以忘怀。

我更记得自己初到绵阳时家长们对我如亲人一般的关心，在这儿，衷心地感谢大家了。我是个重感情的人，相信吧，老师永远和你们是朋友！永远关爱孩子们！

再一次感谢家长朋友们六年和老师心连心！感谢大家对老师的关爱！

2007.6.15

【博友评价】阳光：石头姐姐，看了孩子们的信，听了你对家长们的话，我哭了。我已不再是容易被感动得爱哭的人了。可我被这里的深情真切地感染着，因为世界上最珍贵的东西都是免费的，人与人间珍贵的情谊是无价的，认识你真好。

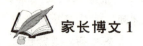 **家长博文 1**

读《心会看见美好的一切》

清月妈妈　罗秋霞

谢云老师的《心会看见美好的一切》一文，用领导的眼睛和作家的大手笔写出了"和蔼，真诚，豁达，慈眉善目的，像极了菩萨"的蒋老师。

我们作为蒋老师学生的家长，我们看到的和感受到的蒋老师，比谢老师描写的还要更加具体，更加真实。真诚实在的蒋老师，在我们的孩子眼里，是孩子们的偶像，像孩子们的妈妈，我们可以透过孩子的言谈举止，看到蒋老师的影子；我们学生家长通过和蒋老师平时直接交流，在我们的眼里，蒋老师更像朋友，她亲切平和，谦逊雍容。

无论在孩子和家长心中，都充满了对蒋老师的崇敬和爱戴。蒋老师用自己的言行，教会了学生甚至学生家长做人做事的道理。正如谢老师所说，"对于学生，尤其是小学生，他们所获得的那点知识，远没有他们在校园里，在老师那里，得到的关心和爱护重要"。所以蒋老师的爱将伴随孩子们走过童年，走进他们美好的未来。

我们从蒋老师已拥有的美誉度讲，蒋老师是著名的特级教师，是享受政府特殊津贴的有突出贡献的教育专家，还是终生学科带头教师。从常人的角度上讲，蒋老师应该是功成名就了。但心中充满了阳光的蒋老师，仍然潜心于用心灵和心血，把教育事业当成一件重要而神圣的事情，用自己的行动实践着她对教育、孩子痴情的爱。正如谢老师所说的那样，蒋老师"对每个孩子都给予肯定和鼓励，她把自己的爱，像阳光般普洒给每株幼苗。她用充分的关注和真心的欣赏，唤起了学生的激情和尊严"；蒋老师"用'情人眼里出西施'般充满爱意和柔情的眼睛，来看待她每一个都可爱的学生，带着一颗温柔的心，一怀温软的情，这样的心怀，能够感知到一切的美好，这样的眼睛，能够看到美好的一切"；蒋老师"将自己的心，始终与孩子联系在一起，与他们心心相印，声声相吸"……所以我们都能从她那充满爱意的眼里，从她满怀真情的心中，看到孩子们美好的一切。

无论作为蒋老师的学生，还是蒋老师的学生家长，我们都为蒋老师的为人叹服，这是不足为奇的，因为有太深的亲身感受。而作为一个领导和一个著名作家也为蒋老师的人格所折服，并不止一次亲自撰文肯定，这充分说明蒋老师在大家心中的位置，而且从中我们做家长的也看到涪城教育的明天是美好的。因为领导已经找到了教师典范。

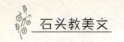

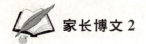 **家长博文 2**

感动总是在不经意间

张　莉

一位达人曾经说过：

别人从生活中捞取黄金，

她却只能获取花香。

她的黄金是早晨的太阳，

她的银子是十五的月亮。

但她依然快乐的吹着口哨，

她的自豪是桃李芬芳。

——谨以此文献给崇敬的教育者·高原石头

听儿子说他们有了新的乐园"A61 论坛"，怀着好奇心我也进入了论坛，感动就在这不经意之间。

长久以来，我对老师的那份情结是解不开的，就像高原石头这样的老师。看完石头老师的那两个"分享"系列：《孩子们带来的快乐》《石头和孩子们》，一种激动说不出来。就这样张着嘴巴看完，睁着眼睛躺下，内心久久不能平静。

谢云老师的《心会看见美好的一切》，写得实在是太好了，我甚是激动，他不仅写出了一位老师的高贵品质、学生们眼中可敬的"老师妈妈"、家长们心目中的优秀教育工作者，而且写出了一个人美好的灵魂。几天来我一直想写点什么，但担心我的拙笔反而玷污这激情洋溢、美好的文章，惟有一遍又一遍地读。

我虽没有谢云老师那般的文采，写不出那份感动，也不能将内心完整描述出来，但是我心里很清楚，也知道我想表达什么。就这样吧，凑合着写点。

一个老师，50 多岁，一个字一个字地将学生的文章敲到论坛上，仅说这一点，恐怕连年轻老师都得汗颜。每天不仅要完成繁重的教学工作，还得牺牲休息时间，逐字逐句地敲键盘，打出来的已不仅仅是字，更是一种爱，一种高尚伟大的教育精神，不仅仅教育着学生，还教育着广大的教育战线上的工作者，甚至更多，至少我这样认为。

十分有幸，我的孩子能在高原石头手里读书，想想，孩子，孩子的同学，还有我们（孩子的家长），都是幸运的！真的很羡慕这些孩子，有这么一位好老师，这不仅仅是一种认真负责的态度，对教学工作，对学生，早已超出一般教学，多了些内容——爱！将爱和教学结合起来，多么的美好啊！

我接触的老师很多，一般都能听到这样的说法：50 岁了，离退休就不远了，还费那个心干嘛。这是最普遍的一种心态；或者，我老了，新东西也学不进了，只能这样了，领导多照顾照顾。

然而，在高原石头这里，你看到的却是年轻人的干劲，一种甚至比年轻人更饱满的热情，在教育事业中发挥着，那么的无怨无悔、无悔无怨。她甚至在教学中找到了无穷的乐趣，这是多么难能可贵啊。正如她本人所说，"我和孩子们都很快乐！"快乐地教，快乐地学，这是多么美好的事啊！我能深深地感受到，石头老师已将自己的一切都无私奉献给了教育事业，不光是休息时间，更重要的是一颗心，一颗慈祥的爱心。她播种下知识和无垠的爱，将爱注入教学；孩子们快乐地学习，将爱不断地蔓延开来，学校，家庭，社会，这就是一种和谐。

一个人对社会的价值体现，高原石头算是把它发挥得淋漓尽致，这种价值体现在她的一言一行，一举一动中。"古之学者必有师，师者，所以传道授业解惑也"，将教师的职业价值提升到文化传递的社会高度评价，一直被国人奉为经典……这充分体现出了老师"爱生如子"的高尚师德，在石头老师身上体现了出来。

教学是一门艺术，夸美纽斯在《大教学论·预言》中指出："教学论的意思是指教学的艺术"。这种艺术是"一种教得准有把握，教得使人感到愉快的艺术"。既是艺术，它同样能产生一种迷人的力量，让人如沐春风，叹为观止，而好的老师的成功之处就在于适当运用了教学艺术。语文学科的特殊性决定了语文教学不单是认识活动，同时也是情感活动。这就使语文教学艺术必然打上情感的烙印。无论是语文教材中的文章，还是课堂上的教师和学生，都是"有情物"，教学中只有这"三情"的交融，和谐统一，才能弹奏语文教学艺术的美妙乐章。教育的本质就是培养人的道德素质和科学文化素质，造就德智体全面发展的人才，最终实现人类自身的变化，这就是美育。

高原石头拿捏得准，以爱为前提，将教学的美体现了出来。毫不夸张地说，这就是教学的一种高度，艺术的体现，同时也达到了"三情"的美妙交融。

我听到了孩子们天真无邪的欢笑声，看到了他们一篇又一篇的获奖文章，我不禁有些感动。我知道他们的快乐发自内心，同时，他们的成绩，这一切都归功于石头老师的悉心指导，倾注了爱的教学。

今天，石头老师播种下爱；明天，收获将是更多爱。孩子们定将怀揣着爱，向自己的梦大步跑去……

就这样，我们生活着，并感动着。

学生家长张莉的心声

二〇〇六年十二月十八日于四川绵阳

【博友评价】老小子：石头不仅赢得了学生，而且还赢得了家长，最终还将赢得整个社会对您的尊重。作为一个教师，劳碌一生，金钱荣誉算个啥，这才是最有价值的。

【博友评价】青山白水间：石头老师用自己的心赢得了学生，赢得了家长，也赢得了我们大家共同的尊敬。有石头这样的老师，是她学生的幸运，认识石头老师，则是我们的幸运。

第三节 博爱

1. 把自己写成书

教育包含"教书"和"教人"两个方面，"教书"可以用教材教，"教人"则只能用自己"教"。教人，需要老师以从容、淡定、优雅的姿态，通过自己的言行、自己的人格魅力去影响学生的灵魂、引领学生的精神、规范学生的行为，让学生从中感悟其意义和价值，做到"大德无形，大教无痕"。"教者，上所施，下所效。"教师就是学生要读的"书"，就是课程资源，这才是教师工作的真正意义和价值所在。

老师要用爱为学生示范，用爱拨动学生写作的"动情点"，用爱来开启学生的智慧。这就是用爱"无声塑造灵魂"。作文关注的是人的成长，关注的是儿童享受成长的欢乐，关注的是为学生们构建一个属于他们的"精神家园"，让在校的学习生活成为他们一生中"美好而神圣的瞬间"。

灵魂需要灵魂的塑造，灵魂需要灵魂的牵引。教育是一种交流和对话，只有灵魂的殿堂没有灵魂的牵引，是走不进灵魂深处的；只有灵魂的塑造，没有与灵魂的对话，是不能激活另一个灵魂感动的。这种"牵引"的纽带和"对话"的渠道是什么呢？就是"爱"，一个大写的博爱。老师要用无声的、无私的、崇高的、纯洁的灵魂，去塑造、去牵引学生们美好的灵魂。简单地说就是老师要将自己写成一部"书"，一本值得读的好书，让学生爱读乐读，读而不厌。这是老师应该做的，也是能够做到的。雷夫也认为"角色榜样是教师（家长）们要做的最重要的事之一"，去教会孩子们爱自己、爱父母、爱老师、爱同学、爱学习、爱劳动、爱一切美好的人和物，建立起博爱的胸怀。博友静水校长说："学生能够拥有一位懂得爱，会爱学生的教师，应该说是三生有幸。因为在爱的环境中成长的学生，对其一生能够健康地成长有着至关重要的作用。他们也将学会用爱去面对他人、面对人生、面对社会、面对世界。"

【对家长说的话】老师把自己写成书，就是树立一个楷模让孩子学习。家长何尝不是如此，只有当家长的言行一致，形成榜样时，教育的效果才最大。因为只有人格可以影响人格的发展与形成。因此有人说，现在的竞争不是国家与国家的竞争，而是"母亲与母亲的竞争"，为实现中国梦我们都做个好榜样吧。要不惜代价维护孩子对您的信任，这也是家长要做的最重要的事之一。给孩子写一本真、善、美、爱、慧的书吧！

【对孩子说的话】相信老师，相信爸爸妈妈，他们是永远值得尊敬的人。向爸爸、妈妈学习，向老师学习，学习他们身上一切美好的东西。

 **例文 1**

我心中的散文

四川　六年级　左楚霄

转眼之间，六年过去了。在短暂的六年里，我写作的日子并不长，除了记叙文，我还朦朦胧胧地懂了点儿散文。但在我的心中，真正的散文却十分清楚。我心中的散文，便是敬爱的蒋老师——我们的第二位好妈妈！

散文风格不同于小说、记叙文等，有自己独特的风格。它以自己的形式赢得了无数人的青睐，以自身独特的魅力展示文学艺术的瑰丽。蒋老师就是如此，她教书的风格与众不同，有创新、有韵味、有欢乐，她让我们在快乐中学习，在快乐中成长。在绵阳这个应试教育的环境中，有多少人能做到蒋老师那样呢？笑，不简单也不难，在我们表现不差的日子里，老师总是笑容满面地来到教室，渲染了学习氛围，让我们在轻松愉悦的环境中学习；宽容，也许很艰难，但蒋老师时时刻刻都表现出宽容、大度，真是宰相肚里能撑船！这不仅仅是对学生，对家长、对同事、对身边的每一个人，她都是如此，赢得了大家的一致好评。

散文往往表达了作者深厚的情感，有的语言朴素，有的词藻华丽，但都会引人深思。无论是我深夜无父母在家，敲响老师的门，还是我饥肠辘辘时，老师那热腾腾的饭菜，都能从中体现着一种浓浓的情。蒋老师语言朴素，以行动来表现华丽。如此朴素，又如此华丽，潇潇洒洒，直爽大方，毫不收敛。

散文也常常抨击着不公平，反对恶势。蒋老师藐视应试教育，就好比散文抨击恶势，处处显出坚定。

散文……

蒋老师，就好比那散文，不，就是散文！淋漓尽致、潇潇洒洒，不为凡事琐心，是我心中的散文。

六年将至，我们即将离去，不管走远也好，还是就近读书也好，我永远不会忘怀心中的那篇散文，不会忘怀我们的第二位好妈妈——蒋老师。

（愿蒋老师身体健康，笑口常开，工作顺利，快乐永远！）

"散文"的小儿子：楚霄
2007 年 5 月 6 日

【学生评语】张媚：左楚霄，这次又评你的作文，我十分感动。文中最感人的就是"真"，老师说过"真实的、自然的就是最美的"。你把对老师的爱化成散文，突显了对散文的理解和对老师的衷心爱戴。非常好的散文啊！

【博友评价】西楼雪：小学六年级的学生能写出这样的文章，我很震惊。构思巧妙，把蒋老师喻为散文，把老师的教育艺术与散文的艺术契合在一起，很是妥帖。感情真挚，读此文，思彼情，好像看到楚霄小朋友正依恋在散文妈妈的身边，也好像看到蒋老师正在孩子们中间，笑容满面地讲课，热情潇洒地生活，条理清晰。根据散文的几个特点来构思本篇，很有层次感，逐渐把蒋老师的形象立在读者的面前，首尾呼应，浑然一体。如再把"散文"的内涵拓展开去，蒋老师的形象可能更丰满，如把文中的有些词语再精炼，可能更有味道。

【博友评价】起之：楚霄小同学这篇文章好极了！每一个文字尤如跳动的音符，每一个章节俨然优美的旋律。抒情之中让人体会你的心绪，蒋老师不是妈妈却胜似妈妈。蒋老师语言朴素却赢得大家，以行动来表现华丽潇潇洒洒。

蒋老师是一首优美的散文诗，我心中的那篇散文淋漓尽致。这就是我们心目中的石头老师，这就是我们心目中的石头妈妈，这就是我们心目中的石头朋友。

 例文 2

做一个让人尊重的人

山东　五年级　刘宇赫

做一个让人尊重的人，这是人人都想的。可是为什么有些人不被人尊重，而有些人又备受人们尊敬呢？

我从石头老师身上找到了答案。原来让人尊重最大的一个原因就是尊重别人。在重庆、四川、福建、山东……石头老师都用她的行动尊重学生，用她默默的爱影响孩子，因此受到了很多人的尊重、爱戴。

举个例子，山东某县有这么一个孩子，他热情、善良、爱读书、乐于助人、知识面较广，可他就是管不住自己，好动。有时候在课堂上不自觉地影响了同学，原来的老师没有一个喜欢他，更谈不上尊重他。所以他也不尊重任何一个老师，这表现在上课、下课不听老师的话……一个偶然的机会，这个孩子认识了石头老师，石头老师尊重他、爱他、鼓励他，还把他带回家让大树伯伯给他做好吃的饭菜……慢慢的，这个孩子被石头老师感化了，他也像石头老师尊重他、爱他一样尊重石头老师、爱石头老师。

这真是："敬人者，人恒敬之；爱人者，人恒爱之。"

让人尊重还有一个特点，就是有知识，德才兼备，而且不炫耀。这一点在石头老师身上尤为明显。我第一次见到石头老师，第一感觉是：她是个非常憨厚的人。我怀着好奇心第一次上石头小屋时，一看，满眼都是好文章，石头老师还是资深博主呢！太让我敬佩了。石头老师是一个很低调的人，她总是默默地做，与世无争。

昨晚，我和妈妈在石头小屋看到这么一段话：我们在与别人交往中，一句不经意的赞美，一句抱歉及对不起之类的话语，总会使人感到心情舒畅。道理很简单，从中人们感觉自己受到了别人的尊重。受到别人尊重是每个人的愿望。想要得到他人的尊重，首先应当尊重他人。只有当你尊重了别人，你才有可能从别人那里得到应有的尊重。

我一定从尊重他人做起，争取做一个让人尊重的人。

【博友评价】印迹奶奶：五年级学生写得如此好的文章，应该表扬！首先提出要做一个尊重人的人，然后用事实说明为什么要尊重人和怎样尊重人，说得有条有理，有根有据。最后，自然就知道今后怎样做了。

【博友评价】宇赫妈：石头老师让我们感动！宇赫成长得真快，感恩石头老师的付出。感谢石头言传身教，教会了宇赫怎样做一个让人尊重的人。宇赫以前不明白尊重与被尊重的关系。和石头相遇了，石头那浓浓的真心的爱和智慧，和那么多的人对石头的尊敬震撼了他那纯真的心灵，并在他那纯真的心灵里播种，发芽。石头老师本身就是一座好学校。感谢石头老师！

【博友评价】pplong：真是一篇好文章，既看到了教育的力量，也看出了孩子的成长。做一个尊重他人的人！

2. 先做人后作文

茅盾先生曾说："要学作文，先要学做人。""作文"作出的是人的灵魂，奏出的是人的心声，体现的是人的精神。教育就是一场修行，老师在自己心里修行，在学生心里修行，紧紧围绕培养"追真、求美、向善、博爱、开慧"的一代代新人这个中心修行。因此，在作文教育教学中，老师要始终渗透为做人而作文，以作文促进做人的理念，让学生在学做人的过程中提高作文水平。孩子的心灵是简单纯粹的，在成长过程中总会主动或被动的受到这样或那样的负面影响，总会有不洁之物使他们的心灵蒙尘受垢，教师的工作就是要时时拂去他们心灵的尘垢。

《语文课程标准》明确指出，写作能力是语文素养的综合体现。写作教学应贴近实际，让学生易于动笔，乐于表达，应引导学生关注现实，热爱生活，表达真情实感。苏联教育家赞可夫认为："作文教学不仅发展学生的智力，而且发展情感、意志、品质、性格和集体主义思想。"陶行知先生说得更直接，"千教万教，教人求真，千学万学，学做真人。"因此学生首先应该学会做人，学会做个堂堂正正、踏踏实实的人，然后再表里如一地去展示自我，包括作文。因此指导学生作文不能只着眼于技能，必须时时顾及学生这个"整体"如何做人，这是纲，纲举目张。把做好人放在首位，当学生养成诚实的品德，懂得真正的做人，他们的思维日渐缜密完善，情感日渐丰富纯真，观察也日益敏锐周到，他们的作文就不难做到理真、意切、情融，自然会写出美文。因此老师应首先懂得并引导学生懂得，做人要求真、向善、唯美、博爱。这需要师生一道，以一颗平常心、平等心、平和心、平静心，不断地修炼。正是"生活时时在修行，生活处处是道场"。让学生在作文的过程和文本中体现人性，做到人文合一，也就是人如其文，文如其人，这才是美文。

【对家长说的话】作文是为人而作的。孩子上学是学做人，与老师一道努力把孩子培养成堂堂正正的人，是教育的首要任务。

【对孩子说的话】这里说的做人，是指由良好品德和健康体魄组成的高素质的人。下面这两篇作文写了"高贵"二字，认真读读有什么启发？

 例文 1

超源于心，越源于做

四川 六年级 付静雯

真实的高贵是超越自己！

我很喜欢这句话。高贵，谁不想成为高贵的人？有的人嫁给大款，一天吃得好，穿得好，她认为是高贵；有的人一天把自己打扮得人不像人，鬼不像鬼，浓妆艳抹，她认为是高贵；而我却认为真实的高贵是超越自我。

这世界上，你最大的对手不是别人，而是自己，你要超越自我才是真实的高贵。超源于心，超越自己源自你心；越源于做，超越自己源于你的行动。只有超越自我，才能获得真实的高贵。

在超越自我的时候，时间很重要，你要充分地利用时间，不断地来完善自己。其实每个人都有远大的志向，有的人在实现自己的理想时，遇到挫折，他就败下阵来，落荒而逃。其实在前进的路上，肯定有很多意想不到的艰辛、困难、挫折，只要咬紧牙关挺一挺，一切都会过去的。而有的人不一样，他勇敢地超越自我，不管遇到了什么天大的困难、挫折，甚至致命的打击，他都会不屈不饶地奋勇向前！海伦·凯勒就是一个例子，她为超越自我花了多少时间！付出了多少艰辛！最后，她成为了世界著名的文学家。当然，这与她的老师也分不开，老师是她前行的力量。她创造了奇迹，她成功地超越了自己，她是一个高贵的人。同样，她的老师也是。

在我们的身边，同样也有高贵的人啊，我们的老师就是那种高贵的人，她很成功，她教育了一批又一批的人才，同时，她也在不断地超越自己，不断地完善自己。俗话说得好呀，学如逆水行舟——不进则退。只有不断地完善自己，才会不断地进步。

如果你不敢超越自我，你将永远是个小人物，你也永远不会有出息，永远不会成为高贵的人！

超源于心，越源于做，真实的高贵是超越自己！

【学生评语】秦诗月：这是周五的课堂作文，写得真棒啊！观点鲜明，例子充分，既有伟人为例，又有身边的凡人例子，让人读了口服心服。文中多处使用排比句，使人感到很有力量。还用了对比的手法写出了一个高贵的人应该是怎样的。

【博友评价】周利：石头大姐，你的弟子真是太了不起了！小小年龄，能有这样的头脑、这样的思想、这样的观点太让人信服了。超源于心，越源于做，真实的高贵是超越自己。多么赋予哲理啊，让人深思，给人启迪。

诗月，你很会评作文，你能从文字、语法、内涵等方面给予评价，真不愧为老师的小助手。

 例文 2

真实的高贵

四川　五年级　谢晨

高贵，什么是高贵？是金钱的堆积，家财万贯，富可敌国；还是地位的显赫，振臂一呼，八方皆应？都不是的，真实的高贵其实是超越自我。

人世间，最强大的对手不是别人，而是自己。人的一生，最宝贵的财富是时间，时间是飞速流逝着的，是多少金钱也买不来的！时间少得可怜，然而每个人几乎都有一种使你浪费时间的东西——惰性。每个人都有远大的志向，但用来实现理想的时间始终只有那么多。要实现理想，首先要克服惰性，也就是要战胜自己！

我们常说，要做最好的自己。做最好的自己，就要尽力改正自己的缺点，不断完善自己。我们要不断确立新的目标，不能停下自己向目标前进的脚步，如果停下了，就会逆水行舟——不进则退。我们要不断鼓励自己，同时，也要时刻提醒自己小心、注意、总结、提高，不要被任何困难击倒。如果仅仅是在幻想，而不去实践，那这样的梦想终究只是空洞的，没有任何意义。有远大的志向，就要为实现它做准备，不断地向目标奋斗，用仅有的时间不断完善自我，超越自己。

总之，不断完善、不断充实、不断超越自己，才算是真实的高贵。

【学生评语】陈武：这篇作文内容紧扣题目，开门见山，开头用设问的方式告诉了我们真实的高贵是什么。本文语句通顺，首尾照应，好！谢晨，你是惜时如金的好学生，我们全班同学都要向你学习！

【博友评价】阳光：谢晨，你很了不起，你的文章字字句句都是名言，将来一定是个了不起的哲学家。

【博友评价】起之：谢晨小同学不简单，字字句句是至理名言。不断完善、不断充实、不断超越自己，才算是真实的高贵。莫说六年级小同学，就是大人也一样受益匪浅。陈武小同学评得有筋骨，同时还不忘向好同学看齐呢！

3. 爱，要学会感恩

感恩是一种生活态度，是一种品德，是一种境界。如果人与人之间缺乏感恩之心，必然会导致人际关系的冷淡。心中有他人，心中充满仁慈和感恩是人性的更高发展，这种人多了社会就和谐了。感恩教育是我们古圣先贤特别重视的教育。

《弟子规》里"恩欲报""报恩长"，就是教育学生受人恩惠，要感恩在心，常记不忘，时时想着报答。每个人都应该学会感恩，现在的孩子更应如此。因为，现在的孩子都是家庭的中心，他们心中多有自己，少有他人。让他们学会感恩，就是让他们懂得尊重他人，对他人的帮助怀有感激之心。

感恩教育是让孩子知道，每个人都在享受别人给自己的爱。爱是世界上最美好的东西，也许你看不到它摸不着它，但你的内心却能感觉到它。被人深爱会给你力量，深爱别人会给你勇气。爱就像是破云而出温暖你心房的阳光。当孩子感谢他人的爱和善行时，第一反应常常是今后自己也应该这样做。这就给孩子一种行为的暗示，让他们从小知道爱别人、帮助别人。这样就将作文和做人有机地结合起来了。

【对家长说的话】感恩是个人品德，也是社会风尚。父母有这种品德，孩子就有学习的榜样，他从家长的言传身教中就懂得感恩。人人有感恩之心，社会就会更加和谐。

【对孩子说的话】我们的幸福是许许多多人创造的，在享受幸福的同时，我们要学会感恩，懂得回报。我们有一颗感恩的心，他人也会感恩，这样就形成了善循环，我们的生活就会更加幸福、甜蜜。

在三八妇女节的时候，石头提议组织一个主题队会"感谢母亲"，孩子们每人一篇习作，一张亲手制作的贺卡，为妈妈做一件力所能及的事。大家都认真去做了，妈妈们兴奋得不可开交。下面是孩子关于感恩的习作，看看是怎么表达的。

 例文1

妈妈，您真棒！

四川　四年级　王俊杰

妈妈，每当我看见您就觉得无比自豪。先说您的外貌吧，匀称的身材，一张瓜子脸，一头黑而发亮的秀发，一双湖水般明亮的眼睛，待人亲切，笑容可掬。谁不夸您外表美呀！

我更喜欢您的心灵美。有人说：老师心中装着全班孩子，妈妈心中只装着一个孩子，我说才不呢。二册的时候，您见老师自己掏钱给我们买了不少奖品，连忙买了100张奖状，叫我给老师送去。您怕我在班上洋洋得意，只对我说："你们老师请我买的奖状，你拿去交给老师吧。"我连蹦带跳地送给老师时，老师先是一愣，随后明白了怎么回事，笑着抚摸着我的头说："帮我谢谢妈妈！"然后掏出50元钱，让我给妈妈。可您怎么也不要，还对我说："乖女，妈妈不能只关心你一个人，让我为全班小朋友做一点贡献吧！"

六册时，我们老师外出学习回来，给全班小朋友每人带了一本很好的书，可老师没收我们一分钱。您心里很感激，又给班上买了60个日记本作为期末的奖品。老师给大家发日记本时，每个同学都说："王俊杰的妈妈真棒！"老师也夸奖："王俊杰的妈妈是一位难得的好家长，她心中装着全班小朋友！"我们所有的小朋友都热烈地鼓掌，那掌声让我感到无比自豪，从内心深处想说："妈妈，您真棒！"

【学生评语】庞清月：每个人的妈妈都希望自己的孩子过得好，让自己的孩子无忧无虑、快快乐乐的。而王俊杰的妈妈却让许多孩子无忧无虑、快快乐乐，这是一位多么无私的家长啊！王俊杰有这样好的妈妈的确很让人羡慕。

【博友评价】思羽：是啊，我们都应该学会感恩，感谢养育、培养我们的人，如果每人都怀有一颗感恩的心，这个世界将变得更加美好！

【博友评价】阳光：在众多的西方节日中，我最喜欢的是感恩节，在这一天要向帮助过自己的人表达自己感激之情。

 例文 2

老师，我想亲亲您

山东　六年级　张雅琦

老师，明天就是母亲节了，今天在美文课上，您叫我们每个人都要为妈妈做一件事，感谢妈妈为我们辛勤的付出。可是，您的孩子不在身边，谁为您做事呢？您也是母亲啊！我真想为您做一件事，可想了很久都不知道该做什么。

老师，您还记得"五·一"去青云山时，在车上我一直看着您，您问我："雅琦，你盯着老师在想什么？"我不好意思地说："老师，您好像我们的家人，像姥姥，也像奶奶。"当时您就笑了，笑得好甜好甜。

老师，您还记得那天吃午饭时，菜刚端上桌子我就夹了一大筷子肉。您坐在我身边，小声地告诉我："雅琦，这么多客人，我们要有礼貌，有教养比有才华更重要。"我记住了，以后我心中会有他人，吃东西不会只顾自己了。

老师，今天晨曦的妈妈要值班，不能来接她，我和晨曦跟着您一块儿回家。下车后，您叮嘱我们注意安全，照顾好自己，您却直接到保健中心做理疗去了。这时我才知道您腰疼、膝关节疼，可您在课堂上精神百倍，一点儿也看不出身体不舒服的样子。老师啊，前几周您还带着病做饭给孟颜玲、王子健、王紫璇吃呢！当时，我好羡慕，还想：我一定要表现好，争取得到您的奖励，到您家去吃一顿饭呢……（现在我才知道，不能给您找太多的麻烦。）

老师啊，这样的事很多很多，您把我们当成了自己的孩子，实心实意地教我们美文，言传身教地教育我们美德，您就是我们的亲人。老师，母亲节到来之际，我真想亲亲您！

老师，能让我亲亲您吗？这是母亲节我想为您做的一件事！

石头老师，这是我和晨曦中午为您做的一道菜，名叫"团团圆圆"，我们就像一家人似的，永远都要在一起团团圆圆，永不分离。晨曦说："旁边就是我们小石子，中间就是您——大石头。"您喜欢吗？

【石头的话】谢谢雅琦和晨曦。谢谢你们的美文、美食、美德！你们真心

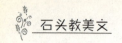
爱老师，石头一辈子都不会忘记这个母亲节。

4. 说出心中的爱

知心姐姐卢勤说："爱是一个口袋，往里装，产生的是满足感；而往外掏，产生的是成就感。"爱是一种感受，一个人在被他人需要时，才能感受到自己生命存在的快乐和价值；才能感受到一种深深的爱与被爱的幸福。

古人讲"凡是人，皆须爱；天同覆，地同载"。就是教育我们，不论什么人，我们都要互相关心、爱护和尊敬，因为我们共同生活在同一片蓝天下、同一块土地上。爱是用心去感受别人的需要。教师"被需要"的幸福感，来自学生，来自神圣的教育；学生"被需要"的幸福感，来自同学、老师和家长，来自学习的过程。

爱是双向的，接受爱是一种幸福，而给予别人的爱，更是一件快乐的事情。老师在给予学生们无微不至的关怀时，千万别忽略给孩子献出爱的机会，让孩子学会关心人，从小心中有他人。爱是需要表达的，心中的爱可以留在心底，更可以大声地说出来。对成人来说，接受孩子的爱是幸福的快乐的；对孩子来说，给予别人爱，别人能理解、能接受、能感悟到，比接受成人的爱更快乐。

真正爱学生的老师，一定要教学生把心中的爱大声说出来并落实在具体的行动中。

【对家长说的话】日常生活中多给孩子提供一些献出爱的机会。爱自己，爱爸爸妈妈，爱爷爷奶奶、外公外婆，爱老师，爱同学……当他们享受别人爱的同时，也让他们享受奉献爱的幸福。这对孩子的人格培养具有长久的正面效应。

【对孩子说的话】接受爱是幸福的，给予别人的爱也是幸福的。大大方方地付出爱，把心中的爱大声说出来，并落实在具体生活行为中，我们会更加快乐，更加幸福。试试吧！

 **例文 1**

爸爸妈妈，我爱您们

山东 六年级 张珈岂

孝字，不是海誓山盟的誓言；孝字，不是嘴上的花言巧语；孝字，不是父母逝去之后的泪水和遗憾；孝字不是一个玩笑而是一种责任。

今天，石头老师上美文课，当提到她父亲的时候，流下了泪水。当付老师提到她妈妈的时候，也流下了泪水。当我想到我爸爸的时候，我的泪水就像打开的水龙头，毫无保留，毫不遮掩地流淌。

爸爸的公司在外地，一年只有几天在家，和我们在一起的时间很短。爸爸在外地工作十分辛苦，有时晚上十点钟给他打电话，他总掩饰着疲劳和辛苦，用十分轻松，十分欢快的声音和我交谈。记得一个深夜，我给爸爸打电话，问他休息没有。爸爸说在家，正准备睡觉呢。我觉得有点儿不对，因为我听到了机器的声音。虽然爸爸努力克制自己的疲劳，轻松地道了再见，可他忘了挂断电话。我听清楚了，爸爸还在加工厂，和夜班工人在一起，因为他不放心明天交给日本人的那批货。我哭了，当时我看了看表，已经凌晨一点多钟了，爸爸还在工厂的生产线上。

爸爸每次回家临走时都会给我和妈妈留下信件，有一封我印象很深。信中告诉我和妈妈，潍坊过几天降温，要我和妈妈多穿点衣服。还有冰箱里有刚买好的菠萝，已经用盐水泡好了，让我和妈妈记得吃。

爸爸，女儿真的很想您。女儿还记得那年你腿受伤了，您不让妈妈告诉我，怕影响我几天后的期末考试。爸爸，女儿真的很想您。我不会像小时候那样，什么都要最好的。爸爸别再拼命了，回家吧！一家人在一起平平安安就是幸福啊！

爸爸，女儿真的很想您。想念您给我的那一个漂亮的芭比娃娃，想念您睡前给我的一个吻，想念您给我做的一次粳米饭，想念……

爸爸快回家吧，女儿真的真的很想您。我长大了，不想再让您们宠着我，养着我，回家吧！回家和妈妈一起尝一尝女儿做的饭菜合不合你的胃口。

爸爸，谢谢您对我多年的照顾，我是世界上最幸福的女儿。爸爸回家吧，让女儿尽一点孝道。

爸爸妈妈，我爱您们！

【博友评价】凭栏仰月：岂儿，你是个善感的孩子，文章的字里行间透露出浓浓的亲情：对父亲的依恋，对父亲的感激，对亲情的渴望……你是一个幸福的孩子，有一对爱你的父母，好好爱他们吧！

【博友评价】慧眼：张珈岂是个懂事的孩子，幼小的孩子需要父母的陪伴，年老的父母最需要儿女的陪伴。把孩子当独立的个体来尊重，把年迈的父母当孩子来呵护。

石头老师不仅在教书，更是在育人！教会孩子孝道与感恩，必将受益终身！

 例文2

记得抱抱妈妈

山东　六年级　孟颜玲

有一只小熊，是一只亮黄色的抱抱熊。她在大森林里生活着，但却经常受到排斥，虽然她长得可爱，又胖胖的，但却被很多动物认为是怪物。因为她的身体是亮黄色，别的熊仔都是棕色，就连生她的父母都是棕色的。另外，她的品种是熊家族没有见过的，只有熊家族的长老说，这是抱抱熊，很稀少的一个品种。但即使是这样，熊们还是会远远地躲开她八丈远。不管抱抱熊走到哪里，都会遭到熊们的唾弃，就连父亲都不想再要她了："你长得这么难看，亮黄色的皮肤，多么刺眼！而且我们熊族根本就没有你这样的熊，真是我们熊家族的耻辱！我和你妈怎么会生下你这个怪物？你快滚吧！我们没有你这样的女儿！"

亮黄色的抱抱熊伤心极了，这时，她的妈妈从里屋出来了，她一把护住女儿，和爸爸争吵了起来。本来，在抱抱出生前，抱抱的父母很和睦，还被评为"模范熊夫妻"。但有了抱抱后，她们两天一小吵，三天一大吵，都是在吵抱抱。有一天，抱抱的父亲终于受不了啦，他离家出走了，抛下抱抱和抱抱的母亲，远走高飞了，抛下孤女寡母在这里受着熊族的谴责。

抱抱不想再拖累母亲了，她想走，她已经7岁了。她决定要走，因为在这里多待一天，母亲就多受一天的苦，她不忍心看才30多岁的母亲整整老了10岁。在五月的第二个星期日，她离开了母亲，离开了熊族森林，离开了这一片她深爱着但不爱她的土地……她不晓得的是，那天是母亲节。

当她知道时，已经12岁了，离家5年了，她的名声已经在人类世界家喻户晓，12岁的抱抱是人类的守护神，许多抱抱熊玩具在各地售出，没人再说她是怪物了，但她想家了，想妈妈了，她要回家看看妈妈。

妈妈已经老了，抱抱不知道这5年来妈妈为什么会这么快地苍老，但她知道，妈妈一定受了许多苦。她紧紧地抱住了妈妈，热泪盈眶："妈妈，今天是2011年5月8日母亲节，祝您母亲节快乐！我爱您！"

抱抱哭了，从小到大只有妈妈没有认为它是怪物，妈妈轻轻在它的耳边说："我知道，你走了5年了，报纸上几乎每天都在报道你，报道和你一样的抱抱熊玩具又在哪里售出了多少。我过得很好，抱抱，你要记住，无论其它的熊怎样议论你，怎样嘲笑你，都不要轻视自己，抱抱，妈妈也爱你！

后记：仅以此文送给全天下的母亲，祝您们母亲节快乐！向同学们说一声：记得抱抱妈妈！

【石头的话】这是学生上美文课"泥塑"后，颜玲写出的奇特想法。其他人捏的都是胖嘟嘟的棕色熊，唯独颜玲手里是"亮黄色"小熊，并且肚子是凹进去的，还给自己的小熊起了个温馨的名字——抱抱熊。并借母亲节之际，献给天下的母亲。真是个有想法，有心思的孩子！

【博友评价】老城：从一只小熊联想到母亲节，"抱抱熊"的故事，让人感到亲情与温暖，这位小朋友有很丰富的想象力和语言创造性。

【学生评价】孟颜玲：谢谢啦！其实当时我也是想和同学们一样捏胖胖的小熊，但是捏来捏去就捏成心目中的抱抱熊，抱抱熊凹进去的肚子就是为了别人和它拥抱会方便嘛，嘻嘻～～～当然也就有了这么一篇童话咯！

把我捏的可爱的抱抱熊送给了妈妈，抱抱熊可住进了我心里。

第二章　孩子是自己的老师

我始终认为：人最大的能力是自我教育能力。孩子的这种潜能是巨大的，我们做老师和家长的只是引导，努力帮助孩子寻找开发潜能的钥匙，挖掘利用孩子的"自家宝藏"，培养提升其自我教育的能力，把施于学生的教育尽可能地还原为学生自我教育。

第一节　集体是教育资源

教育活动中，"集体"既是教育工具也是教育资源。个体的思想、灵感在集体中撞击，会产生更多的相互照耀的火花。同龄人的相互影响，其教育力量是巨大的，这会发现孩子的许多潜能。学生的潜能是隐性的、多元的，这就要求教师能运用科学的、恰当的方法去发现并有序激活，从而找到开启智慧之门的钥匙。最好的教育就是发现并发挥孩子潜能的教育，这也是一种"境教"。

集体中，个体的智慧传播开去，集体的智慧就会放大，自己也会获得更多的智慧；个体献出一点爱，就会汇成爱的洪流，自己也会获得更多的爱，这就是共性。当然这种共性是建立在尊重保护孩子良好个性前提下的共性。当班级共性形成又保留孩子良好个性的同时，个体可能有的负面就会自动调整，这时，集体的教育功能就会突显。集体将成为健康个性发展的摇篮，成为孩子进行自我教育的有效载体。

怎么培养这种共性呢？建设温馨家园——班集体，是一个不错的方法。我每到一个班，就将温润的爱给予每一个孩子，使他们感到安全、温暖、幸福，同时逐步培养他们的集体意识、主人翁意识、爱他人意识。明确告诉他们："我们这个集体就是一个家庭。这个家庭成员的任务就是健康的成长，快乐的学习。"并循序渐进地引导和培养学生关心这个家，爱护这个家，因为有爱的地方才会是家。同学之间互相爱护，互相帮助，大家都感到温暖、幸福。在这种环境中，人性中本真的善意会充分展示，各种潜能会逐步发现、挖掘，所形成的教育力量会大大超过教师个人的力量。正如孟子所谓"万物皆备于我"。

随着教育内容的延伸，展开系列的教育活动，从我做起，从现在做起，从小事做起。大家明白了：我爱我的同学，我爱我的老师，我爱我的集体；同学爱我，老师爱我，集体也爱我。这样"教与学""师与生"两个积极性在爱的驱动下，就充分发挥出来了。几十个分力形成了一股强大的合力，突显出了集体的教育力量。同时良好个性也得到了张扬，同学之间、师生之间的感情也融为一体了。在这个集体中学生相互"教""学"，老师也是学生，总会获得意想不到的惊喜。常常当人们知道我教过的学生几十年感情甚笃时，总是眼睛一亮"啊！小学同学！"嘴巴都会失去闭合的功能；当知道几十年前的学生到现在与我联系密切，情同亲人时，他们羡慕的眼神格外明亮。

【对家长说的话】关心自己孩子的同时也关心他的小伙伴和班集体，您和孩子会收获更多。课堂外，鼓励孩子和同学们一块儿玩，让他们串串门，既相互启发、学习，又培养了感情，何乐而不为呢。最好的家长和老师是发现并发挥孩子潜能的人。

【对孩子说的活】班级是我们的乐园，在集体中我们会很快乐，既能学到许多同学的本领，又会进一步发掘自己的潜能。好好爱护班集体，就会受益无穷哟。

 **例文 1**

什么是伟大？什么是爱？

四川　六年级　秦诗月

2006 年的最后一天，是我们大家最开心的日子，因为全校老师和我们一起开展了非常有意义的中队活动。在活动中，老师和我们付出的心血只有自己才知道。那段时间，学校要迎接两个省上的检查，又要学情考试，什么事都挤在一起了。可我们全班同学渴望搞一个主题队会，在童年的最后一个元旦留下美好的记忆。最初，蒋老师好像有点儿无可奈何，因她在生病，感冒咳嗽得很厉害。但同学们一致要求，她也就同意了。我们倒是挺积极，十几个同学写了十几个方案，可那些方案真的要实施，要有意义，就得不断地修改、完善，一稿、二稿、三稿……我们的蒋老师精益求精，她可是带病用晚上的时间啊，难道这不是伟大，这不是爱吗？12 月 20 日，我们开始排练了。大家的积极性非常高，休息时间全用在了这上面。难道这不是爱集体，爱老师，爱学校吗？这

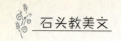

种爱也是一种伟大！

我们第一次排练时，何海燕老师到了；第二次排练时，周利老师、米辉老师到了；第三次排练时，刘璐亚老师、郑芳老师到了；第四次彩排时，左主任、刘绍芝老师到了。这每一次排练，蒋老师都陪着我们，为了这次中队活动，老师连相聚才几个小时的儿子都没来得及告别。难道老师们的举动不是伟大，不是爱吗？

我们班的谢晨同学，钢琴练到了八级，可是因为学校的钢琴又大又重，而且那钢琴又贵，所以没有抬下来。只好用电脑里的钢琴曲来代替伴奏了，但是，谢晨同学却没有任何怨言。难道这不是伟大吗？

在这里，我要感谢所有帮助我们的老师，何老师、周老师、米老师、郑老师、刘老师、金老师、吴老师……当然还有我们最、最、最敬爱的蒋老师啦！

活动时，我们表现得非常好。那是因为老师把活动方案不断地修改，不断地完善，又加上我们发自内心地唱歌、朗诵、演出，全身心地投入，所以不光感动了我们自己，也感动了在场的每一个人，大家都赞不绝口："好！好！好！"

在这里，我代表全班同学向蒋老师说一声："谢谢您，我们亲爱的蒋老师！谢谢您们，全体老师们！"真的，这就是伟大，这就是爱！

在这次中队活动中，我们6·2班的全体同学，不光享受到了快乐，收获了感动，还懂得了什么是伟大，什么是爱！真是物有所值，一举多得呀！

嘿嘿！2006年的最后一天我们没白过，它永远刻在我们的记忆中，这次有意义的中队活动实实在在地给我们的童年留下了美好的记忆！

【学生评语】陈旭：问话的题目新颖、独特。全文紧紧围绕着"什么是伟大，什么是爱"来写，陈述得清清楚楚，既有童真童趣，又很明事理，生动、活泼，好！

【博友评价】晓琳：把心中的爱大声说出来！感情需要表白，因为爱是高雅圣洁、博大深厚的，是让被爱者感知的，说出来让其知道又何妨？师者，为人传道解惑也。在这个问题上，赞成石头的教育方法和观点。

 例文 2

难忘的一次中队活动

四川　六年级　牟清玲

童年，是人生中最快乐的一段时光；童年，是多么的美好，多么的快乐。如今，我们六·二班要在童年留下难忘的一次中队活动。（当然，那也是很精彩的哦！）

"六·二班中队活动现在开始！"只听见学术厅里传来中队长的号令，"进！"我们各小队队员整队入场了。告诉你吧，我们这次的活动可是像模像样的，因为有三个原因促使我们搞这次活动：一是上次12·9歌咏比赛，我们名落孙山；二是大家一致要求在童年留下精彩的瞬间，留下美好的时光；三是展示我们的才华，让我们意气风发。

我们进去以后，准备工作一切就绪，只见几位主持人出场了。"咦，中队长为什么不向辅导员报告呢？难道这段被剪掉了？不对，这是个重要的环节，可能是中队长忘记了吧！唉。"我心里想（果然是中队长把这一环节忘了）。主持人一亮相，台下立刻响起了雷鸣般的掌声，掌声一停，主持人就开始说话了。活动中最有趣的还算我们的数字祝福语。主持人刚在说台词的时候，一大堆的同学，哦，不对，应该是一大堆"数字"跑上了讲台，那些数字都是数字王国里的，只见小琪（数字）机灵地对主持人说："元旦快到了，我带着我们数字王国的伙伴们，给大家送福来了，伙伴们，对不对呀！"

"对！"伙伴们异口同声地回答道。

这时，主持人讲话了："那好，既然你们是来送祝福的，我有个小小的要求，那就是在祝福语里都必须有你们数字王国里面的小伙伴，可以吗？"

"可以！"

"那好，谁先来？"

这时，数字王国里的伙伴正在争论后来还是女士优先了。"如果一滴水代表一份祝福，我送你一个东海；如果一颗星代表一个幸福，我送你一条银河；如果一棵树代表一份思念，我送你一片森林。祝大家新年快乐！"只听小琪津津有味地朗诵出来。

在说祝福语的时候，最幽默的还算7和8了。他们边说边做，还很有绅士风度呢，把右手贴在左肩上，嘴里说："七斤葡萄八斤橙，愿你心想事就成！"

一边说，还向观众鞠躬，惹得大家哄堂大笑。

童年的最后一次中队活动，我们享受了快乐，收获了满足。

【学生评语】董世艺：清玲写得不错，动了脑筋，较详地写了活动的原因、中队长的忘词，重点写了"数字祝福语"的节目。但我觉得大家的欢乐、心情的激动和高兴写得不够。结尾一句很好，可在文中体现得不够充分。

【博友评价】明珠：清玲的文章写得好，里面的亮点是写7和8，有动作，有语言，有神态。同学的评语对你更重要了，照这个方向努力，清玲的文章会越写越棒！

第二节　尊重孩子天性

1. 走进孩子心灵

"尊重孩子的天性走进孩子心灵（雷夫语）。"就是教育及其内容和方法，要符合不同年龄孩子心理、生理发展的规律，有的放矢地施加影响，"直指人心"，与孩子进行心灵的融合。

教育要依据它的内在规律去施教，才能事半功倍。老师要做根雕师，顺着孩子的天性把他最优秀的枝条展现出来，那是孩子"取之不竭，用之不尽，是造物者之无尽藏也（苏东坡语）"；而不当铸造师，完全按自己的意愿做个模子浇铸出同样的产品，那是外加的，背"道"的，很容易让老师和学生抛弃"自家宝藏"而丢失自我。

只有遵循孩子的心智成长规律，遵循教育规律，才能走进孩子的心灵，老师与学生的心灵才会共振、共鸣。不要主观臆断而拔高对孩子的要求，也不能落在后面追赶孩子。老师走进了学生心里，就会拨动孩子的心灵之弦，他们就会把他当下的心灵之音释放出来，写下来就是好作文。

【对家长说的话】对孩子要顺着天性，不要完全以成人的意志为转移；要修枝理权，但不可揠苗助长。教育是慢的艺术，是顺其自然的"无为之术"，是不露教育痕迹的艺术。

【对孩子说的活】我们一天天长大啦，知道的东西也越来越多啦，可老师、爸爸、妈妈比我们懂得更多，会给我们很多帮助。相信他们，也相信自己，我们会成长得更快乐。

 例文 1

与石头老师聊天

山东 七年级 吴绍华

叮铃铃，本周的最后一节课伴随着清脆的下课铃结束了。放学后，我像一只快乐的小鸟飞出了学校，可高兴了。因为今天要与石头老师"谈心"，嘴上说是"谈心"，其实和石头老师在一起就像是和家人聊天一样，非常亲切！

我是一名新入校的初中生，曾经听过石头老师的美文课，因此很喜欢石头老师，也一直想拥有一个像妈妈一样疼我、爱我、关心我的老师，但没有找到合适的机会跟石头老师"亲近"一下。盼呀盼，终于盼来了今天。一到操场，大老远就听见石头老师亲切地呼喊我"绍华！"我很纳闷儿，以为石头老师并不了解我，只是在学校见过几次面而已，怎么就像老朋友见面似的？后来妈妈告诉我，其实我六年级第一次来学校听美文课时，石头老师就牢牢地把我记住了。我连忙跑到石头老师面前，和她一起肩并肩地在学校操场散步、聊天。

与石头老师聊天，是温暖的。

我不好意思地问石头老师："为什么我老不想写作文，没得写？"石头老师满脸带着笑容回答我："其实写作文并不难，只要把你亲身经历的事，看到的、听到的、想到的，真实地写下来，就行了！"石头老师的笑是发自内心的笑，是亲切的笑，是美丽的笑。那种笑像一股暖流，迅速注入了我的心底。

与石头老师聊天，是快乐的！

我们围着学校的大操场绕了一圈，老师怕我在操场上站久了冷，又担心我饿了，就催我回家吃饭。我依依不舍地向石头老师告别。短短的二十分钟，让我感到了温暖、快乐，知道了怎样写作文，怎样与他人分享，怎样做人，应该用什么样的态度来对待学习……

与石头老师聊天，我受益匪浅呢。

感谢石头老师给了我这宝贵的二十分钟时间，十分感谢！我还想和您聊天哦！

【博友评价】 吾静思老顽童：

疼我爱我关心我，绍华美文概括说。

石头老师像妈妈，聊天受教收获多！

【博友评价】无妄清清：与和蔼可亲的石头老师一起走在人生的路上是多么幸福的事情！绍华的美文很真实，生动，鲜活！智慧的绍华与石头老师的聊天是温暖的、快乐的、终生受益的。其实，我和许许多多的孩子、家长、老师一样，永远伴随在石头老师身边。

【博友评价】慧眼：师生间这样的闲聊成为孩子们心里最好的记忆，成为他们前进路上的不竭动力。

 例文 2

致石头"傻"老兄

山东　四年级　孟晨曦

"傻"老兄：

Hello 啊！石兄好！一学期风风火火、轰轰烈烈的学习就要结束了！丫丫内心百感交集，好兴奋，也好紧张！不过更多的还是不舍。（石头 Teacher 真是的，非要把人家弄得怪伤心的）

"傻"老兄，经过一学期的战斗，我从"单打独斗"到"团队野战"，终于"过五关斩六将"，并"千里走三骑"（杨宸、张凯红和我），最终一个个把文章"杀"进了石头小屋。在此，我们衷心地道声："谢谢您——可爱的'傻'老兄！"

"傻"老兄，在今天——这学期最后一节美文的课堂上，送一首藏头诗给您，望喜欢！

竹枝竹叶分开难，

暑日炎炎靠枝边。

假山边上清风袅，

快奔山边寻竹玩。

乐淘风景枝头见！

祝"傻"老兄大人暑假愉快！

孟丫丫

2013.6.26

【学生评语】石子承澳：丫丫的诗写得真好。恭喜石头又多了一个红颜知己！

【博友评价】丫丫妈妈：丫丫的这篇文章文笔俏皮，语调轻松，但是对石头老师深深的眷恋之情流淌在字里行间。感谢石头老师对丫丫一学期的关心和教育，孩子成长的路上有您这样的老师是她一生的财富。

【博友评价】pplong：孩子们的"傻"老兄，"傻"得如此可爱和有道理，让我等好生羡慕呢。

2. 和孩子一起玩

玩是儿童的天性，孩子是在玩中慢慢长大的。许多知识和能力是在玩中有意无意间收获的。玩是孩子感受积累作文素材的主要渠道。我们要始终拥有一颗童心，才能真正走进学生的心。常带着孩子玩，在不经意间引导学生玩出情趣、玩出境界；在玩中学习，获取真知、受到启发、学会做人。鼓励学生把玩、学的过程、感受说得清楚明白，写得生动具体。让孩子在玩中学，做中学，乐中学。

习作课上，与孩子们一起玩，班队活动中，与孩子们一起玩……把教与学融入玩中，让孩子们在快乐中感受习作的乐趣，产生倾吐的欲望。玩，可以班级活动为主，形式要多样，有利于表达。活动内容和形式要针对不同年龄特征而设。总之是学生喜闻乐见的形式，感兴趣的内容。这能极大地丰富作文教育的手段和方式，学生也乐于表达，营造了班集体的勃勃生机和个体良好的心境。

【对家长说的话】不必担心孩子玩。但要关注孩子玩什么、怎么玩，给予不动声色地引导，让孩子玩中快乐且有收获，这才是最重要的。

【对孩子说的活】玩，要玩得有趣，在趣味和快乐中要有收获。我们在玩中会有很多乐趣，也会有不同的感受，把它清清楚楚地写下来就是快乐的作文；把最有意思、最有趣的环节写详细就是很好的美文。这样的玩一举两得呢。

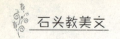

 例文 1

魔法课堂

山东 六年级 胡可心

剧情介绍：

11 月 4 日的美文课上，石头老师拿出一个美丽的翻花，给孩子们上了一堂神奇的"魔法"课。孩子们奇特的想象力，让一个普普通通的翻花有了千奇百怪的变化。这个情景剧，就再现了那精彩的一幕。

人物：石头老师、王延泽、王艺璇、王飞雪、门嬉、李晓佳、丁宜欣、胡可心等小石子。

旁白：又是一个周末的清晨，一群幸福的孩子来到了达凯学校，开始了快乐的美文之旅。

第一幕

同学们骑着扫帚飞进教室，认真地读书。

石头老师（精神饱满地走到教室中间，拍两下手）：孩子们，上课了！

同学们立刻把书放下，挺胸抬头。

第二幕 神秘的礼物

石头老师（从桌子上拿起一个蓝色的袋子）：乖孩子，这东西重吗？

同学们齐声说：不重。

石头老师：猜猜看，这里面装着什么？

一小石子抢先说：毛绒玩具。

石头老师：毛绒玩具？嗯，看来你对毛绒玩具感兴趣。

延泽举手说：是一本书、挂历，或者是一个折叠玩具。

石头老师：哦，这是他猜的。（把袋子举高，晃一晃，又把袋子从中间折起来）。看来是书本不对，是挂历也不对。再猜一下。

这时，有同学说是"好吃的"。石头摇着头说："这么一点吃的，怎么够分嘛。"

胡可心：好像是一根长长的东西。

石头老师大幅度地晃了晃袋子，坐在前面的李晓佳大声说："看到了，看到了一点花花杠杠。"

延泽又急忙说："是不是一幅画，一个卷轴？"

石头老师（故意地、慢慢地把那个神秘的东西从袋子里拿出来）：噔噔噔，噔噔噔噔……仔细看看，这是什么？

同学们响声一片，"是帽子、是花瓶……"

延泽站起来说：像观音手里托着的净瓶。

石头老师：刚才大家说又像帽子，又像花瓶，（打开翻花，戴在头上，又问大家）漂亮吗？

同学们齐声说：漂亮！

第三幕

石头老师（把翻花举得高高的）：这个东西还能变，还能变成什么？（好多同学举手）延泽奖励你，因为你刚才发言最积极。

延泽走上讲台，从石头老师手里接过花瓶，把它撑开，套在脖子上。

同学们哈哈大笑……

石头老师（一边笑一边说）：变成围脖了，好！

延泽把"围脖"取下来，用手捏着翻花细的一端，又变成另外一个形状。他说："这像花束。"

石头老师（接过来，举得高高的）：刚才延泽说了好几种，很好！这个还像什么？

亦会说：放西瓜的果盘。

有同学说："像半个西瓜。"

石头老师：嗯，有点像。

这时，有个小男孩说："像烤羊腿。"哈哈，教室里哄堂大笑。石头老师没听清（把身子探过去）：什么？再说一遍？"

"烤羊腿！"

石头老师也笑了：烤羊腿？也有一点点像。谁还能变？

第四幕　瓜皮帽

王艺璇走到石头老师身边，拿着刚才那个像果盘又像花束的翻花对石头老师说："帮帮忙。"

石头老师赶紧弯下腰，把手背在身后。艺璇就把它像帽子一样扣在了石头老师的头上。

这一下，同学们又高兴得前仰后合，哄堂大笑。

石头老师（笑眯眯的）：哎呦，这像什么？

同学们大声说：瓜皮帽！西瓜帽！

石头老师：瓜皮帽！石头老师戴上好看吗？

"好看""不好看"同学们吵吵嚷嚷地说。

石头老师：有说好看的，有说不好看的。说好看的，说说原因。

李晓佳：虽然戴上去像个瓜皮帽，但是颜色很亮丽。

石头老师：嗯，她说颜色很亮丽，是不是也很滑稽啊。

（坐在前排的）小石子：是的，很可笑，也很滑稽。

石头老师：说不好看的，也说说。可心，你说说不好看的原因。

可心（笑得捂住了嘴巴）：我觉得石头老师戴上这帽子像个小丑。

石头老师也笑了：嗯，这是她真实的想法。

第五幕

门嬷再来变！

门嬷高高兴兴地走上讲台，把翻花拿在手里，翻来覆去认真地看，就是没说能变成什么。她禁不住发出了"啊哦"的声音。

石头老师笑眯眯地站在她身旁，学她：啊哦！

门嬷被逗乐了，继续摆弄手中的翻花，仍然没有说出个所以然。

石头老师继续耐心地学她：啊哦！

这时，李晓佳坐不住了，使劲地把手举高，连声说："老师，老师，我会变！"

石头老师：好，门嬷先回去坐下，晓佳来！

晓佳（把"花瓶"收紧，横着摆放，瓶口朝后，手臂还在一上一下地摆动着）：我是从侧面来看，像一条小鱼在游，像金鱼！

石头老师（脸上露出惊喜，带头鼓掌）：对对，像金鱼，表扬晓佳！

教室里响起热烈的掌声。

晓佳把"小鱼"双手交给石头老师，蹦蹦跳跳地回去坐下了。

第六幕

石头老师：孩子们，一个小时过去了。美文班的时间过得真是快呀！休息5分钟，思考一下今天你打算写什么内容。

同学们骑上扫帚，开心自在地自由活动。

谢幕！

【博友评价】碰碰头：石头老师的美文课就是与众不同，每堂课都有新的花样！小石子们能上石头老师的课，真的很幸福。

【博友评价】老潘：可心真是"不鸣则已，一鸣惊人"啊。魔法课堂还是情景剧呢，好有才，一个小小的翻花，竟然翻出了这许多思维的花样，石头老师实在高明——最懂孩子心的。

 例文 2

董老师和他的二胡曲

四川　六年级　付静雯

　　早就听我们老师说，董云美老师的二胡拉得好，特别是董老师很坚强，值得我们大家学习。都想亲眼目睹董老师的风采，亲耳聆听董老师的二胡曲。今天，董老师终于要到我们班来了，这消息一传出来，大家兴奋异常，我心里暗暗地想：董老师一定是位美女吧！

　　"来了，来了！"同学们一窝蜂地冲出教室，飞快地跑到校门口。我看见左楚霄怎么拉着一位男性的手呢？他就是董云美老师吗？我不放心地又朝他们身后看了看，没有女性了。该不会搞错了吧！回到教室，蒋老师郑重地介绍了董老师。看蒋老师的神情，她很佩服董老师。她多次在我们班夸奖董老师的能干、坚强、正直、真诚，说是一位值得敬重、信赖的好老师。我不由得仔细打量董老师：他，50多岁，眉毛浓浓的，眼睛亮亮的，牙齿白白的，红光满面的，是一位朴实、健康的老师。

　　过了一会儿，董老师给我们演奏二胡了。他一连拉了好几首，每一首刚拉完，教室里就响起热烈的掌声（尽管我们都是二胡盲，可是我们都被陶醉了）。我最欣赏的是《赛马》和《奔驰在千里草原》，听这两首曲子时，我的眼前浮现出辽阔的大草原，在一碧千里的草原上，骏马狂奔，襟飘带舞，小伙子们一个个骑在马上，风驰电掣一般……一会儿，二胡声悠扬婉转，我又仿佛看到了草原上线条柔美的小丘，牧民们赶着的羊群像是给无边的绿毯绣上了白色的花朵……一切的一切是那么的美妙！

　　董老师真好！董老师的二胡曲更妙！我们全班同学都爱董老师和他的二胡曲！

　　【学生评语】 谢晨：文章写得不错，富有童真童趣，很真实！小作者把同学们听到董老师要来时的兴奋写得很生动，特别是自己的猜测"董老师是一位美女吧"很有趣。对董老师的外貌描写突出了他的朴实健康；对董老师乐曲联想部分的描写合情合理，动静结合有味道。结尾还写出了自己喜悦的心情，表

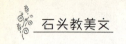

达了对董老师的热爱。

【学生评语】 近水楼台：我是付静雯，谢谢老师们！谢谢您们鼓励我，评点我的作文！特别是董老师和梦儿飞老师，您们评了 5 条，非常具体，让我真正明白了好在什么地方。

【博友评价】 梦儿飞：第三段紧扣董老师拉二胡来写，把重点放在两首曲子上，想象出一幅幅美丽的图画，这哪像一个小孩子写的啊？我觉得自己也写不出来这样的句子，真是好极了！联想丰富恰当！生动形象！"董老师真好！董老师的二胡曲更妙！我们全班同学都爱董老师和他的二胡曲！"别小看结尾小作者这简单的三句，我们看看题目就知道了《董老师和他的二胡曲》。前面二段写董老师，三段写他的二胡曲，既点了题，又升华了主旨，对于一个小学生来说，真是难得啊！在教毕业班这两年里，很多中学生在这方面还做不到呢！可是小作者做到了！好孩子，继续努力吧！期待你更精彩的文章！

【博友评价】 董云美：谢谢付静雯小朋友的美文！第一段的妙想充满乐趣和悬念，让人想往下读；第二段把悬念作了初步的解剖，用蒋老师的语言介绍和自己亲眼所见的人物进行连缀，作神与形的简要描写；第三段通过听琴想景，把激跃与舒缓的草原情调用自己的理解表达得准确、恰到好处，让人很难忘怀！要不是有几个《草原》一课的句子，我还不敢相信这是小学生所作。第四段直抒情怀，表达对董老师的尊敬！看了很多6·2班同学的作文，文笔流畅，才思飞扬，令我心虚汗颜。

第三节　兴趣是作文的原动力

1. 作文兴趣来源于生活兴趣

兴趣是指对人或事物喜好或关切的一种情绪，是基于精神需要的一种内心感受和体验。兴趣来自好奇心，好奇是对不了解的事物，觉得新奇而感兴趣。好奇是兴趣的前驱，当好奇心产生的瞬间，兴趣便也自然而然地随之萌生了。好奇心是事半功倍的教学催化剂，是学生学习的内在动力，是创造性人才的重要特征。好奇心越强，了解到的新事物就越多，从中发现有趣的、有意思的、有价值的东西或得到的启发也越多。这样自然而然就积累了写作素材，说不清某次作文就用上了，也就不用发愁作文了。按佛家的说法，是取之不竭，用之不尽的"自家宝藏"。

爱因斯坦曾说:"兴趣是最好的老师。"人一旦对某事物有了浓厚的兴趣,就会主动去求知、去探索、去实践,并在这过程中产生愉快的情绪和体验,所以古今中外的教育家无不重视兴趣在教育中的作用。

孩子对生活,特别是玩耍中的一些事情感兴趣。老师就要配合学生请"兴趣老师"上任开发这无尽的"宝藏"。首先要善于捕捉学生的好奇心,然后适时地、恰当地把学生的好奇心活化为一种指向作文的兴趣爱好。再把兴趣爱好转化为学习动力,来提高学生学习作文的积极性,这就将兴趣与作文挂起钩来了。当生活兴趣和作文兴趣融合时,学生明白了作文与自己生活密切相关,他就会热心于这项活动,就会留心身边的人和事,并注意探索其奥秘,智慧之门便容易打开。学生一旦做了生活的有心人,作文就水到渠成了。

作文也是玩,让作文与学生的日常生活,尤其是玩联系起来,是培养学生作文兴趣的小窍门呢。

【对家长说的话】孩子的年龄越小,好奇心就越强,好奇心越强可塑性就越大。您的孩子好奇心强吗?培养兴趣从培养好奇心入手,别怕他的问题多,别烦他打破砂锅问到底,别讨厌他把什么都想看个透……生活中,时时处处培养孩子对生活的兴趣,进而引到作文兴趣上来。这是家长指导孩子作文的捷径。

【对孩子说的活】看见没吃过的,尝一尝什么滋味,发现新事物,去看个究竟,弄个明白。新的东西见多了,我们积累的写作素材就多了。热爱生活,留心身边的人、事、物、地,把自己印象最深的、最感兴趣的写下来,你的作文就会"天天向上"。当然对身心健康无益的书刊、网站和事物,应避而不看。因为这些不良东西会蒙蔽我们的眼睛和智慧。正如《弟子规》讲的:"非圣书,屏勿视,蔽聪明,坏心志。"这方面要请爸爸妈妈多指导。

 **例文 1**

日记一则

重庆　三年级　李佳

我们班上的刘邦彦,高高的个儿,壮得像一头小牛。圆圆的大脑袋,胖乎乎的小脸,一双黑白分明的大眼睛忽闪忽闪的,充满天真好奇的神采。

今天，他戴了一块亮晶晶的手表来到学校。一到学校，他顾不得打开书包交作业，只一股脑地抬起手腕看手表。上课时他皱着眉凝视着表面，好半天也没有动一下。朝会课下了，他迫不及待地跑出教室，在操场的角落里找到一块铁片，蹲在地上，对着表把儿使劲撬。撬呀撬，终于撬出来了，原来表把儿是像针一样的细铁棍。"嗯，怎么秒针还在走呢？"他自言自语地说。这时候，上课铃响了。他慌慌张张地跑进教室，把表藏在课桌里。一堂课，老师讲了些什么，他全不知道。他在沉思，仿佛非要弄个明白不可。好容易熬到下课，他走出教室，捡个石头轻轻地砸呀砸，平着不行又立起来砸，表身终于分家了，秒针再也不走了。表里的零件，他看个一清二楚。嗨，这下刘邦彦可看了个究竟，但他回家又怎样向爸爸妈妈交待呢！

【学生评语】金彪：这则日记登载于《学语文》。日记用通顺的语言，有条理地写了好奇心很强的刘邦彦的一件可笑的事。细想起来，今天的可笑，也许是明天的成功，刘邦彦现在不是成了"刘大力"了吗！

 例文 2

处处留心皆学问

山东 四年级 陈旭哲

寒假里，我家里的水管冻起来了，并且，冻起来的地方还鼓起来了，一加热，原来鼓起来的地方又恢复成原来的样子了。我感到十分奇怪，就问妈妈怎么一回事儿？结果妈妈也不知道。

我就想做实验来看一下，可是该怎么做呢？我陷入了沉思，一个多小时过去了，我想到了一个办法。我拿了一个矿泉水瓶子，里面装了半瓶水，并用钉子在水面的正上方做上记号。（水管冷冻后鼓包让小作者好奇，想要做个实验弄清原因，这种精神值得学习）

两天过去了，我发现，冰的平面比原来的水平面高出了大约三厘米，这是为什么呢？我打开了四年级下册的科学书，想探个究竟。找了一会儿便发现了，水在四摄氏度以下体积越来越大，结了冰的水分子是最大的，而四摄氏度以上的水分子是越来越小的，沸腾中的水分子是最小的，四摄氏度的水分子是正常的大小，所以说水的分界点是四摄氏度。

　　我在家里学的东西竟然在课堂上用到了。有一天，我们上科学课，科学老师问了一句："水，在结冰后会不会涨大？"我以迅雷不及掩耳之势举起了手，老师把我叫起来，我就把寒假中学到的知识运用在课堂上了。（小作者在科学书上学到的知识用到了课堂上，让同学刮目相看，这就是处处留心皆学问）

　　"处处留心皆学问"不仅让我课上令同学刮目相看，而且在生活中也是这样。

　　有一次，我偶然看到姐姐在一篇文章中写到："一串红在春天里怒放着"。我突然想到，我们院里，我见过几株一串红，可全是秋天开的，我把这件事告诉了姐姐，我姐姐笑着说："谢谢你了，我把一串红和映山红给混淆了。"（处处留心皆学问让小作者明白了不少东西，还帮助了姐姐呢！）

　　从此我就知道"处处留心皆学问"的重要性，现在我更要做生活的有心人了！

　　【学生评语】于淑萍：这篇文章用具体的事例让我感受到了"处处留心皆学问"的重要性，谢谢你了。看来，我们真要做生活的有心人呢！

　　【博友评价】树意云舒：很佩服老师的这种精神，深信老师自己也是在孜孜不倦地学习。我一直很相信一句话"于细微处见精神"。生活中的学问和美丽要用心去发现。

　　【博友评价】樟青：是啊，有了一双智慧眼，有了一颗慈悲心，真学问，便无处不在！

2. 作文兴趣是表达的需要

　　没有需要就没有兴趣。儿童心理学家皮亚杰认为："儿童是有主动性的人，他的活动受兴趣和需要的支配，强迫是违反心理学原则的，一切有效的活动须以某种兴趣为先决条件。"

　　当学生对生活中的人、事、物、地产生了兴趣，内心有表达的欲望，渴望写出来时，就会对作文产生兴趣，这就是学生作文的内在动力。动力有了，"写什么"就不困难了。这是激发作文兴趣的最佳时机，因为作文兴趣是想表达出来的需要。老师抓住这个机会顺势引导，学生作文也就不难了。

　　当学生想把作文写得更好，"怎么写"的需求又出现了。这是最佳的指导机会，将恰当的方法、技巧适度地教给学生，会收到事半功倍的效果。好比孵小鸡，小鸡成熟到一定程度，它会从里向外啐蛋壳；母鸡感知后就从外向里啄蛋壳。啄早了不行，啄晚了也不行；啄小了不行，啄大了也不行，啄得"恰到好处"，小鸡就出来了。这叫"啐啄同机"。

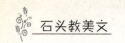

【对家长说的话】让孩子多了解生活，多了解新事物，不断激发作文兴趣，不断创造写作机会，这是我们应该做的。不要随意地、过多地讲一些方法技巧方面的东西，要始终把握"啐啄同机"的原则。

【对孩子说的活】作文是好玩儿的事，看到什么、想到什心、感悟到什么都可以写出来。作文是和我们的学习生活联系在一起的哟。

例文 1

快乐之旅第 76 站

山东　七年级　郭润琳

一列快乐之旅的火车，一列春意盎然的火车，在轨道上稳稳地向幸福站行驶着，它不是高铁，因为教育是慢的艺术。

"尊敬的乘客，前方是第 76 站，马上就会有新乘客上车了，请稍候。"第 76 站到了，我看到了好多新面孔。这列"石头快乐美文之旅"的火车一直行驶着，它行驶快三年了，载着众多的学子通往幸福、快乐的殿堂。

不知不觉中，我已经学过五期作文了，在这 75 天中，我快乐地懂得、明白了很多："玩中学，学中乐，乐中有收获"始终是我们学习的宗旨；我们都知道"先做人，后作文"；"尽力做好身边的每一件小事，细节决定命运"；"做一个有教养的孩子"；"把自己和书关起来，做精神明亮的人"……作文教学细雨润无声地在一次次聊天中、一个个生动有趣的故事中滋润着我们的心田。写作技巧就在一次次赏析、品读我们自己的习作中逐渐领悟、掌握。于是一篇篇美文从我们笔下淌出，天真无邪的心声表达了我们的童真、童趣。之所以我们能长期坚持，那是我们在学习作文的过程中体会到了实实在在的快乐和惬意。

一期又一期的学生，指挥长都是那位可爱、可敬的石头，那位面带微笑，真诚和蔼的石头，她用自己独特的教育教学方法，培养、滋润着孩子……

火车缓缓地驶过第 76 站，第六期石头快乐美文之旅又开始了。

【学生评语】王子健：郭润琳，你的文章题目新颖，开头别具一格，吸引着我们往下读。还知道"教育是慢的艺术"，懂得"细雨无声、潜移默化"，真不简单。

【博友评价】一生有源：写作，本来是一件艰难的事情，您用您高超的教学艺术，让学生喜爱写作，享受写作，佩服。

【博友评价】sunshine：整篇文章紧紧围绕题眼"快乐"展开，让人真切地体会到美文之旅收获到的知识和快乐，是一篇地地道道的美文。

 例文 2

医院的十四"年"

四川　六年级　唐华强

哎，早就知道"度日如年"这个词，这次生病住院，我算是真正领教了它的味道。

"呜——呜——"半夜，从儿科病房传出一个男孩压抑的哭声，那就是我在伤心地哭泣。我莫名其妙地患了什么"髋关节滑膜炎"，被斜"吊"在床上无法动弹。只要我一动，针刺一般的痛会让我求生不得，求死不能。在住院的14个日日夜夜里，我在牵引床上不知哭过多少回。原以为读书很烦，没想到在医院里我时时刻刻都想读书，我想老师，想同学，甚至想门卫和小卖部的人……如果让我马上回到学校，我宁愿一个假期不休息，天天上学读书。

同学们，全世界的小朋友们，在学校读书是世界上最幸福的事了，我们该知足了。在医院的14"年"，我是上了一堂做人的课。刚入院时，我因疼痛，无法动弹，什么东西也不想吃。当我看到3床那个患"急性阑尾炎"的小病友三天一滴水也不能沾时，我真为他着急。因此，我努力吃饭，增加营养。后来他做完手术，康复出院了，我打心眼儿里为他高兴。这个不到6岁的小朋友，他经受了疼痛、饥饿的考验，经过努力后才恢复了健康，回到了自由的天地。

当我疼痛难忍，想痛哭时，再看看1床那个小病友，他的手被广告牌砸伤了，血管爆裂，小指头残了。每次换药时，他都咬紧牙关硬挺着，他的额头上渗出了汗水，他的小脸憋得通红，但他硬是不哼一声。每次换完药，他都笑了，笑得那么灿烂。他是为自己的勇敢而笑的。虽然他还要做一次修复手术，但我相信他会笑到最后的。他的勇敢让我明白了什么叫真正的男子汉。因此，我渐渐的不哭了，学会了坚强，学会了忍耐，学会了承受。

医院的14"年"，让我懂得了珍惜，懂得了满足，懂得了许多课堂上得不到的东西，还真得感谢这讨厌的"髋关节发滑炎"呢！

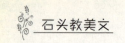

【博友评价】风来云往：华强的作文写得生动、准确，真让人羡慕，我甚至有点嫉妒了。题目很漂亮，体现了在医院度日如年。更重要的是总结出"医院的14'年'，让我懂得了珍惜，懂得了满足，懂得了许多课堂上得不到的东西，还真得感谢这讨厌的'髋关节滑膜炎'呢！"

唐华强的《医院的14"年"》是6·2班的孩子们在各级刊物发表的第138篇文章，登在《小学生阅读与写作》上，稿费20元呢！

第四节　培养、保护兴趣是保护写作的动力

1. 将写作培养为爱好

爱好就是对某项活动具有浓厚兴趣并积极参加。要让学生不怕作文进而喜欢作文，就要将作文与学生的兴趣爱好结合起来。他有兴趣才喜欢，才会深入思考，说起来就会头头是道；爱什么写什么，就写得轻松，写得生动，写得有情趣，写多了就成了爱好，时间长了就成了习惯。

兴趣爱好除了学生本身的自觉外，还需要老师有意识地引导培养。学生爱好广泛，对生活才更有激情，才会触类旁通，才会举一反三，才会思路宽阔，这在作文教育中非常重要。

作文就像搭积木，鼓励学生写片断是培养写作习惯的好方法。写片断工作量不大，将看到的、听到的、经历的、有趣的写下来，就像一块块小积木。可将这样的小片断当作日记写，不求长、不求故事完整，但要求细致具体有真情实感。这样写，学生没有压力，没有束缚，写得轻松，写得快乐，写的是自己内心的感触。学生把写作作为学习生活内容之一，养成习惯就是对自己的督促和培养。写得多了，滴水成河，粒米成箩，既积累了素材也练了笔，遇上大作文信手拈来小积木就能搭出大风景。

【对家长说的话】从小引导孩子对身边人、事、物的好奇，产生兴趣并说完整的话，大一点了，就引导说了再写。写多了就积累了素材，时间长了就自然成习惯。当孩子生活情趣多，作文也成为爱好时，您就不会操心孩子作文难啦。

【对孩子说的活】我们有写日记的习惯吗？没有就开始写吧！有，就坚持，一定越写越轻松，越写越想写。我们有哪些兴趣爱好？盘点一下，兴趣爱好多，受益就多哟。

 例文 1

写作，让生活充满爱

山东　七年级　张晓晗

写作，是一种乐趣，把自己的所思所想真实地写下来，在文字间游走，是一件幸福、快乐的事……

——题记

因为爱好写作，所以我才会来到美文班，学习写出更好的作文。在这里，认识了许多同样爱好写作的朋友：董浩宇、王紫梦、闫旭、宋欣苡、侯晓晖、孟颜玲、郭润林、仪欣瑶、单静茹……（当然还有很多，就不一一列举了）因为有着共同的爱好，所以情同手足。从她们身上，也学到了不少可贵的精神。她们的认真、细心、谦虚、豁达……都值得我学习。

因为写作，认识了石头，那块天真、乐呵呵、傻乎乎的石头，她让我学到了很多。她的无私、坚持……让我明白了做人的本质。"先做人后作文"，"玩中学，学中乐，乐中有收获"这些话连我们平时死板的老班级，也连连称赞。石头的教学方法也让我们初中的语文老师大惊。从石头这儿，不仅仅学到了写作的方法，更是学会了做一个高素质的人。

因为石头，也认识了网上的大朋友、老朋友。"人以群分，物以类聚"，他们和石头一样，都是高素质、高品位的人。虽然大都没见过面，但都互相关心。他们一直关注着石头小屋，关注着我们这群素不相识的孩子，关心着石头的健康。人与人之间这种美好的感情，让我明白了付出真情一定有回报！石头不就是在小屋辛勤写作获得了这么多快乐吗？

是的，这一切的一切都因为写作。因为写作，我有了石头这位良师益友；因为写作，我有了一群同龄的知心朋友；因为写作，我熟悉了石头小屋一群网络叔叔阿姨、爷爷奶奶；因为写作，我爱上了那默默付出的谭校长和李叔叔……

这一切都因作文结缘，写作让生活充满了爱！

【博友评价】印迹：张晓晗，你是初一学生，13 岁？不像。好像是一位成年的朋友，你将《写作，让生活充满爱》的感受表达得那样充分。能理解同学、老师、网友的爱的人也是富有爱心的人。

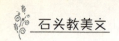

【博友评价】仙人掌：晓晗说上石头美文班的最大收获：不仅学习怎样写作，更重要的是还学习怎样做人。她说，每次上美文班，都会有收获，是在快乐地学习。

 **例文 2**

春天的片断

山东　六年级　王瀚

片断 1：小路

小路大多是用石子铺成的，而且是上等的鹅卵石，踩上去痒痒的，好像是在给我们做按摩一样，舒服极了。哈哈……小路上踏春的人们撒下了一串串银铃般的笑声。

片断 2：小草

草坪上，已经长出了许多嫩嫩的小草。小草探出了尖尖的头，东探探，西望望，原来春姑娘已经来了。小草深深地吮吸着春天的甘露，春风轻轻拂过，小草对春风微笑着点头，表达她们衷心的感谢。再过一些日子，小草铺在地上就像一床巨大的绿地毯，加上一些点缀的黄花，简直就是一幅美丽的画。

片断 3：桃花

桃花开了，而且开得格外旺盛。粉红色的花瓣略带一些鱼肚白，黄色的花蕊，看上去简直就是绝配，像是一个个美丽的精灵。谁见了都会心旷神怡，忍不住夸上几句。远处看那一簇簇的桃花，好似一片粉色的霞，妩媚动人，有一种花中之王、君临群芳的气势。

片断 4：柳树

柳树抽出了新的枝条，长出了淡绿的嫩叶。它们一棵挨着一棵，好像一群难舍难分的好兄弟。弯弯的柳叶有的像月牙，有的像小船，还有的像柔若无骨的小姑娘……姿态万千，百般妩媚，可以说是这里最美的景物之一。

片断 5：鸟儿歌唱

树林里的鸟儿真不少，它们欢快地唱着春之歌，享受着美好的春光，给美丽的春景增添了悦耳的声音……

2. 保护兴趣要说真话

保护学生长期的作文兴趣就要鼓励学生说真话，写真话，并允许说错话。

小孩子发短信、聊QQ无需人教而乐此不疲。为什么？他们写的是内心不受约束的真话，畅快淋漓，天马行空，好不快活。为什么一写作文就难了呢？因为"压力山大"。必须写"正确"的话，写老师喜欢的话，写心中没有的话，写有特殊要求符合各种框框调调的话。要求这么多，怎么不难？如还原孩子的本性，讲真话写真话，像聊QQ、写短信一样，我手写我心，作文或许就不那么难了。

水无常态，文无定法，老师要努力创设开放、自由、平等、和谐的写作环境，让学生放开胆量自由主动作文。学生就会说真话写真话，同时可能有错话。老师要有博大的胸怀，要宽容、要允许学生出错。没有宽容，就没有教育，一分宽容胜过十分责备。孩子的错话，再错也不会有成人世界的原则错误。孩子是在说"错话"的基础上逐渐正确的，是在"对"与"错"的比较中学会判断的，小时候常说错话常纠正，长大后就会少说错话。

【对家长说的话】在家中一定让孩子养成说真话的习惯，我们做个榜样吧！即使孩子说了错话，也不必大惊小怪，只要是真话，对其"错"给予引导就行了；那些有负面作用的真话，指出其危害性，以后不说就行了，也用不着说假话。

【对孩子说的话】说真话既是一种品格，也是让自己生活轻松、作文轻松的诀窍。作文首先要真，真实的、自然的才是最美的。

下面这两篇习作，就写出了真，六年级小朋友对大人物国务委员的话都敢质疑，也敢有礼有节地对老师说"不"，这就很了不起。

 **例文1**

我的家乡绵阳

四川 六年级 李雪

天府之国四川有一座美丽的城市，那就是我的家乡绵阳。"绵阳是个好地方！"这是江泽民爷爷的评价。"绵阳有三清：清洁、清静、清高。"这是国务委员陈至立婆婆的印象。我认为陈婆婆的前两个评价很准确，可我不同意第三个评价，我觉得说"清风"最恰当。

先说清洁吧。绵阳的清洁在全国是数一数二的，无论你是到公园，还是到小区，甚至到街道，到处都是鸟语花香、一尘不染。每天清晨，许多爷爷奶奶在公园锻炼身体。绿绿的大树，鲜艳的花朵，碧绿的湖水，清新的空气，再加上鹤发童颜的老人，那真是绝妙的风景画。小区里青青的草坪，扑鼻的花香，一尘不染的座椅，人们好像生活在仙境一般。笔直的大街上、幽静的小巷里，到处都干干净净，清清爽爽。

再说清静吧。十车道的临园干道，车辆、行人川流不息，可是没有一点喧闹。汽车从不鸣喇叭，不管多豪华的名车也不抢道，一切都按照交通规则井然有序。绵阳骑自行车上班、上学的人很多，可大多数人都不装铃铛，即使有铃铛的车，也不使用，都是静悄悄地行驶，真让人神清气爽！

最后说说我给绵阳的定义"清风"吧。我觉得绵阳人对人和风细雨、和颜悦色，恰似一缕缕清风。就说一件小事吧。一天，一位外地老奶奶坐公交车到火车站。她上车时，一位叔叔忙扶着她，一个大姐姐也起身让座了。还没到站时，老奶奶就起身准备下车了，一个小姑娘连忙说："奶奶，还没到火车站，这是金龙宾馆。"到火车站了，小女孩亲热地扶着老奶奶，一直把她送进候车室。老奶奶感激地说："孩子，谢谢你！你真懂事！"小女孩甜甜地说："不用谢。奶奶，再见！"那小女孩帮助了老奶奶，心里比喝了蜜还甜呢！因为尊老爱幼也是绵阳人的美德呀！呵呵，你想知道那女孩是谁吗？嘻嘻，她就是我呀！

这就是拥有"三清"的绵阳，这就是我的家乡绵阳！江爷爷说得真对，"绵阳是个好地方！"欢迎大家来我的家乡做客，来感受我们绵阳的清洁、清静、清风！

【博友评价】起之：好一个清洁、清静、清风的绵阳！好一个美丽的绵阳！跟着李雪同学的文字进了绵阳，跟着石头老师的图片领悟到了绵阳的"三清"、美丽、魅力……真的"绵阳是个好地方"！

【博友评价】阳光：李雪，读你的文章前，因为早已认识了你的老师和同学，已经感受到了绵阳人的和风细雨、和颜悦色，所以阳光就在地图上寻找着绵阳，计划着什么时候能够去那里。今天看了你的文章，就更加渴望去体验它的清洁、清静与清风了。谢谢你的介绍，绵阳的小使者！

 例文2

事半功倍与事倍功半

山东　七年级　张召阳

如果当你做事的时候给你两个选择"事半功倍"与"事倍功半"，你会选择哪一个？我猜你一定会选"事半功倍"吧！但是我不同，我则会选"事倍功半"！是我大脑有毛病了，还是我把词语理解错了？否！我知道"事半功倍"的解释是"功：功效。形容做事的方法，费力小，收效大"。而"事倍功半"的解释则是"指工作、学习费力大，收效小"。

那我为什么要反其道而行之呢？我要从另一个角度来理解：古今有多少天才都因为自己的懒惰和后天的不努力而泯灭了，而那些天生愚笨，却又深感到自己的不足去努力追求学问的人，后来成为了知名的大人物。是啊！百分之九十九的汗水加上百分之一的天分便造就了许多伟人，而又有多少人能付出那百分之九十九的汗水呢！

"事半功倍"固然好，可是又有多少人能抵住"事半功倍"的诱惑而去更加地努力，更加地勤奋呢！又有多少事情不是经过反复的失败而成功的呢？"事倍功半"固然坏，但它却能激起人的好胜心，总结教训，争取好的功效，不就可以心想事成了吗？想要超越别人，首先就得超越自己！

超源于心，越源于做，我愿意付出双倍的努力去获得真正的胜利！这就是我选择"事倍功半"的理由！

（老师，您不会批评我吧？您说的："真实的、自然的就是最美的"呀。我就是这么想的，所以就这么写了。）

（另外：最后一段中的"超源于心，越源于做"来自《石头和孩子们》第109页的一句话，我非常喜欢！今天作文感觉很流畅，灵感迸发写完后又想到这篇作文还可以用拟人的手法来写的。呵呵，下次吧！）

【石头的话】召阳，你对"事半功倍"与"事倍功半"这两个成语的理解还不够透彻，"事半功倍"是指要讲究科学的方法，并不是说不努力，想投机取巧。石头赞成"笨鸟先飞"，可不赞成学习、工作要选择"事倍功半"。

好孩子，你把心里想的大胆写出来，很好，并且表达得很流畅，是一篇独特的好文章。老师建议你再好好查查这两个成语故事，也许会理解得更透更

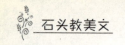

准确。

【博友评价】sunshine：张召阳，从你的文章和留言中可以看出，你拥有追求胜利和成功的毅力和决心，这很值得肯定和欣赏。

我认为，事半功倍与事倍功半指的是同一件事用不同方法去处理所产生到的效果比较。如果一个人独自去完成某项工作，而恰巧有不同的方法，我们会自然选择事半功倍的方法；而同一项工作，如果由不同的人去做，人的思维方式不一样，能力也大小不一，解决问题的方式当然不一样，此时，我们可坚持自己的坚持。

3. 保护兴趣要关注"渺小"

成人思考问题的方式、观察事物的角度与孩子是不一样的，这是教育孩子的过程中必须充分认识到的。我们要回忆自己当孩子时率真的天性、天真的想法、浪漫的生活方式。孩子感兴趣、关心的事，都是与他当下年龄相适应的。他对一只小虫、一片树叶，甚至一堆纸屑的关心和兴趣与大人对动物群、森林、一座城市的关心和兴趣是一样的；他对一本书甚至一根橡皮筋的向往与大人对一座别墅的向往是一样的。我们不能用成人的价值观来衡量孩子的价值标准；而要站在孩子的角度去理解他们，用自己的知识、教养、智慧、德行来影响、陶冶、感染、感化孩子。因此，孩子的任何在成人眼里看起来鸡毛蒜皮的小事都是孩子的大事，都要给予关注关心。关注"渺小"，就是关注发展。

【对家长说的话】与孩子一道关注他关心的事，孩子觉得您尊重他，就把您当知心朋友了。

【对孩子说的话】我们关注的对象一定很有趣。把这种趣、这种爱大胆写出来，与小伙伴、爸爸、妈妈一起分享，一个快乐就变成了很多快乐呢。

 例文1

可爱的泰迪

山东　四年级　栾景淇

我们邻居家有两只泰迪狗，一只叫小迪，它有3岁多；另一只叫小美，它出生才4个月。邻居姐姐告诉我，小迪和小美是来自一个家族的。

光听名字就知道，小迪是公的，小美是母的。小迪和小美的眼睛从卷曲的棕色绒毛中露出来，好像是眯着的，水灵灵的像黑色的玻璃球。它们都长着扁扁的小黑鼻子，像是一颗黑色的棋子。鼻子下面是小小的嘴巴。

小美太小了，它的毛还没有长好。可是小美也真是爱美呢，在它的脖子上挂了一串粉色的珠链，下面有一只可爱的蓝色铃铛，小美走到哪里，铃铛就响到哪里。小美最喜欢坐在人身上，它的主人一蹲下来，它就会跑过去，跳到主人腿上去，不愿意下来。

小迪全身的毛特别柔软，耳朵和尾巴像是三个毛茸茸的球。小迪的性格非常奇怪，如果你把它惹急了，它会冲你"汪汪"地叫个不停，让人害怕；如果它听话了，就非常温顺，它会跑过来蹲坐在你身边，让你摸它的头，用它的身子蹭你的腿。在它高兴的时候，会听命令站立起来，用两只前爪子抱在一起，向你表达"谢谢"。小迪还有一个本领，是它的拿手绝技，就是你要给它拍照时，说"看这里"，小迪就会坐得好好的，还把它的脑袋歪向它的左边，非常地可爱。邻居姐姐说，小迪还当过狗模特，所以很会拍照。

小迪和小美在院里一前一后地跑着，顽皮的样子总是引来很多人的观看。

你喜欢小迪还是小美呢？

【博友评价】亲亲乔木：淇淇这篇文章写得真好！观察非常仔细，小狗的性格特点，神态、动作描写生动有趣，淇淇善于观察思考，真是个有心人。可爱的泰迪跃然纸上，我们都喜爱这两只小狗呢！

【博友评价】景淇妈妈：石头老师今天发了小淇的小文，老师的每一次鼓励，都给孩子无限动力，谢谢亲爱的石头老师。

 例文2

峨眉山的"小灵猴"

重庆 五年级 李姝颖

为什么题目上的"小灵猴"要打引号呢？那是因为，这个"小灵猴"不是真正的猴子，而是两只玩偶猴子。这两只"猴子"是妈妈在峨眉山上给我买的，它们是一大一小，大的那只是白色的，小的那只是蓝色的。它俩的眼睛水汪汪的，像两颗大葡萄，它们的头侧着，脸上还挂着淡淡的微笑呢！它们的毛摸着也特别的舒服。这两只"小灵猴"真是太可爱了！

我觉得，这两只"小灵猴"特别幸福，因为有我这个很爱它们的主人。上山、下山那么累，我始终背着它俩，不准妈妈把它们放进包里，生怕它们不舒服，同时我也希望它们能和我一样欣赏到各处的美景。

回重庆后，我们要坐轻轨列车，到了安检的地方，妈妈说，"小灵猴"也要放进安检的机器里去，我着急地说："那万一它出不来了怎么办？""不会的！"妈妈回答。果然，"小灵猴"又平安无事地从那个机器里出来了。我高兴极了！

这就是我心爱的峨眉山"小灵猴"。

【博友评价】吾静思老顽童：人杰地灵猴亦灵，峨眉灵猴成一景，灵猴最喜亲近人，买俩玩偶也高兴！

第五节　让孩子挖掘自身的宝藏

1. 作文是心灵的发现

作文是学生在生活中，去发现属于自己心灵蕴含的气质、欲望、本能、喜欢、厌恶、自卑、自信、愤怒、哀伤、快乐、焦虑、恐惧等等的感受，直指"本心""本性"。简单说作文就是自己心灵的发现、心灵的挖掘。老师要不断培养学生写作的兴趣、酿造良好的写作氛围，使学生逐步形成持久自由的写作心境。师生互动，彼此关爱、理解、信任、宽容，唤醒学生的心灵，推开智慧的大门。学生会发现自己的心灵是多么的丰富、深邃、幸福，写作的信心和自豪感就觉醒了。原来丰富的心灵才是写作的真正源泉。写作时充满情趣、生机勃发、积极亢奋，他们的个性、情感才能得以健康发展，思维、想象、语言表达才能呈现最佳状态，创造的天赋就被激活了。

【对家长说的话】孩子心灵丰富的程度，您是不可知的。时时注意和孩子交流，不断唤醒孩子沉睡的心灵，他的心灵会比天大、比海深。

【对孩子说的话】心灵是相互碰撞的火花，碰撞越多火花越多，这火花会照耀整个天空。我们多与老师、同学、伙伴、爸爸妈妈交流，自己的想法又会产生许多新的灵感呢！

 例文 1

人生的第一课

山东　五年级　刘宇赫

今天我讲课了。讲我人生的第一课。我才十岁喔！

清晨，我早早地起了床，对着镜子又演练了一遍讲稿。吃完饭，一切准备就绪，出发！迎着朝阳，我的心异常激动、兴奋。这毕竟是我人生的第一次讲课，而且还是好不容易从同学那儿"抢"来的。也许你会问，怎么小学生还能讲课？对，在这之前我也没听说过。这就是石头老师的高明之一，石头老师的高明多着呢！今天，石头老师把她课堂的时间、空间、精彩让给我，我就应该好好表现。咦，我怎么没有一点紧张？这也许与我不怯场、准备充分有关系。

上课了，我拿着讲稿飞一般地冲上讲台。同学们静静地、好奇地看着我，那眼神既有鼓励，又有一丝丝的不信任（我的猜测哦）。不管那么多，我就是我，我要相信自己！定了定神，清了清嗓子，我大声地说出了今天讲课的主题——展示真实的刘宇赫。

同学们一听题目，有些惊讶。咦……刘宇赫敢展示自己？怎么不敢。我是一个男子汉，就是要把真实的自己展示给大家，争取得到大家的帮助。

接着，我开始讲《善狼、恶狼》的哲学小故事。同学们听得可认真啊，看到大家那专注的眼神，我暗暗高兴，这个开头还不错。于是，我更沉着了，引导同学们思考哪只狼更强大。同学们的回答各有侧重，诗人般的孟晨曦一语道破："你心里向着的那只。"

"对，你支持哪只，就是哪只赢，因为你心里所朝的方向就是你未来人生的路！"这句话可是我事先都准备好了的。

我向同学们坦诚地说出了我心中恶狼的特性：易怒、不守规则，自以为是……我声情并茂地读了一篇我心中的善狼弱小，恶狼不守规则的特性占了上风，行为被恶狼左右时带来"灾难"的文章。刚读完文章，下面就响起了热烈的掌声。

石头老师高兴地点头，大声问同学们："我们为什么情不自禁地鼓掌？"

"因为他读得好！""因为他写得好！""因为他很真诚！"……

又是孟晨曦一语惊醒梦中人，"因为他学会了反省，能正视自己的不足了（正中要害）。"

是的，原先的我任凭心中的恶狼恣意妄为，横冲直闯。每当和同学发生矛盾时就说："不关我的事，都是他找事！"还理直气壮地问老师："他错了，为什么你只说我，不说他？"

……唉，很多很多的糗事儿，说来都不好意思呢！

看到同学们这么肯定我，这么给我力量，我下定决心，今后一定要抑制心中的恶狼，强大心中的善狼。做人真诚，遇到矛盾先找自己的不足，勇于承担。

多谢石头老师让给我的这堂课，多谢石头老师的指点，多谢马老师的评语，多谢同学们的鼓励。这人生的第一课让我终生受益！

【博友评价】慧眼：每个人的内心都有一个潜在的英雄，人生的意义就在于把内心的英雄挖掘出来。相信若干年后宇赫再回忆起这一幕也是历历在目的。

【博友评价】无妄清清：人生第一课，看到了每个孩子的精彩。课堂里学习美文，课堂里感悟人生，课堂里学会做人。

【博友评价】吾静思老顽童：

人生第一课，宇赫善讲说，论及人生事，关键在善恶。

发扬心中善，镇住心中恶，就是好人生，保你终生乐！

 例文2

我的中国梦

重庆　王慧波

去梦，那不可能之梦；去战，那不可能之战；去摘，那不可触之星；去拼搏，为心中熊熊燃烧之火。

——题记

我至今仍记得小学毕业那年的暑假，一身轻松愉快的我和父母一起到澳洲旅行。走进澳洲，如同走进了一个棉花糖般的梦——星罗棋布的热带岛屿，明朗的气候，原始的礁岩，纯白的沙滩，被誉为"空中花园"的堪培拉，更是一张白纸上绘成的画，艳蓝的水，艳黄的石，色彩明丽得逼人的眼睛。而那里的食物也融合了当地各种饮食文化的精髓，亚洲的辛辣美食，希腊的传统佳肴，墨西哥式料理，应有尽有。我沉浸在这个梦里，不愿醒来。

然而，这种幸福甜蜜的心情却随着我一步步走进那家古老而别致的钟表店，画上了一个休止符。

店内的装潢刻意保持着维多利亚时代的风格，踩下去发出沉闷声响的木地板，透出缕缕檀香的墙壁上挂着各式的木制布谷鸟钟，无不显示着这店主的内涵底蕴。

"Took a fancy to which one（看中了那一款）?"一个磁性浑厚却又精神充沛的声音在我身后响起，我惊奇地转过头去，一个慈祥的老爷爷正含笑注视着我，这样看来，他一定是店主了。"Oh, I am just looking（我随便看看）。"我这样说着，他却没有离开的意思，依旧询问："Are you from South Korea（你来自韩国吗）?"我一听，立即学着电视里的样子，一字一顿地报出了中国的名字，一种自豪感涌上心头。可我却诧异地发现，他原本澄澈愉快的目光闪过一丝稍纵即逝的复杂情愫，他略不自然地祝我旅途愉快后便匆匆去招呼新的顾客，依旧热情地与他们交谈，眼光却一直锁在我周围。我心中纳闷着，却在离开这家店的一瞬间恍然大悟——在精致典雅的深棕木门上，挂着一块与其极不搭调的白色警示牌，上面写着十七个端端正正的黑色中国字："请爱护店内物品，不要破坏店内设施，谢谢!"我不禁吸了一口凉气，逃一般冲出了店门，无力地坐在街对面的长椅上，想要捋清自己混乱的思绪——在遥远的异国他乡，竟看到了久违的中国字，本该是一种多么兴奋、骄傲的心情!可为什么，这几个独立的汉字，一个一个却如小铁锤般敲击着我的心，让它隐隐泛痛?中国文化是何等的自身奥秘、盖世无双，可它，怎么能在这种场合，以这种姿态，这种身份出现在国民面前?漂洋过海到达这里的中国字，不再象征华夏民族上下五千年的浩瀚文化，而反映了中国国民因自身素质低劣而招受的排斥与歧视!曾有人说过："新中国成立以来，进步的都是能看见的，例如道路，建筑，照明，而退步的都是不能看见的，例如文化，信仰，道德。"曾经的我，对这句话嗤之以鼻，而如今想起，心中又怎不燃起熊熊烈火!

周恩来总理年少时曾有大志："为中华之崛起而读书。"那是他的中国梦，而今天，我就要大声喊出我的中国梦——为国民之尊严而奋斗!这是我的梦，也是所有青少年的梦，是每个中国人的梦!在外国人眼中，中国更像一件华美的锦袍，上面爬满了虱子。但作为祖国新一代接班人的我们会证明，他们的想法是错的!自民国以来，祖国母亲是经历了太多浩劫，但朝气蓬勃的我们，沐浴着社会主义的春光，一定会创造出一片繁荣的新天地!前人已为我们打好了丰厚的物质基础，而我们要做的，则是努力提高国民素质。我相信，总有一天，当我的嘴里缓慢、自豪地迸出"中国"一词时，回应我的，是一双双充满了友善、亲切、敬佩的眼睛。到那时候，中国才真正立于世界之林，到那时，我的中国梦才真正实现。

【博友评价】向南向南：慧波的中国梦引起了我们的情感共鸣，也赢得了很多博友的高度赞赏，我很感动，感动小小的孩子有这么强烈的爱国精神。慧波对澳洲风土、人文、饮食等的描绘，不仅体现了语言的功底，更体现了对西方文化的一种了解。在写作技巧方面，她更是得心应手，文中人物的神态、心理描写细腻动人；欲抑先扬的表现手法使人物的情感波澜起伏。

【博友评价】彩虹风景：此文的确是真情实感，这就是最打动人的，内容也好，充满正能量，也让人看到少年的梦想与努力。这种作文真好，为如此的中国梦鼓掌！

2. 作文是个好朋友

真诚地把作文当朋友，烦恼时向它倾诉；快乐时与它分享；痛苦时向它宣泄；郁闷时和它聊天。把作文当作有生命的朋友，和作文一起游戏、聊天、幻想、学习、生活，这就是生活语文化、语文生活化。这样既可提高写的水平，又可修炼心灵，因为塑造我们的灵魂是从语文开始的。

【对家长说的话】鼓励孩子多写，但要尊重他的"隐私"，不让您看时不强求。相信您的办法总比孩子多。

【对孩子说的话】恭喜你又有新朋友啦！作文可是个真诚的朋友哦，祝你们的友谊地久天长，白头到老。

 **例文 1**

回忆往事，说心里话

山东　四年级　严鸿儒

还记得，我八岁那年，石头来了，给我带来了许多快乐；九岁那年，石头在寒假里走了，也带走了快乐；十岁，石头又来了，我又变成了"快乐爷"！

"哦！石头老师好！"大家不约而同地说。

石头老师是个善解人意的人，她那温柔的话语，能甜进你的心里。

　　石头老师那讲不完的"经典巨著"，可以让我们听到自己的未来。我喜欢您的课堂，您的课堂不像听天书，您的课堂有趣的事情多得是，没有那么枯燥乏味。

　　我深有感触，这不一般的石头带给了我快乐、幸福、勇敢、鼓励和精神！石头门弟子，个个都腹满经书，我要好好学习，天天向上，把我的才华展示出来。

　　如果石头来双语当阅读老师，我一定去！这就是我的心里话。

　　【博友评价】印迹：同一件事，同一个事物，不同人的内心反应不一样。写作文，要忠实于自己的想法、反应，哪怕不一定正确；对作文来讲，那个不一定正确的想法，才是最真实的想法。只有忠实于自己的、真实的想法，作文才能生动感人。别看鸿儒小小年纪，凡事能独立思考，从鸿儒的作文中就可以看出他忠于自己真实的内心呢。

　　【博友评价】老潘：忠实于自己的内心，鸿儒和可心又追随着石头到高新国际，有感于鸿儒和可心的真情流露。

 **例文 2**

斗胆给妈妈提意见

四川　六年级　耿英杰

亲爱的妈妈：

　　您好！可能您觉得奇怪，天天和您在一起，为什么还要写信？一点也不奇怪，因为我觉得书面表达比口头表达更具体、更来劲儿，关键是以后还能一遍又一遍地读，多有味道啊！妈妈，您在儿子的心目中是神圣的，因为您不光长得漂亮，还是一位出色的教师，从盐亭县考进绵阳市，足以说明我的妈妈是优秀教师。我为有这样的好妈妈感到骄傲、自豪！

　　妈妈，虽然您有很多优点，但是也有一些缺点，"人无完人，金无足赤"嘛！您有点儿好强，有时候还很任性。先说好强吧。本来好强是件好事，不好强就不可能进步，工作、学习也不可能很出色，但生活中过余好强就变成了坏事。一天，我和同学打架了，我觉得委屈，就向您述说，当然我只说了别人的不是，没说自己的错。您听后很不高兴，觉得同学欺负了我，想帮我讨回公道。看到您这个态度，我很得意，心想和我闹矛盾的人要倒霉了。没想到老师听了您的反映后，并没有马上批评那个同学，而是冷静地调查了事情的前因后果，然后当着全班同学的面和我谈话。当时我感到无地自容，很后悔。如果当初您也像我的老师那样，问清原因，再教育我要学会谦让，别过于争强好胜，事情就好多了。这件事后，我和您都进步了，都能做到严于律己了。妈妈，今天重提旧事，是为了让您今后记住"退后一步自然宽"，别为了小事好强，给自己增添烦恼。

再说任性吧。去年您过生日，那天上午您给爸爸打电话，叫他在餐馆订座，可爸爸客户多忙不过来，没来得及打电话。中午吃饭时，您黑着脸很不高兴。爸爸忙完后匆匆忙忙赶来，连声道歉："夫人，对不起，我太忙了，没把事情办好。"可您一声不吭，看都不看他一眼。并且一连5天不和爸爸说一句话。爸爸觉得委屈，给我讲了这件事。我理解爸爸，伏在他耳边出了个主意，爸爸听了高兴极了，连忙拿出几百元钱，请您自己买件衣服作为生日礼物。可您无论如何都不收。我看在眼里急在心里，缠着您说："妈妈，妈妈，您收下吧！爸爸是真心的，您生日那天他的确是太忙啦，原谅他这一次吧！"您缠不过我，勉强收下了。妈妈，虽然这事过去这么久了，但我觉得您确实有点不对。您这样做，对我是有影响的，我也像您这么任性那不就糟了吗？您这样做也会伤害您和爸爸之间的感情，爸爸对您的爱天地可鉴，他是一个模范丈夫。您这样做还会增加自己的烦恼，伤了身体。您看，任性多划不来呀！

妈妈，请原谅我，儿子斗胆第一次给您提意见，您不会生气吧？我相信，我聪明的好妈妈会改正的。也请您严格要求我，让我们母子俩互相帮助，不断进步。让我们的家庭越来越幸福！

祝好妈妈永远年轻、漂亮！

爱您的儿子：杰杰

2006.6.23

【博友评价】雨竹：英杰是个聪明伶俐的孩子，他善于观察，善于总结，对妈妈既充分肯定，又热情地帮助。我还担心他妈妈接受不了呢，没想到妈妈非常高兴，感动地说："儿子长大了。"

【博友评价】阳光：英杰真的长大了，不仅有是非观念了，还有自己处理事情的办法。文章写得是这么出色，你是你妈妈的骄傲。

3. 写不完的新鲜事

只要留心，会发现身边太多的事可写。一个人只要活着，无论他处于什么境地，都有源源不断的生活，都有写不完的事儿。优等生、中等生、后进生各有各的生活，都有不同的可写事儿。人的生活状态有好有差，但它们对于作文而言，没有好坏之分，不同的生活状态可丰富作文的多样性。后进生也有后进生的生活，只要允许写，他们就不必再去寻找"可以写的生活"。这些生活都是孩子自身的作文宝藏。对于小学生而言，不必要求他的作文一定要有重大意义，但要有意思、有趣，写出他们自己的喜怒哀乐、真实的内心世界。小学生作文就是写自己的"趣事"，哪怕是调皮捣蛋的"糗事"。这才是他们真实生活的反映，这才符合小孩子生理、心理的发展轨迹。

【对家长说的话】孩子在成长的过程中，有很多喜怒哀乐，这些看似寻常的事儿其实就是生活的趣味。要引导孩子享受童年的快乐、面对成长的烦恼，从而打开他们的心智。

【对孩子说的话】我们的校园生活、家庭生活有滋有味，把各种各样的新鲜事儿及时、清楚地写下来，为自己的童年留下些记录是很好玩儿的事情。

 例文 1

梦回西藏

山东　五年级　孟晨曦

乘飞机离开拉萨，耳畔却依然回荡着转经筒吱呀吱呀的声音，心思不由得留在了那座神秘而又遥远的古城吟唱。

西藏的天有多蓝，水又有多清。当蓝蓝的天倒映在清清的河水中的时候，仿佛时间也凝固了，停滞在河边洗衣姑娘的指尖上。白云定格在那清清的河水中，我的心也定格在那里，欲罢不能。

酥油茶并不好喝，但藏民却认为它有一股特有的芳香。树荫下、马路旁，商店门口和乡间的小路上，随处可见正在喝酥油茶的藏民。他们或三两个聚在一起，或一大群围成一圈，席地而坐，谈天说地，好不热闹。妈妈给我买了一身漂亮的藏服，我穿着在大街上走一遭，就有十多个热情的藏民招呼我坐下一起喝茶。

藏家的小辫儿最是与众不同。把乌黑的头发辫成一条条小辫儿。再把丝线裹在里面。藏族人是天生的美学家，红的、绿的、黄的、蓝的，光这些颜色还不够，绿的又有果绿、军绿、青绿，黄的又分深黄、浅黄、鹅黄……藏族人既爱跳舞又爱唱歌，一闹起来，乌黑的头发也疯闹着，像黑色的枝干抽出的花朵与绿叶，花红柳绿，特别的美！

不仅头发要漂亮，身上更要漂亮。项上、发际上挂满了绿松石、鸡血石、玛瑙、蜜蜡等等。腰间佩戴的腰带、火石也是银质的镶满宝石的。只要藏民从你身边走过，就会玉动珠摇的，还有金银碰撞的叮咚声音和酥油茶的香味，给人听觉、视觉和味觉的全方位的感受。

飞机要降落了，转经筒的声音却依旧回响在耳畔。

【博友评价】凭栏仰月：人，挺懒的。没去过西藏，没去过很多的地方。但，去西藏小栖，一直是我的梦想——没有来由地，甚至有些朝圣的意味。似乎，没去，没法对自己交代。今天，听了丫丫唯美的描述，这份心情更急切了。丫丫的文笔清新，很文学，似乎很难想象这出自于一个五年级小姑娘的笔下；同时又觉得，这篇美文描绘的意境很纯净，就想：只有没有被污染的心灵才能写就这么干净的文章。

【博友评价】木木鱼：读小丫丫诗意的文章真享受，特欣赏小丫丫精益求精的习作态度。这篇文章很美，文笔很成熟，很棒，孩子加油！

 **例文 2**

快活的"妖姑"们

山东 六年级 刘雨喆

所谓"妖姑"就是一群快活的老阿姨。今天，我们终于见到了与石头老师一起唱歌的"妖姑"们，她们可是石头老师的好朋友啦！

早读时，一群"妖姑"便出现在了我们面前。她们个个都那么开心，那么漂亮，那么充满活力。这群"妖姑"可是经常亮相在石头小屋里，是石头小屋的"大明星"呢！

开始，我十分好奇，这群"妖姑"要干些什么？紧接着，好奇变成了疑惑，随后疑惑又变成了猜测："妖姑"们想听听我们的美文课？还是想亲眼目睄我们怎样学习？难道是"妖姑"们已经在石头小屋见了我们的文，却不见我们的人，想看看我们呢？哎，不管这么多，反正我很喜欢她们，因为"妖姑"们是石头老师的朋友！

呵呵，还是书归正传回到课堂吧！

回放一：我进教室刚坐下，一群"妖姑"就闪亮登场了，虽然她们都应该被我们称作"婆婆"或"奶奶"，但是她们"人老心不老"啊！这种年轻的、朝气蓬勃的精神把这一群"妖姑"变回了"美少女"。

回放二：当石头老师与这一群"妖姑"一起唱歌时，我们不由自主地拍起手伴奏起来。这些"老顽童"摇头晃脑地对着我们，手紧紧地拉在一起，真的很像一个和睦的大家庭！

今天，我们欣赏了这群"妖姑"的金嗓子，也见识了"妖姑"们愉快、乐观的精神生活。

【博友评价】pplong：石头老师非常善于利用各种资源于教育啊。雨喆把活泼的"妖姑们"写得惟妙惟肖呢。

【博友评价】刘新胜：看了雨喆的作文，我倍感欣慰。谢谢石头老师，我儿子刘晨昊也是你在山东潍坊的学生，今年已上初三。他的作文成绩就是从听了您的课后突飞猛进的，他的文章已在"潍坊晚报"和"潍坊日报"等发表。最重要的是儿子已经非常喜欢写文章了，语文成绩一直不错，再次感谢您。

第三章　搭建展示平台

写作不是为了收藏。作文是给别人看的，是公众的言说，是公开的交流。学生、老师、家长都要向"作品发表"这个目标奋进。文章只有通过读者的阅读、评价才算完成整个创作。写作、修改、发表、阅读、评价构成创作链，当这个链条完整形成时就会把学生内心的写作欲望勾引出来。我们总不希望学生的创作半途而废吧。

第一节　作文是为了发表

作文是为了"自我表达和与人交流"。学生只有明白了这个目标，才知道写作方向。表达就是把自己的"意思"写出来，让他人知道这是"我的意思"。知道的人越多，"我的意思"传达得就越广。学生的文章只有通过"发表"，它的表达优势才会显现出来，才会有人传扬，从而令学生源源不断地获得写作动力。作文教育就形成一种良性发展，就有生命力了。

当学生用文字记录自己思考的当下最重要的事情、观点、思想和情感，交给老师。老师批改后就还给学生，只有一个读者，学生的表达就不充分；如老师也未认真读，学生就没有实现表达。这样的作文，不能取悦他人，学生不可能有写的积极性。"取悦他人，是人性发展的规律，也是情商发展的体现（雷夫语）。"老师要研究如何发表学生作文。有了发表，才有真正意义上的读者，有了读者，才能培养学生的"读者意识"。

我采用的发表方式有：班上学生自读、老师讲读、学生交流读、作文园地、墙报、校报展示、校广播、全国各级报刊、学生作文集等等。特别是每个班级结束时的作文集，当下一批学生看到上一批的作文集时，都会发出将来我们也要编作文集的誓言。学生的写作积极性就可想而知了。

发表，既表明作者的才能被认可，又表示作者获得了"公众言说"的权利，能给作者带来尊严和荣耀。特别是小作者看到自己的文字和名字出现在报刊上，还收到稿费，既兴奋又激动。他发现自己拥有了另一种说话的方式，这种说话方式，可从精神上真正享受到写作的快乐感、荣耀感和幸福感。

进入二十一世纪，电脑、网络大发展，不少家长谈网色变，禁止孩子触网。但谁也阻挡不了科学技术的进步，何不变堵为引呢！发挥"网络天下"的优势为教学服务，学生会更有兴趣。2007年，我建了博客——石头小屋，发表学生作品，开拓社会教育资源，专谈教育、教学。7年来，近八万人关注，访问已达上百万次，这是个巨大的读者群、老师群。学生习作发表后，有一群老师指导、鼓励，孩子那种从心底溢出的幸福和骄傲不可言说。同学之间也在石头小屋互相学习、交流、切磋、欣赏，写作的动力不断延续。然后我又引导一部分学有余力的学生建博客，自己给自己开辟展示的窗口，让天下人都知道"我的意思"，学生作文的积极性更加高涨。这也许是教作文、学作文的理想境界，每个学生都有可展示的窗口、可表演的舞台，每个点击者都是知音、都是最佳读者、都是老师。

【对家长说的话】创造条件让孩子发表自己的"言说"，展示他的才能，并真诚地成为他的听者、读者，您就是一位好家长。

【对孩子说的话】大胆展示自己的才能，把自己的最想说的话表达出来，积极投稿，参与就有进步啊，一旦文章被采用，那成就感啊，妙不可言。

 **例文1**

我又有新朋友啦

四川 六年级 贾孟坤

自从有了A61这个广阔的平台，我认识了许许多多的朋友，比如：快乐米奇、风来云往、二胡、明珠……现在，老师又给我们介绍了更大的平台——博客！我知道老师的目的就一个：让我们走向生活，广交朋友。早就听老师说："我们的家里（指博客）有许多高素质的朋友。学习之余可以进去看看，但不能影响我们毕业复习。"

哎，绵阳的学校竞争非常激烈，我们不得不重视，所以我没及时进去。但有的同学挤时间去了，并且还抄下了不少老师的评语呢！昨天晚上，我提前完成了五月份的全部语文作业，然后就兴冲冲地跑到同学家，进了"高原石头的博客"，哇塞，好漂亮哦！

刚进去我就被迷住了，这个家清新、淡雅、内容丰富、人气很旺，热闹非凡，好多老师评我们的习作哟！我整体地浏览了一遍，有一位叫"阳光"的老师，她几乎评了我们班每一个同学的作文，还评得很好呢！她给我的《哎，原来是个梦》一文的评语是："孟坤，你做了一个快乐的梦，梦是那么生动。你好有想象力啊！又敢于创新，真了不起！"我急忙打电话问石头老师"阳光"是谁？老师告诉我："阳光是北京市一位优秀的高中英语教师。"天啊，教高中多忙啊！可她每天都要来"我们的家"——老师的博客，还精心地给我们评作文，这要耗去她多少时间哪！

我怀着崇敬的心情到阳光老师家，给她留了言："阳光老师，谢谢您！我的文章刚发出来，您就给我评了！我们班每一个同学的作文您都评了的，这花去了您多少时间啊！真是太谢谢您了！我们好多同学都将您写的评语誊在自己的笔记本上了呢！阳光老师，蒋老师经常说我能考上名牌大学，如果我考上了北京的大学，一定会来看您的！"没想到阳光老师很快就回复了，她说："小孟坤：努力学习，就像石头老师说的，将来到北京上大学。阳光老师一定隆重接待我们的小孟坤，阳光老师的家就是你的家。我等着你哦！"看到这段话，我很激动，感到热泪在眼眶里打转。我完全被阳光老师的真情打动了，一位与我素不相识的人，居然这么可亲可敬。阳光老师是捧着一颗火热的心来对待我们的。我立志将来一定要考上北京的大学，去拜望我们敬爱的阳光老师！于是，我又回复道："阳光老师，我将来一定会考起北京的大学，到北京来看您的！一定！祝您天天开心，万事如意！"

通过"我们的家"——"高原石头的博客"，我又有一位新朋友啦！而且还是挚友呢！

【博友评价】丫丫悟空：石头，你把学生的作文引荐到博客上，面向世界。这是你独一无二的创举。在全国家长谈孩子上网色变的今天，你从正面引导他们，鼓励他们，且不说孩子们文章水平的高低，就您辛苦地把学生的文章推荐给世人，他们是多么的兴奋和激动。

我可以想象很多孩子想得到这一机会，他们会好好准备。在准备的同时，孩子们的思想得到升华，这是多么好的举措呀！说不定有的孩子还会被影响一生！

【博友评价】阳光：小孟坤：谢谢你把阳光老师写得这样好！阳光老师希望你好好复习，考上自己理想的中学，将来到北京读大学。北京欢迎你，欢迎你的同学，阳光等待着你和你的伙伴，加油！

 **例文 2**

阳光女孩张小雨

四川　六年级　张小雨

嗨，大家晚上好！我是四川来的张小雨。暑假专程来看望大树伯伯和石头妈妈的。在夏令营认识了你们，认识了这么多老师，交了这么多好朋友，我很高兴！

我是一个阳光女孩，脸上总是挂着微笑。同学们都说我的笑点很低，因为同学们不经意的一句话，常常让我笑喷！

阳光就是快乐，快乐是会"传染"的。记得在一本书上看到这样一句话：如果不快乐，就去找些快乐！世界这么大，每天都可能在不同的地点有同样的事情发生，而结果却不一样。你怀着快乐的心态去完成它，快乐就会伴随你，结果会让你喜出望外！在学习中，在生活中，我这样做了，同学们都称我为"快乐细菌"，把快乐传染给他们了！

在我的心里，有一块阳光做成的橡皮擦，它能帮我把不快乐的事情从记忆中擦去，把快乐的事情留在心底来慢慢回忆！忘掉不愉快，张开双臂拥抱快乐！拥抱阳光！

石头妈妈常对我们说，"与人相处，吃亏是福；看长不看短，记恩不记仇；滴水之恩，涌泉相报。"我会让自己成为感恩的人，有高尚品德的人，才无愧于"阳光之星"的光荣称号！

阳光孩子，其实就是我们啊！让我们都敞开胸怀去做快乐的、阳光的孩子吧！

谢谢大家！

【博友评价】樟青：阳光就是快乐，因为你心中有一块阳光做成的橡皮擦，从而张开双臂，拥抱快乐，拥抱阳光！——真好！

【博友评价】虾米：乖女儿，按你写的去做，我想你将找到真正的快乐！这也是妈妈最想看到的！让我们一起加油！同时，感谢朋友们对小雨的关爱！

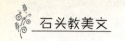

博友文章

我的一位漂亮小博友

老 农

5月6日我发表了一篇《铁肩担道义忠勇走天下（书法）》的博文，第二天即5月7日晚09：50：02时，一个署名"石头的学生李琪"的小朋友跟贴写了下面一段话：

"老农老师，琪琪又来了！又来看您了！告诉您吧，我们的石头妈妈心里随时都装着我们，不管干什么都是替我们着想，所以如老农老师所说'一个老师开博客不是为了发表自己的东西，而是把自己学生的优秀作品贴出来，真是用心良苦呢，高尚之情让人敬佩！'老农老师，石头老师给我们讲过您，说您不仅是一位书法家，而且品德高尚，还要我们向您老人家学习呢！"

5月9日，我发表了《茉莉清香》一文后，李琪小朋友又跟贴："老农爷爷，琪琪又来了！我们都姓李呢，是一家人哦！我会常来看您的！"

从以上两段跟帖中，就可以看出这是一个非常会说话、聪慧、懂事的小朋友，而且也证明李琪已经不是第一次来我的博客里了。我想，这大概也是来我博客留言中最小的一位小博友吧！后来，在我的《吾之三怕》一文中，高原石头老师告诉我："李琪到您家来过？那是一个很漂亮、很聪慧的小姑娘，她爸爸妈妈都是农民，没多少文化，家里没电脑。"说到她家里没有电脑，这一点可以从她两次都是匿名跟帖看出。这样我更要谢谢你，小李琪！小本家！

昨天我在高原石头老师的博客里看到一篇《白雪公主》的帖子，是李琪的同学——四川省绵阳市花园实验小学五（2）班王俊杰专门写她的。王俊杰同学在她的文章中是这样描写小李琪的：

"我们班有一位白雪公主，她小巧玲珑的身材，眉清目秀的五官，皮肤又白又嫩，红扑扑的圆脸上有一对小酒窝。她那水灵灵的大眼睛里露出智慧的光芒，红红的小嘴里经常蹦出热情的语言。因为她聪明伶俐，说话轻言细语，做事心地善良，活像7个小矮人中的白雪公主，所以大家都叫她'白雪公主'。她便是我的好朋友——李琪。"

"白雪公主上课可爱发言啦！那还是上二年级时，我们学《春风吹》一课，文中有8个生字'绿、树、红、蛙、轻、细、家、醒'。同学们踊跃地发言，记清了全部生字的音、形、义，已经开始写了。李琪眨巴着她那水灵灵的大眼睛，忽然举手了，'老师，我编了一首儿歌：绿树红花，燕子青蛙，轻风细雨，不想回家。青蛙醒了，它要回家。'老师一愣，随即俯下身子，亲着她的小脸蛋。同学们都使劲鼓掌表扬她，她的脸都笑成了一朵花。"

这就印证了我对她聪明的判断。

王俊杰同学还写了小李琪的善良与细心。说她自己有一次感冒了，天上还下着蒙蒙细雨，是李琪一路呵护并将她送回家的。到了家，琪琪还热情地对她妈妈说："陈阿姨，王俊杰感冒了，要马上吃药，不然会耽误学习的。"多好的孩子啊！小小年纪，就这么懂事！琪琪不但善良、聪明，其实还是一个有原则立场的孩子。这从她的一篇作文《我真冤枉》中就可以看出。

正如石头老师和王俊杰同学所说的那样，琪琪确实是一位漂亮、可爱的小女孩儿。这一点我是从《白雪公主》这篇帖子的配图中看到的，今天我把那张照片借来并作了一些简单的编辑并贴在本文的前面。我相信，大家看了都会喜欢她的。行文至此，其实我更想称她为"小孙女"——她叫我爷爷，我觉得我这样称呼她也不为过吧？说实话，能有这样一位聪明伶俐的小孙女，我打心眼里高兴呢！此外，我还想给我这位可爱的小孙女儿说几句话：

孩子，好好学习，知识可以改变命运。人的出身无法改变，但以后的前途是要靠自己来打拼的。不要辜负父母的养育之恩，不要辜负石头老师的谆谆教诲！为此爷爷专门为你写了一幅字，一并贴在这里，算是对你的衷心祝福吧！

第二节　作文是为了交流

1. 作文是写给别人看

作文发表是为了交流，读者看了、读了、明白了作者的意思才能交流。因此作者不能仅仅从自己的角度写，还要从读者的角度思考。第一，作者的文章要让读者用通用的语言文字知识能读懂，这是一个基本问题。你随意创造的、别人都不懂的新词，怎么交流啊！第二是文章的背景资料，读者不了解也是读不懂的，因此这种背景资料也是需要交待的。第三，"你的意思"要有新意，语言要有特点，读者才喜欢。第四，文章内容读者要感兴趣，现在都"神十"了，你还写我们成功发射了第一颗人造地球卫星，谁有兴趣和你交流？这叫与时俱进。只有读者对作者的"意思"感兴趣才能实现交流，才会是一次完整的写作。

【对家长说的话】做孩子作文的第一读者，忠实的读者，您能读懂，他人才能读懂。分享孩子作品发表的喜悦是您和孩子共同进步的有效途径。

　　【对孩子说的话】我们用词要准确，不乱造别人都不懂的词，表达的意思要清楚明白。题目要简洁、新颖、独特，选材要典型有新意，别人感兴趣才爱读呢。

 例文 1

我们班的"搞笑大王"

四川　六年级　牟清玲

　　圆圆的大脑袋里装着幽默、风趣的语言智慧，明亮的眼睛里充满着快乐因子。高高大大、肥肥胖胖，更显示着他的与众不同，他呀，就是我们班的搞笑大王——耿英杰！（开头介绍清楚了"搞笑大王"的外貌和姓名）

　　昨天，我们在学术厅上活动课——优惠与打折，耿英杰是推销商之一。只见他跑步上讲台，右手举着一个牌子，上面写着"一律八折"，他挥着左手大声说："嘿！朋友们好！大家要买我的商品咯，我的东西便宜死了！"他一出现，我们都开心地笑了。轮到他介绍商品时，他得意极了，放下牌子，两手一摊，王婆卖瓜地说："我的鲜橙多价廉物美，大瓶6.5，小瓶2.5，一律八折后就只要7.2了。"他说得眉飞色舞，真有点诱人呢！见大家有点心动了，他眉毛一挑，眼睛一瞪，满脸堆着笑，讨好地喊："快来买呀！快来看啊！我的鲜橙多比谁的都划算啦！"这一喊不要紧，胖胖的脸蛋上的肉都在抖呢！这下可好，连后面听课的老师都大声笑了。（好生动的语言，真棒！）

　　"搞笑大王"的风趣无处不在，不信你听！这堂是语文课，预备铃声响了，教室里响起了《红河谷》的歌声："野牛群离草原无踪无影……"忽然听到几个字的朗诵"无踪无影"，大家没在意，继续唱："他知道有人类就要来临。""就要来临"，又是几个字的朗诵，大家回头一看，原来是坐在那儿像铁塔一般的耿英杰在旁白，他在为大家的演唱伴诵呢！我们都开心地笑了。在大家的笑声、歌声中，他高兴得头一点一点的，身子和着节拍一摇一晃的，沉醉于自己的发明中，伴诵得更有劲了。老师看到这个场面，还高兴地夸"搞笑大王"配合得好，很有创意呢！

　　幽默、风趣、高大、肥胖的耿英杰，你是我们大家都喜欢的"搞笑大王"！

【学生评语】秦诗月：全文紧紧围绕"搞笑"做文章，写出了耿英杰的幽默、风趣，人物的神态、动作、语言描写非常生动，是一篇难得的好作文！

 例文 2

美丽的高原石头

福建　四年级　金奕

"高原石头"？还美丽？大家听后一定会感到疑惑，别奇怪，这不是一块冷冰冰的、不动的石头，而是我们有血有肉的、敬爱的石头妈妈！

石头妈妈 50 多岁了，脸很黑，并且有了皱纹，看外表，她是不美的，但我们全班同学都觉得石头妈妈美丽、漂亮！你看，她的头发短短的，已有了很多白发，微微弯曲，看起来很自然。石头妈妈的眼睛虽不清澈了，但很有神，注视你的时候笑眯眯的，让你顿时倍感亲切。

石头妈妈一到我们班上就强调要做学习的主人，我们记住了她的话。一次做家庭作业时，我自觉地写了文章的中心，第二天上课时，石头妈妈在班上表扬了我。她拿着我的作业本，亲切地对我说："孩子，来，上来！"我不好意思地走上台。石头老师用赞许的目光看着我，爱抚地摸着我的头，说："我们金奕真是学习的小主人！"说着把我搂进了怀里，我的心里像喝了蜜那样甜。

石头妈妈鼓励我们学习要有自己独特的见解，千万不能依赖别人。一次，石头老师提出了一个问题，同学们都在沉思，石头妈妈不慌不忙，让我们静静地思考。过了一会儿，她用鼓励的目光看着大家。我心里有了一点儿底，但没十分把握，颤巍巍地举起了手。石头妈妈一见，马上信任地说："金奕，请说！"我有些心虚，慢慢地站起来，说出了自己的理解。石头妈妈说："你说得很好哇！怕什么？教室就是出错的地方，说错了也没关系呢！"我们第一次听到这样的话，教室里响起了雷鸣般的掌声。

石头妈妈还给我们讲人生的哲理，让我们做实实在在的人；指导我们怎样克服困难，战胜自己，做真正的强者；让我们珍惜时间，希望我们和时间赛跑……

石头妈妈的美丽是超凡脱俗的，是我们最喜欢的美丽！所以我们要说：美丽的高原石头！

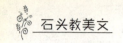

【博友评价】思梅留给金奕、许力成的诗：

学子童言赛金金，

老师神采显奕奕。

欢乐无言心默许，

执著育人鼎力成。

【博友评价】亲亲乔木：石头妈妈说："教室就是出错的地方，说错了也没关系呢！"我们第一次听到这样的话，教室里响起了雷鸣般的掌声。——赞赏，一种理念啊！

 博友文章

石头老师

北京　阳光

最近我遇到了四川绵阳的一位特级教师"高原石头"，在她的博客里我认识了她以及她的朋友，还认识了她那些才华横溢的孩子们。

我是一个麻木又有点冷漠的人。虽然取名"阳光"，但温暖不了自己；虽然给别人带来欢笑，但自己却感觉孤独；虽然喜欢"制作浪漫和快乐"，但那是一种对无奈的掩饰。自从来到了"石头"老师家里，我被老师的热情感染，我被老师的真诚打动，我敬佩老师的为人，更敬佩老师的敬业精神。在这个家里我感到快乐和温馨，在这个家里没有矫揉造作，只有质朴和纯真。我随着孩子们的作文展开我想象的翅膀。看看他们的"克隆"作文吧：

"几个小时后，克隆人出来了，她们个个都年轻漂亮、热情大方、知识丰富，除了不吃饭不睡觉以外，人品、性格、素质都和蒋老师一模一样。这5个克隆老师，我准备先放到农村去，让农村的孩子享受最好的教育资源，跟最好的老师在一起，充分地提高他们的综合素质。"

"假如我会克隆，我将会克隆一种清洁鱼。它们以脏水中的细菌、脏物、化合物、泥沙为食。默默无闻地为河流清除垃圾，还河流一个原本的面目。黄河因为有了它，已不再是'黄'河，河水清澈见底，成千上万的鱼虾在黄河安家，过着无忧无虑的生活。"

"假如我会克隆，我将克隆一种'能走路'的草，在沙漠的边缘种下这种

草，不到两周，草就从顶上长出新芽，到了一定的时间，新芽就会落在旁边，生出新的根。草的生命力极强，一直蔓延到整个沙漠，这样，沙漠就成了绿洲。"

你能想出来吗？再看学生们描写的春天：

"春天很顽皮又很神奇，她在小河上跳跳，冰化了；她在花朵上蹦蹦，花开了；她在柳枝上挠挠，发芽了；她在我们周围转转，我们都笑了……"

你不觉得他们就是一群诗人吗？这里似乎远离尘世，是一个世外桃源。在这里我的灵魂得到了洗礼，在这里我的心灵获得了宁静。我好喜欢！

2. 作文需要精品

一个物件，人们不仅喜欢品质好的，还喜欢好看的，那是精品。作文也是如此。当学生意识到自己写的心里话是有价值的，他的作文就一定会有重大的突破。他就会把自己最真实、最美好的东西展示出来，把自己的作文打造成精品，成为真正意义上的作品。这就是"作品意识"。这种作品的高度要与学生年龄相适应，达到当下的高度就可以了。当然作品意识强，走在前面的学生，精益求精地对待作品，把文字写得尽可能地好，超越他当下的那个高度，固然好。但老师不能不顾学生年龄，一厢情愿地拔高这个高度。写作学习是一次旅行，最美好的风景和快乐都在路上，在一次次地回头看见的脚印中。

【对家长说的话】对孩子的作文不要苛求，不能要求完美。孩子毕竟是孩子，作文是慢功夫。只要孩子在进步，都要鼓励。这世上没有完美的事，但我们要激励孩子始终行进在追求完美的路上。

【对孩子说的话】作文不怕精，想发表就要写出精品。精美的文章谁不爱呀？我们也不愿意看粗制滥造的东西嘛！

 例文 1

求印

重庆　四年级　高立

为了让我能写好毛笔字，暑假，妈妈把我送到书法班进行强化训练。老师要求，训练结束时每人交一幅作品参展。参展的作品必须盖章。老师还说："书法作品盖上章，就好比画龙点睛。"我长这么大从来没看见过印章，更不用说自己有。吃饭时，我把这事告诉了爸爸。他不紧不慢地说："不用着急，吃过晚饭，我们到奉节有名的篆刻家苏川颐爷爷那儿去，向他求枚印吧。""真的?"我高兴地跳了起来。

晚上，我洗完澡，换了一身干净衣服，拉着爸爸的手就走。路上我边走边想：苏爷爷是啥样? 他既然是篆刻家，会答应给我这小不点刻印吗? 这时，爸爸催促说："快走吧，苏爷爷有早晚散步的习惯，去晚了他不在家就糟了。"我连忙拽住爸爸的手向苏爷爷家跑去。"到了! 到了!"走进苏爷爷的家，果然他没在。我的心都冷了半截，但还是努力克制，耐心地等。一小时过去了，两小时过去了，苏爷爷终于回来了。他很清瘦，很精神。见到我们父子俩，他风趣地说："小高带的是小小高吧!"接着又摸着我的头问："孩子，找我有何事?"我不好意思地请求："我的习作要参加书法展览，需要盖印，可我没有，想请您给我刻枚印。"苏爷爷笑呵呵地说："能让我看看你的作品吗? 我早有准备，从爸爸的提包里掏出我写的大字。苏爷爷一边看，一边摸着胡须称赞道："写得不错! 写得不错! 老汉给你刻两枚印。"

"真的?"我简直不敢相信自己的耳朵。

"不过，我这没石头了，你去买两方石头来，明天早上送来。"我喜出望外，没想到苏爷爷不仅爽快地答应了，而且还要给我刻两枚。

早上，我到"厚爱"文具店选了两块青田印石，连蹦带跳地来到苏爷爷家，试探着说："苏爷爷，我属猪，如果您有时间，刻头大肥猪吧!""行!"苏爷爷果断地回答，"你明天晚上来拿。"

第二天晚上，我一口气跑到苏爷爷家取回了印章，迫不及待地盖在作品上一看，嘿! 多么精致，多么漂亮，小印上面的"高"字是白色，周围是红色，"立"字是红色，周围是白色。大印上刻着一头摇头摆尾的大肥猪；圆滚滚的肚上有"高立"两个醒目的字。妈妈、爸爸看了都赞不绝口，妈妈说："苏爷爷真不愧是篆刻家。"爸爸说："你可要珍惜苏爷爷对你的一片希望之情啊!"这时，我比爸爸、妈妈更高兴，我一定要练好毛笔字，不辜负苏爷爷的一片爱心。

【学生评语】李荣钟：《求印》登载于《少年先锋报》，获全国小学生作文大赛一等奖。作文题材新颖，童趣横生。他求印时犯愁的天真，苏爷爷豁达开朗，乐于助人的形象，奇特的大肥猪印章，图案生动逼真，都写得很感人。是一篇成功的习作。

 **例文 2**

爱"抠"的妈妈

重庆　五年级　王维

过去，妈妈在我心目中是个最不疼儿女的"小气鬼"。不信？我说给你听。

一个周日，我见晚上有好电影《小兵张嘎》，就对爸爸说："爸，给我一块钱。""我没有，找你妈要。"哼，要在往常，我才不去呢！因为向妈妈要钱太难了。可那天我太想看电影了，不得不硬着头皮对妈妈说："妈，给我一块钱。""干什么？"妈妈沉着脸问。"看电影。""什么？看一次电影就要一块钱，家里有电视你不看，偏要看电影，不许去看！"妈妈一毛不拔。我气得眼泪都出来了，一口气跑到爷爷家。

为这事，我好几天不理妈妈。那天中午放学，我发现爸爸和妈妈在厨房嘀咕什么。便蹑手蹑脚地走了过去，侧耳细听。

"你千万不能让维维从小染上花钱大手大脚的坏毛病。现在生活虽然好了，勤俭节约可不能忘。听说维维想订杂志，这五十元钱就给他订几份吧。"妈妈对爸爸说。

"嗯，就这样吧。以后我一定注意。"爸爸唯命是从。

妈妈，多好的妈妈啊！可是过去我总嫌她太小气，太"抠"，常惹她生气。此时，我听了妈妈的话，再也控制不住自己，猛地冲进屋去，扑向妈妈的怀里……

【学生评语】刘曼：这篇文章发表于《儿童作文园地》。作者对妈妈的评价是"抠"，但从"抠"中发现了妈妈对他思想品德教育的重视，终于发出了"多好的妈妈啊"的感叹！

第三节　精品作文是改出来的

1. 修改的依据

好文章是改出来的，"文章不厌百回改"嘛。老师要将"改"深入到作文教育中去，把"改"作为重要的作文教学工作来做。列夫·托尔斯泰曾说："写作必须不怕反复修改，必须修改十次二十次才行。"那么修改的依据是什么呢?

一是作者自省。作文写成后,认真读几遍就会读出问题。只有学生自己才最清楚明白所经历的事,最清楚明白内心的感受。他知道怎么改,才最忠实于自我的本真。

二是学生互评。学生合作互评,是解决"不识庐山真面目"的问题。小伙伴最了解小伙伴的生活,往往能发现作者自己不能发现的问题和闪光点,提出的建议也最能反映他们真实生话。这也是文学评论的启蒙。

三是老师讲评。老师讲评是在写作后因势指导。同时教授改的具体方法和指出改的路径,并示范给学生。这是有针对性地、普遍性地提高完善。

四是其他评价。我重点采用了网络评价,将学生作文发表在我的博客里,有兴趣的家长乃至国内外的博友会阅读这些作文并给予评价、鼓励和修改建议。这就拓宽了教育资源,学生得到了众多老师的指导,同时广交了朋友,愉悦了学生、博友的心情,岂不快哉。

有了修改的依据,学生会主动修改自己的文章,老师同学都不能越俎代庖。也就是把改的权力还给第一责任人——作者。作文教育要着重培养学生评价、自改的能力。我不赞成老师详细批改学生的每次作文。改,只是示范,教给方法。作文由老师精批细改,无益学生能力和心智的提高。

【对家长说的话】您可以评价孩子的作文,给予修改建议。切不可太有"爱心"帮孩子改作文,更不能帮孩子写作文,那是他的权利。

【对孩子说的话】当我们每次用心评价同学的作文,欣赏水平就会得到提升;当我们认真修改自己的作文,作文能力就会迈上新的台阶,一次一步台阶,终会登上泰山之顶。

 例文 1

姥姥家的小菜园

山东 六年级 刘方舟

姥姥家有一个小菜园,虽说面积不是很大,但里面种的蔬菜却不少。<u>一到秋天,果实成熟</u>(既然是蔬菜,不一定秋天才成熟,同时也不能说是"果实成熟"。写文章要注意前后一致,不要自相矛盾),<u>也是姥姥家最为忙碌的时候。</u>

<u>每年秋天</u>（每当蔬菜成熟的时候），我们都会去姥姥家的菜园<u>里去</u>帮忙。

记得小时候，我第一次到菜园里干活，对菜园里的一切都不熟悉，于是我就在菜园里瞎转悠（这儿写得特真实，"瞎转悠"一词用得很准确）。走了<u>大约三、四分钟</u>（一会儿），我走累了，便坐下来休息。忽然，从远处传来"汪汪汪"的狗叫声，吓得我转身就跑（这个细节很好，真实）。

"哎呀！"我不知被什么绊了一下，疼得我大叫一声。

我回头一看，咦？这是什么？我被好奇心给牵住了。那棵植物的叶子嫩绿，一片叶子巴掌那么大。我好奇地看了又看，都没看出这是什么植物，于是我飞快地跑回家问姥姥。"姥姥！""方舟呀，干嘛？""你来。""干嘛去？""你来，我就告诉你。""好，好！姥姥来。"（这段对话很好！省略了提示语，使得对话流畅、急切）

就这样，姥姥被我连哄带骗地带到了菜地里，（我好奇地）问："姥姥，这是什么的<u>芽</u>（叶子）呀，怎么没有果实？""哈哈！"姥姥笑了笑，"它呀，叫萝卜，在地里藏着哩！""地底下？"我将信将疑地说。"不信呀，你挖挖呗！"姥姥笑着走了。我从姥姥家里拿来一个小铲子，挖呀挖，终于把大萝卜挖了出来。我拿着<u>我</u>（这个"我"可以省略，一般情况下，句子里不出现两个相同的词）挖的大萝卜，<u>爱不释手</u>（嗯，准确！）。爸爸妈妈看见了，直夸我棒。

姥姥做晚饭的时候，我一个劲地让姥姥把我挖的萝卜炒来吃。<u>奶奶高兴地答应了</u>（称呼错了，此句也多余）。晚饭时，我迫不及待地放了一块萝卜在嘴里。嗯，还不错（自己挖的萝卜，就是好吃）。看着一家人分享着我的劳动成果，我的心里美滋滋的。这就是我最爱的地方——<u>姥姥家的菜园</u>（结尾点题了，好！）。

【石头的话】方舟乖孩子，石头第一次读你的文章就爱上了你，你的文章不仅真实，还很具体。通过写姥姥家的小菜园，认识了萝卜叶，还亲手挖出了萝卜。特别是"晚饭时，我迫不及待地放了一块萝卜在嘴里。嗯，还不错，自己挖的萝卜，就是好吃。看着一家人分享着我的劳动成果，我的心里美滋滋的"，这一细节和心理活动写得好！

方舟乖孩子，仔细品品老师教你修改的部分，想想修改后是不是合适一些，如有不同意见，再和老师交流。

【博友评价】凭栏仰月：看了石头老师教舟儿修改的作文，感触很深：用心如此，细致如此，准确如此。相信，所有孩子们再看了石头老师的修改后，一定会受益匪浅。希望舟儿按照石头老师的修改意见，进行自我修改。好文章

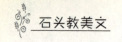

是修改出来的！

 **例文2**

方便面风波

山东　六年级　冯天慈

10 月 25 日<u>周四晚</u>，是我们在坊子实践基地的第二晚。

晚课后，到宿舍已经 8：30 了。晚饭没吃饱的婷看到铁面无私，执法严明的舍长琪还没回来，赶紧泡了一桶方便面（，）（因为宿舍里是不允许吃方便面的）。还没泡好，琪就回来了，看到方便面，立刻批评了这个做法，让婷赶紧倒掉。婷又急又气，又心疼，又惭愧，哭了。

怡愤愤地说："我去找李校长去，问问她让不让吃个方便面！"琪也不知道怎样劝伤心的婷，只好说："那快吃吧，千万别弄出味来。"打开盖，面泡得都快赶上和乐（潍坊的一种名小吃——粗面条）粗了，汤也快没了，婷吃了几口就不吃了。方便面桶在同学们手上传来传去，可真好吃啊！琪一把夺过面桶，要喝汤。喝着喝着，她尖叫起来，大家一看，她从嘴里拖出一个湿漉漉、软乎乎的酱料包来，我们都哈哈大笑起来。

馋虫已经被勾起，一致商议后，决定再吃一包。经过挑选比对，葱香排骨的味会小一些，就它了。门早已锁好，再由泽放哨（，）（听到老师来大声咳嗽），我们又泡了一包。面很快就被消灭了，馋虫也老实了。<u>我们把面桶面袋用报纸包起来踩扁装进了塑料袋，可这味怎么办？万一被巡查的老师发现扣宿舍的分怎么办？打开窗子，效果不明显，又把风扇打开，呼呼旋转的风扇吹得我们瑟瑟发抖，躲进被窝，祈祷着味儿赶紧散去</u>（这一处细节描写特精彩，孩子就是孩子）。

方便面风波总算是有惊无险地过去了。<u>在基地的第二</u>（当）<u>晚</u>，躺下后连个梦都没做，一眨眼，天亮了。

【石头的话】 好一篇充满童真童趣的文章，老师也身临其境地经历了方便面风波呢。真实的、自然的就是最美的呀！天慈，看看老师给你标注、添加的地方，稍加修改会更完美。外地人读不懂"和乐"为何物，需注明是潍坊的一种名小吃，这也是读者意识。如果把室友的对话写出来就更好了。

【博友评价】樟青：孩子们的作文一旦形成能力，就终身受用了。看到孩子们自觉作文的好习惯和出色的能力，感到特别开心，教是为了不教啊！

【博友评价】老潘：感受天慈笔下的"疯狂夜"，的确是不一般的夜晚。美文真实、生动地再现了既渴望享受美味又害怕被罚这种情境。

2. 修改的层级

对学生修改的要求要分层级对待。低年级学生，改正错别字和标点符号、话说完整、意思表达清楚就行了。中段要求用词准确、语句通顺、作文故事完整。高段要求，写前互相启发思路，写后自改互改，交流写法，把习作改得更好；讲评中互相激励，互相评议，提高作文水平。

对低中段要求不可过高，甚至对一些非原则性错误睁一只眼闭一只眼，以保护学生写作的积极性，逐步提高要求。整个小学阶段都要鼓励学生写真话、写实话、写心里话，用自己的语言表达。提倡朴实、自然的语言风格。教师的评价一定要以鼓励为主，让学生对自己充满信心。始终以乐观、愉悦的心情来写作文。

【对家长说的话】孩子的作文肯定是有问题的，并不需要把所有问题都指出来，特别是写作技巧方面的问题，您可适度"视而不见"。但一定要帮助孩子树立信心和保持长久的动力。

【对孩子说的话】好文章是改出来的，越改越精，就像妈妈揉面，越揉越有劲道。好好修改自己的习作，多多评论同学的文章，我们会一举多得。

 例文 1

花园景都

四川　五年级　李治民

花园景都位于绵阳市花园小区 B 区口，是绵阳市的一处标志性民用建筑。整个建筑群分为三座楼房，每座楼房大约 40 多米高，外观是果绿色的，东西两端点缀着黄色的<u>钢条</u>（几何装饰），南北两面镶嵌着蓝色的<u>钢条</u>（几何图案），色彩明快，看起来别具一格。

<u>我们来到</u>（多余了）花园景都的前广场。<u>广场</u>（可删去）大约有 180 多米

长，10 来（多）米宽。广场的东头有一棵移植的高大古树，听说是用 6.8 万元买来的。古树种在一个菱形的大花台里面。花台外围开满了红色的花，中间是一个翠绿的五星图案，这是由万年青组成的。古树就长在花坛的正中。（多余了）和古树一字排开的是 8 株铁树，这些铁树（可删去）种在 8 个漂亮的、粗大的木桶里面，由东到西排列得整整齐齐。广场的北面是一排枝繁叶茂的大树，南面是一个个装饰漂亮的商铺。整个广场笼罩在绿荫中，让我们感到了绿色的美。

"哇，好美的花呀！"景都平台的石阶两旁摆满了盛开的盆花。红的、紫的、蓝的、白的……五彩缤纷，好看极了。

我们沿着石阶上了平台。其实，平台就是一个绿色的植物园。贴着地面长着心状的、圆形的小草，它们均匀地盖住了泥土。草坪中有各种大小不同的树，有低矮的灌木丛，还有清高的竹子。草坪中间有笔直的，也有弯曲的小径。有的小径通向三座楼，有的通向平台中央的凉亭。整个平台一片绿色，像公园一样美丽。

花园景都，你虽然只是一处民用建筑，但是你充分展示了自己独特的美。我爱你——花园景都！我爱你，美丽的家乡——绵阳！

【石头的话】 治民，你的作文有了很大的进步，按观察的顺序将花园景都介绍得很清楚。请再认真看看老师加括号和下划线的地方，想想有什么不妥，应该怎么修改。相信我们治民会修改得更好的。

【博友评价】 一枝春信：文章按空间方位顺序写，脉络清晰。详写了广场和草坪，平台几笔带过，详略分明。结尾总结抒情，点名主旨。我认为：如果再在建筑物上花点笔墨，文章表达效果会更好……

【博友评价】 一凡：治民的文章要多练习，这样的固定景观不是很难描述的文章，注意三点：

①景观描述要有顺序。空间、视线等等都可以作为顺序，这样写就显得严谨。

②景观描写一定要有特色。要主次兼顾，重点突出，寻找到自己眼中的特色，重点描述，这样可以使你的文章层次分明，脉络清晰。

③景观描写一定要注意人文环境的描述。任何美丽的景观都不可能诞生好的文章，只有作者自己的情感才能赋予景观生命，赋予文章灵动。治民，你要多写，初期能写出这样的文章是不错的，加油！

 **例文 2**

我要克隆蒋老师

四川　六年级　杜柯

俗话说得好"太阳千千万，月亮万万千，若无良师世间依然黑暗"。我认为我们的蒋老师就是一位良师，她注重学生（我们）的人品、综合素质，让我们每一个学生都成为堂堂正正、品学兼优的人。可蒋老师就要退休了，于是我决定克隆蒋老师，让她继续造福更多的人。

我征得老师的同意，拔了一根头发，来分析 DNA。我（刚）把头发放进克隆机里要按电钮时，突然想到：克隆出来的蒋老师，年龄还是那么大怎么行呢？我又重新开始了，老师的博客上不是有她年轻时的照片吗？就按 20 多岁的老师克隆吧。忽然又有了新问题，我到底应该克隆几个？为了省事一下子可以多克隆一些，但又担心自己的技术不够成熟，万一弄出来一群怪物怎么办？经过反复思考，决定先克隆 5 个，万一是怪物还比较好控制。在克隆时我特意给每个"蒋老师"都装上了一台微型电脑，这是为了必要时，还可以通过电脑来控制她们这个电脑不是像机器人那样的。几小时后，克隆人出来了，她们个个都年轻漂亮、热情大方、知识丰富，除了不吃饭不睡觉以外，人品、性格、素质都和蒋老师一模一样。这 5 个克隆老师，我准备先放到农村去，让农村的孩子享受最好的教育资源，跟最好的老师在一起，充分地提高他们的综合素质。

这 5 位"蒋老师"果真在农村干得有声有色，随后我又克隆了一大批"蒋老师"，全放在大西北。我相信，在不久的将来，这一群"蒋老师"会干出更加卓越的成就，让大西北的教育更上一层楼！若干年后，让我们人类，成为宇宙的新秀！

【石头的话】杜柯，老师在你文中有问题的地方加了括号和下划线，仔细想想该怎么修改，相信你会改好的。

【博友评价】太阳风：杜柯同学，许多科学家和政府是反对克隆人的。当然，克隆蒋老师，是另外一回事。

【石头回复】谢谢太阳风老师的提醒！这是 12 册语文第二组作文，要求写想象作文，既要想象力丰富而独特；又要注意有益于人类，要以人类的和平、进步和健康为最高准则。

具体要求很明确：

第一，写清楚克隆什么。从这一要求看，内容相当广泛，各个方面都可以写，只要感兴趣就行。

第二，为什么要克隆它。这要求从对人类有益的角度来考虑，所进行的克隆要能够促进人类的和平、进步与健康。

题目可用给定的"假如我会克隆"，也可用补充命题"我要……"，还可以根据文章内容自己拟定题目。

孩子们对这作文很有兴趣，写了后就陆陆续续地发给了我，传上来几篇也是为了得到同行们的指导、帮助。

再一次谢谢太阳风老师的提醒，我会告诉孩子们的。

3. 修改的动力

修改的动力来自两个方面。一是来自发表展示的需求，即自我实现的需求，不论以哪种形式发表，都要发挥出孩子当下那个年龄的最好水平。发表本身有竞争，大家都想发表，就产生了修改的动力。二是想获得赞扬的需求，"我想取悦某人"。通过自己的感知来更深地认识和理解周围事物和生活。作文发表后会引起振动与共鸣，振幅越宽、共鸣越强。小伙伴都会向小作者投以羡慕的眼光，向他靠近，向他学习，作者的幸福感满满的、浓浓的，这就增加了修改的动力。

有了改的动力，修改文章就不是外在的附加作业（没有作业，优秀学生也会喊万岁），而是发自内心的"我要改"、我要再创造的需求，正如陶行知主张的"处处是创造之地，天天是创造之时，人人是创造之人"。从而形成"我要写""我要改"的良性循环，学生就会积极地写，面对自己的作文，如痴如醉、尽心尽力地改。我们作文教学的阶段目标就实现了，再也不用担心学生写不好作文了。

【对家长说的话】做孩子真诚的读者，对文中的闪光点、具有个性的精彩语言要及时回应，鼓励会产生创造力。

【对孩子说的话】改文章，要改出趣味、改出精彩、改出深意。语言要朴素、清新、写出自己有个性的语言，不要堆砌华丽的词藻。

 例文 1

又见石头老师

四川　五年级　邓凯文

今天是 2012 年 1 月 7 日，同学们刚从紧张的期末考试中解脱出来，而我却又可以和石头老师见面了，心里有一种说不出来的激动。本想写一个叫做"又见石头老妈"的题目，可一想，石头老师有那么老么？

我十分喜欢石头老师，更喜欢她的课。为什么呢？因为石头老师让我们真正体会到什么是"玩中学，学中乐，乐中有收获"。我来到美文班，一进教室，石头老师的目光就落到了我的身上。我很激动，上去就给石头老师一个大大的拥抱，石头老师笑了，笑得那样甜。

石头老师，您怎么就那么有魅力，让我们那么想上您的美文课？在学校，语文老师布置作文都是规定题目，写出一定的重点，还要规定字数，让我们回家写，而且其他作业那么多，憋得我们头疼。可在石头美文班里，几十分钟就能写出一篇优秀的美文。唉，还是我们的石头美文班好！

我爱石头美文课！更爱石头老师！

【学生评语】白璐：你的作文有许多优点，比如：运用许多的反问句来衬托出你对石头妈妈的情感，文章的细节描写表达了自己的真情实感。这是一篇十分优秀的作文，只不过还要在书写方面加强！

【学生评语】马昊：邓凯文，你好！这是我 3 年来再一次重新评美文班同学的文章！这篇文章很有感情，真正的好文章是用心写出来的。"文章本天成，妙手偶得之。"好的文章本来就在你的心里居住着，只是需要一把钥匙，开启那扇门而已。呵呵。我以前甚至连现在的"作业型作文"也是凑字数的。

第三自然段中的那个"憋"字！很精妙啊！真实地写出了我们这些凑字者的内心感觉啊！要知道，一些好的字词是可以让文章活起来的哦！

【博友评价】sunshine：对于小学生，美文不是苦思冥想的华丽辞藻的堆砌，而是这种发自内心的真情实感的流露！

瞧，凯文从紧张的期末考试"解脱"出来，见到石头老师"激动"地"拥抱"，开心地"笑"……

从原来"憋"得头疼，到现在"几十分钟"写成美文。这一切，都显得自然流畅，真的不错！要是再抓住一点详细描写一下就更好了！

 例文2

唉，真的好遗憾

四川　五年级　蒋雨辰

今天，我又来上美文课，又一次看到了石头妈妈慈祥的笑脸。

时间过得好快，一个小时一眨眼就没了，石头妈妈让我们出去休息十五分钟，还对我们说："下堂课给大家一个惊喜。"

我们都很奇怪，惊喜？会是什么呢？我想："是糖吗？因为一个同学写了'石头妈妈的课堂，就像享受棒棒糖'。不是糖又会是什么呢？是核桃吗？我看见山东的同学们写了《神秘的礼物》《开核桃的启示》……"整个课间，我一直被这个问题纠结，心里好想快一点儿上课，好知道这个谜一样的惊喜。

啊，终于上课了！也就是说，这个谜一样惊喜的神秘面纱就要揭开了！

石头妈妈对大家说："上节课，我给大家说要给大家一个惊喜，是吗？"大家都异口同声地回答："对！"我终于可以知道这神秘的东西到底是什么了！不光是我，其他同学也很期盼。

这时，石头妈妈的表情变了，变得没有那么开心了。石头妈妈从外套口袋里拿出了一张纸，慢慢地展开，念了起来。

亲爱的石头妈妈和可爱的同学们：

原谅我不能遵守这重要的承诺，我的嗓子哑了，几乎说不出话来。我不愿将生病的自己展示在你们面前。

我知道石头妈妈肯定没看到我发给她的短信，因为她进教室从不带手机，所以我在你们教室外倾听着你们开心的每一句话，同时写这张纸条。

各位美文班的同学们，你们和石头妈妈一起度过的时光也许占不到你们生命中很多的部分，但请相信，你们会受益终身。

请珍惜在美文班的时光吧！她将是你们永久的怀念！希望你们快快乐乐、健健康康地成长！

也祝愿石头妈妈身体健康！生活愉快！不要太累！

马昊　于美文班教室外

2012.1.8

原来是马昊姐姐的信啊！就是那个经常评我们作文的、被石头妈妈称为可爱的"小耗子"的姐姐啊！原来她要来我们班，和我们一块儿上课。这可真是个惊喜呀！可是，马昊姐姐病了，如果她没生病该多好啊！这样她就不用站在门外听我们上课了！

马昊姐姐，我代表整个美文班对你说：祝你的病快些好！早日康复！

唉，这次没见着马昊姐姐，真遗憾啊！

【学生评语】邓凯文：蒋雨辰你好！你的作文写得十分感人，猜测"惊喜"的心理活动写得很好。老师念马昊姐姐的信，你听得非常认真，把自己十分希望马昊姐姐来的想法写得很具体。说实话，我比你更想见到马昊姐姐，因为她给我评的作文差不多有我的正文长了。我非常感谢她！

【博友评价】印迹：我也被雨辰的文章迷住了，对自己的心理活动描写得很生动，很真实。尤其是那几个疑问句很有启发性，能引人入胜呢！

第四节　让学生走上讲台

学生学到了某些知识，具有了某种能力是需要多方位展示的，在展示中发展、在展示中提高。蔡元培主张"展个性，尚自然"，提倡"学生自动、自学、自己研究"。因为"学习任何知识的最佳途径是由自己去发现的。因为这种发现，理解最深，也最容易掌握其中的内在规律、性质和联系"。

从四年级下期开始，我就创造条件让学生走上讲台，当同学们的小老师。当然这是有竞争的，也不可太多。这激发了学生的积极性、创造性、为营造全班浓厚、活跃的学习氛围，推波助澜，使学生的进步持续向前发展。古人讲："授人以鱼，不如授人以渔"。"鱼"是客观实体，是真理；"渔"是怎样认识客观实体，是发现真理的具体方法。田荷珍教授有句名言："在讲台上讲过的话对自己的记忆是一种强化，讲授过程是对自己已有认知结构的补充完善或重新构建的过程。"德国教育家第斯多惠把"教人发现真理"还是"给人奉送真理"作为判别教师优劣的标准。为降低成本，何必奉送呢，做个优秀教师吧！

学生走上讲台，成为语文课堂的主讲者，带领同学游走于心灵和天地之间，能极大地提高自信心。学生有了自信心，就会跃跃欲试，尽自己的最大努力超越自我，走向成功。我们应向古人学习，向达到"达师之教也，使弟子安焉、乐焉、休焉、游焉、肃焉（《吕氏春秋·诬徒》）"的境界而努力吧。

【对家长说的话】孩子的潜能是无法估量的，有时反映出的能力会让大人瞠目结舌，多给孩子创造展示的机会吧！

【对孩子说的话】我们学会了什么就大胆展示，这既是检验我们知识能力的机会，也是进一步提升的机会。

下面是两位小朋友上课后，当堂写的作文。看看，多棒！

 例文1

我当老师了

四川　四年级　李识鹏

今天，我既兴奋又紧张，兴奋是我第一次当老师，紧张是我怕万一讲不好。但妈妈鼓励我："儿子，你准备得很充分，妈妈相信你能讲得很精彩的！"吃完早饭，像往常一样，我快乐地冲向美文班。

终于上课了，我高兴地走上讲台，但我的心里是忐忑不安的：一定要讲好啊！上天保佑我啊！我站在讲台上，望着台下的同学们，想起了出发前妈妈鼓励的话，是啊，为了这次讲课，在我所知道的《三国演义》基础上，我又上网详细地查阅了资料，并学老师那样写好了详细的讲稿。还怕什么呢？想到这儿，有了信心，心情平静了。我大声地说道："同学们，这节课由我——李识鹏来为大家上，这是我第一次上台讲课，请大家用点掌声，鼓励鼓励我吧……"

"啪啪啪，啪啪啪……"教室响起了热烈的掌声。

开始讲课了，同学们听得很认真，在回答问题时，同学们非常积极，第一个问题"关羽使用什么武器？坐骑是什么马？"被张博维轻松地回答了。第二个问题"关羽出生于哪里？他最爱读什么书？"可能有点难，一时间没人能回答，最后还是阿玲姐姐解决了这个难题。

当讲到关羽的传奇故事时，课堂气氛好活跃啊！同学们都踊跃回答问题，有时同学们还吵闹要回答问题，我不得不用"河东狮吼"来镇住他们。嘿嘿，也许是我准备的小奖品太吸引他们了吧！

最后我总结了这节课的主题："同学们，无论我们多么聪明、多么能干，也不能骄傲自满，要谦虚。因为'谦虚使人进步，骄傲使人落后'!""啪啪啪，啪啪啪……"教室又响起了热烈的掌声。

课讲完了，同学们对我的课十分喜欢。石头老师也夸奖我，说这堂课很有意义呢！还说我有老师的味道呢！

哈哈，我当老师了！而且当得不错哦！

附教案：

小鹏展翅"谈关羽"

四川　四年级　李识鹏

石头按语：小鹏展翅是一个很可爱的孩子，小小年纪责任心极强，不管做什么事都会尽力做好。这是9岁孩子鹏鹏为上课准备的教案，可能认真负责的老师也不过如此吧！

同学们，早上好！这节课由我——李识鹏来为大家上。这是我第一次上台讲课，大家给我点掌声，鼓励鼓励我吧……

谢谢大家！

这节课我讲的题目是《谈关羽》。关羽这个人，大家一定不陌生吧！知道关羽的同学请举手。

嗯，太棒了！大家都知道关羽。掌声表扬……

我为大家都准备了礼品哦，一会儿讲完课后，再请各组组长发给大家。

在《三国演义》中这样描述关羽的外貌："身长九尺，髯长二尺，面若重枣，唇若涂脂，丹凤眼、卧蚕眉，相貌堂堂，威风凛凛。"刘备、关羽、张飞"桃园三结义"的故事流传至今，呵呵，听说现在我们有些同学也在效仿他们"桃园三结义"，是不是啊？

下面，我提一些有关关羽的小问题，请同学们踊跃回答，答对有奖哦：

1. 关羽使用什么武器？坐骑是什么马？

2. 关羽出生于哪里？关羽最爱读什么书？

3. 与关羽一起被封为"五虎上将"的人还有哪些？

……

小问题暂时结束，下面讲一讲关羽一生的一些传奇故事：

1. 温酒斩华雄；

2. 过五关斩六将；

3. 华容道义放曹操；

4. 单刀赴宴；

5. 水淹七军；

6. 刮骨疗伤。

这些故事同学们都知道吧！由于时间关系，这些故事我就不详细讲了，下面请大家来回答问题：这些小故事反映了关羽的一些什么性格特征？

在民间，关羽被尊称为"关公"；清代光绪皇帝时被推崇为"武圣"，与"文圣"孔子齐名。历史上，各个朝代都以关羽为忠义的化身，成为教育人们忠君爱国的典范。但是，关羽的一生也留下了一些让人遗憾的故事：

1. 大意失荆州；

2. 败走麦城。

关羽骄傲自满、自负，瞧不起吕蒙、陆逊。陆逊的一封信就使关羽轻敌自大，从而大意失荆州，不仅断送了自己的性命，还断送了诸葛亮的隆中作战计划。为什么呢？因为荆州交通发达，便于粮食运输。诸葛亮几次讨伐魏国，都是因为粮食运输供应不上而以失败告终。

顺便问一个小问题，诸葛亮为了运输粮食，发明了一种运输工具？

请问：这种工具叫什么？……

如果不是关羽大意失荆州，说不定历史还会改写呢！那就不是"三国归晋"，有可能就是"三国归蜀"了哦。

所以说，同学们，无论我们多么聪明、多么能干，也不能骄傲自满，要谦虚。因为"谦虚使人进步，骄傲使人落后"！

【博友评价】鹏鹏妈：石头老师，首先致以我对您深深的谢意。谢谢您！您的鼓励让鹏儿对自己充满信心。让鹏儿走上讲台大胆地讲课，给了鹏儿很好的锻炼机会，相信这次的锻炼会让鹏儿受益一生的！

【博友评价】静水：把讲台让给学生，把时间交给学生，把课堂还给学生。学生真正成为了课堂的主人。向石头学习。

【博友评价】印迹：让学生当老师的教学设计很好，锻炼了讲课的学生，也影响了听课的一大片学生；形式活跃，能激发学生的积极性；讲课的过程就是学作文的过程，课讲完了，一篇文章也成熟了。多么生动的一堂写作课！

 **例文 2**

我们班有位京剧哥

山东　五年级　高明亮

嘿嘿，今天终于轮到我们自己上课了！真不知道今天谁来上课，不会半路杀出个程咬金——让陈彦伊回来吧？不可能，她都上初中了，哪有这么多时间，还是看看吧！

过了一会儿，石头老师给我们来了一个突然惊喜，她笑嘻嘻地说道："下面我们请王延泽同学为大家讲一堂京剧课！"顿时，我们都为王延泽热烈鼓掌。呵呵，幸好不是陈彦伊，只要不上她的课，上谁的我都无所谓。

京剧哥王延泽一上讲台就说："请大家再给我点儿掌声，好吗？"我们又给了他一次热烈的掌声。嘿嘿，想不到这京剧哥很喜欢掌声，一上台就风趣幽默，还真有当主持人的才能呢！

开始讲课了，京剧哥先为我们介绍了生、旦、净、丑的行当划分。介绍得非常精彩、详细，看来，王哥很内行，是一位真正的京剧爱好者。

接着，京剧哥又为我们介绍了余派跟佘派，都是男女互换的角色，他还讲到了其中发生的搞笑事件。可惜我是个十足的外行，对什么"余派、佘派"还是第一次听说呢！讲着讲着，京剧哥很自然地讲到了四大名旦梅兰芳等人，他们都是堂堂男子汉却演女生戏，并且演得那么好，真是不简单啊！

王延泽这位京剧哥越讲越激动，最后还为我们唱了一段京剧，可惜我不知道唱的哪段戏。京剧哥为了我们这堂课花了不少心思啊！我们又一次把经久不息的掌声送给他，大家都为我们班有位京剧哥骄傲自豪！

【学生评语】王伟健：文章好精彩！题目新颖时尚，内容丰富。详细地写出了京剧哥的特点，也坦诚地写出了自己是外行。说实在话，我也是今天才知道这些京剧的常识呢。谢谢京剧哥为我们扫盲！也谢谢你的好作品！

【博友评价】迟也快乐：老师不仅教文章，还创造机会给孩子们展示才华，让孩子们亲近多样的文化，让教育充满欢歌笑语，做得太好了！

【博友评价】sunshine：看到"京剧哥"的表演，同样想起了"歌声飘进美文班""神奇的泥塑"……正是石头这些独特的创意，大大激发了孩子们的写作热情！

第四章　灵活的基本功教学

作文：需要"养成留心观察周围事物的习惯，有意识地丰富自己见闻"，观察是为了积累生活，见多识广嘛；需要阅读积累语言，获得素养，因为"阅读是乐趣，是生活的基石，是与世界接轨的活动（雷夫语）"；需要深度思考，发现生命、生活的本质，突破原有思想的束缚，将思维的触觉伸向更远更广阔的天地；需要随机应变的能力和教、学激情。这些都是写作必备的基本功，对这些基本功要灵活的训练，不要按部就班、一成不变地机械进行。

第一节　观察与写作

1. 留心观察是为作文积粮

《语文课程标准》指出，要"养成留心观察周围事物的习惯，有意识地丰富自己见闻"。观察是有目的、有计划、持久的、以视觉为主，融入其他感觉为一体的思维的知觉。观察中包含着积极的思维活动。其目的是搜集、积累素材，为作文积粮。

观就是看。同一件事、同一个物、同一个现象，有的人看得见，那是留了心；有的人却视而不见，那是没留心；有的人只看见表面，那是观而不察；有的人不仅看见了表面，还能仔细感知里面隐藏的信息，那是既观且"察"，是思考。有的人视力正常，却什么都"看"不见，那是没有观察能力；有的盲人什么都看不见，却能"看"见许多，那是察、是感知、是思考。老师要培养学生"勤观察、善思考、会推断、促发现"的能力。

【对家长说的活】善于观察是一种能力，也是良好习惯。这种能力、习惯要靠长期的有意识培养才能逐步形成。咱们要用心培养孩子"目中有人、眼中有物、脑中有事、心中有情"的留心观察的习惯。

【对孩子说的话】孩子，观察不仅仅是用眼睛看，我们还要用耳朵听、用鼻子嗅、用嘴巴尝、用手脚触、用心灵去感受。每天我们身边都会发生许多大大小小的事，看见了、想过了、体悟了才算观察。我们从小养成了勤观察的好习惯，不仅生活处处有作文，还会受益终身呢。

 例文 1

梅溪河畔

重庆　六年级　喻辉

奉节城东有一条小河叫梅溪河。小河两岸，种着许多柳树、桃树、广柑树。春天到了，微风送来醉人的花香，清脆的鸟鸣……河畔，便成了令人迷恋的地方。

初春时节，我们来到五里碑处的梅溪河畔，眼前条条垂柳在春风中轻轻地摇曳着。仔细一看，柳枝上已吐出星星点点嫩黄的新芽，仿佛冬眠醒来，欣欣然睁开了眼。跳跃在枝头的鸟儿叽叽喳喳地叫着。看它们那兴奋的样子，活像急着要向同伴倾吐春光给它们带来的喜悦。偶尔，几只羽毛乌黑的小燕子带着剪刀似的尾巴轻快地贴着地面飞行，像田径场上运动健儿正在你追我赶地进行激烈角逐。河水欢快地流淌着，叮咚作响。水声、鸟声，还有我们的欢笑声，组成了和谐、美妙的春天交响曲。

河这边，桃花开得正旺。大红的，粉红的……仿佛是一大片火烧云。桃枝上的叶子小而且稀，枝头上的桃花因而更加显眼、鲜艳。忽然，耳边传来了"嗡嗡嗡"的响声，我循声望去。啊！那是一群群蜜蜂正在贪婪地采花粉，有的钻进花瓣环抱的花蕊，有的飞来飞去一刻不停地忙碌着。

河那边，广柑花也开了，虽然看不见指甲般大的广柑花，但可以闻到浓郁的花香。

"玩水去哟！"不知谁一声大喊，我们纷纷跳下浅水。这里的蝌蚪好多，一个个从我脚背滑过，从我腿边游过。这里的水好清，透过粼粼波纹，清楚地看见水中的石头。倘若你盯着河面注视一会儿，会觉得水中有无数颗珍珠在闪光。可你揉一揉眼，重新再看，那闪光的珍珠就没有了，但河水好像更清澈，更纯洁。

看着梅溪河畔的一切，我仿佛看到了家乡的明天，她将更妩媚，更迷人，更……

【学生评语】蔡国杰：喻辉，你的观察能力真强，你通过仔细观察，具体细致地描写了欢快的河水，吐绿的柳条，盛开的桃开，忙碌的蜜蜂……这就把河畔特有的一幅春意图展现在读者面前了。真美！

 例文2

看日出

四川 五年级 左楚霄

为了看日出，今天我很早就来到了河边。此时整座城市还沉浸在晨雾之中，河堤上的车辆很少，到处都很安静。安昌河对岸的小山、树林都只隐隐约约显出轮廓，河水静悄悄地流淌，河岸两旁的路灯调皮地眨着眼睛，好像高兴地说："天快亮了，我们要下班了！"我身后的楼房里有少数人家的灯亮了，也许他们家有人要上早班，或有孩子上学吧。

天边渐渐出现了一抹红霞，范围慢慢扩大，越来越亮，把云染成了暗红色。我知道太阳就要升起来了，便目不转睛地望着那里。

果然，不久太阳便从远处的两栋高楼之间冒出了小半边脸，红彤彤的，却并不刺眼。慢慢的，它像幼儿似的奋力地向上爬。终于，它露出了那张深红的圆脸，红的真鲜、真艳，天空也变成了橙色。瞬间，这深红的圆东西发出了夺目的亮光，射得人眼睛发痛。天空中的云有红彤彤的，也有金灿灿的，漂亮极了！一会儿，红彤彤的云霞不见了，添了几块倒着的金元宝，好像预示着人们今天要发大财似的。阳光洒向大地，晨雾一点儿也没有了。对岸的小山、树林、我身后的楼房都镀上了金色。路灯不知什么时候已经下班了。我低头看了看河水，太阳倒映在明镜般的水面，成了一个金色的彩棒；阳光照在流动的水面，映出金光闪闪的斑点，整个河面一片灿烂。河堤上的车辆多了起来，晨练的人们也来了，一切都沉浸在灿烂、祥和之中。

"日出真美呀！"我情不自禁地赞道。

【博友评价】《作文评点报》首版编辑翼枫：描写细腻、恰切。如，对安昌河及其两岸景色和楼里的灯光的描写，描绘出了日出前特有的安静、朦胧的特点；"天边……暗红色""太阳便从……变成了橙色"等再观了太阳的变化。

文章两次对小河、路灯、河堤等进行了描写，通过同一事物在不同时间状况的对比来反映日出前后的变化，更有表现力；拟人手法的运用也为文章增色不少。

【博友评价】一凡：楚霄，写这样的文章你很注意细节，文字清晰，明朗，贴切而且生动，既然开了这样一个好头，就可以适当地增加自己对日出的感想和新的一天你对生活的希望，借以振奋人心！这是文章的平衡技巧，可以帮你在考试的时候拿高分。

你用"日出真美呀"做结尾，略显单薄。

2. 留心观察，"留心"是重点

观察是人们认识世界、获取知识的一个重要途径，也是小学生写作素材积累的必然途径和写作的源泉之一。大千世界我们见过的少，没见过的多。孩子对陌生的、不可知世界的探寻，往往比熟悉的事物更有兴趣。教学中要时时勾起学生对陌生事物的好奇心。一篇新课文、一个新颖的标题、一句有趣的话……一个小物件、一朵花、一只小虫子……都可勾起学生的好奇心。咱们老师要善于利用好奇心，让学生时时处处留心。

"熟悉的地方没风景"，是指对身边常见事物习以为常，没有去发现它的真、巧、精和所隐含的信息。其实常见的事物，只要咱们留心，仍然能获得鲜明、生动、具体的感性认识。同一个事物在不同季节、不同时间、不同环境、不同地点，有不同的变化。不同年龄有不同的兴趣点、不同的心境会看见不同的精彩。被观察的人、事、物是客观的，观察则必须看到人的内心和性格、看到事物的本质和变化。

生活中处处都有可写的东西，只要睁大发现的眼睛。老师的讲课、父母的唠叨、小伙伴的捣蛋……第一次吃过的、第一次玩过的、第一次见过的，他人的精彩、自己的糗事……只要留心观察、用心感受，就会发现取之不尽的写作素材。真是生活处处有"风景"，生活时时写美文。

需要注意的是，学生身边明明有可写的东西，有时却被我们忽视，浪费掉了。生活是孩子在自然状态下有体悟的生活，而不是老师眼中"标准"的生活。老师要做的是授之以"渔"，教会学生自己去发现生活中可用的素材，即教会学生找"米"下锅。只有解决了写什么，学生才会探寻下一个问题——怎么写？

【对家长说的活】孩子的好奇心太珍贵了，他什么都想看一看，这是好事。人在很多时候，对常见的事物熟视无睹，丢失了许多信息。小学生作文都是写生活中的人和事，不论是陌生的、熟悉的、大的事、小的物，都可引导孩子留心观察。然后聊一聊，看见了什么，想到了什么，让他说清楚写出来。慢慢

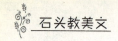

的，他会发现可写的东西太多太多。这会极大地拓宽他的知识面，提升写作能力。只是我们不必过多给他什么"主题、精神、思想"等等的要求。

【对孩子说的话】想扩大知识面吗？想多积累作文素材吗？一定要对陌生的事物有好奇心，去看看、多想想，一定很有收获；那些常见的人、事、物、地，你换个时间、换个角度、换种心情去观察，一定会发现有很多不一样。生活中吃的、看的、玩的，高兴的、不高兴的、有趣的……都是作文素材。

 **例文 1**

可爱的母鸡

四川　四年级　李琪

那年，我在乡下外婆家玩。外婆养了一群鸡，可我只喜欢其中的一只母鸡。她长得可漂亮了，红红的冠子，油亮亮的羽毛……

一天，母鸡在窝里下了一个蛋，高兴地"咯咯咯"叫着，好像在向外婆报喜，然后唱着歌儿，跑出去捉虫了。我也随母鸡一道在村边开心地玩耍。

奇怪！母鸡捉虫子回来时，发现蛋不见了，但并不关心，因为她以为是主人把蛋捡走了。第二天，外婆去给母鸡喂食时，看见鸡窝里一个蛋也没有，就气愤地说："你这只死鸡，竟然昨天没下蛋！"这时，母鸡好像听懂了外婆的话，急得咯咯咯直叫："奇怪，奇怪！昨天我明明下了蛋，怎么能说我没下蛋呢？"过了一会儿，母鸡又下了一个蛋，她没有吸取昨天的教训，还是出去尽情地玩耍、捉虫。回来时，蛋又不见了。第三天，外婆发现还是一个蛋也没有，更生气了："你这个鸡婆，要是再不下蛋，就不许吃东西了！"这时母鸡更疑惑了，她决心弄个明白。听外婆这么骂鸡，我也想搞个究竟。

这天，母鸡又下了一个蛋，她吸取了前两次的教训，隐藏在鸡窝旁的石磨里。我也藏在一个角落里，想看看到底谁偷了蛋。突然，从对面传来沙沙的声音，母鸡警惕了，注视着对面。声音越来越近、越来越响，定睛一看，原来是一条竹叶蛇，全身绿油油的，它在草地上，我们是看不见的。这蛇可大胆了，可能它急着偷蛋，游得很快，5米、2米……近了，更近了。我吓得连大气也不敢出。说时迟那时快，母鸡飞奔上去，猛啄蛇的眼睛，可蛇的反应也快，只见它偏过头，母鸡就啄歪了，一嘴啄在蛇身上。这一啄，可把蛇啄疼了，蛇张开大嘴咬鸡，可鸡连飞带跳地躲开了。我连忙大声喊："外婆，你快来呀，有一条蛇和鸡打架呢！"外婆闻声跑来，操起竹棍把蛇赶跑了。我松了一口气，问："外婆，蛇来干什么？"

"傻孩子，蛇是来偷鸡蛋的。我冤枉母鸡了，前两天的蛋是被蛇偷走了。"我恍然大悟，蛇居然能偷蛋！

"咯咯咯，咯咯咯！"母鸡大声地叫着，好像证明了自己的清白，又好像打了胜仗的将军。我急忙抱起它，用脸去蹭母鸡的红冠子，爱怜地说："母鸡，你不光漂亮，而且聪明勇敢，我非常喜欢你。"

【博友评价】一剪梅：小李琪笔下的母鸡，写得也很好，用拟人的手法写了鸡蛇大战，最后母鸡凭着智慧与勇敢战胜了偷蛋的馋嘴蛇，很精彩。

【博友评价】起之：李琪小朋友笔下的母鸡总受冤枉而有了思维——蛋究竟哪里去了，"咯咯咯"拟人化的母鸡真可爱。善于观察，写得好！

 例文2

赏 菊

四川　四年级　郭俊林

周六的下午，妈妈和我到"三国遗迹"富乐山公园赏菊。公园正门前有两株一人多高的迎客菊树，双双绽开笑容，在略带寒意的秋风中点头，好像欢迎我们的到来。

进入富乐山公园，顺着两旁摆满菊花的小路往上走，来到"芙蓉古渡"前，它像一个小岛镶嵌在菊花的海洋中，忽隐忽现，稍加留意就能看见"知鱼厅"上的那副对联"富乐山径幽、芙蓉溪渡古"。

顺势而上，我们来到了"鱼水君臣"雕像前，雕像四周的菊花清香扑鼻。刘备、诸葛亮好像正在指点江山、三分天下有其一。正当我专心入迷时妈妈在催促："儿子，前面更美呢！"我们前行到了富乐阁楼前，一条菊龙迎风而舞，菊龙的四周摆放着各种菊花：有醉荷、花红玉、国花千层、国花剑云、粉面罗汉和帅旗等等。他们千姿百态、争相怒放、美不胜收。与之遥相对望的是一个菊花做成的三足大鼎，三足意为蜀、吴、魏三国鼎立，旁边是诸葛亮发明的木牛流马等运输工具，在这里处处都能感受到三国文化的氛围。

我们来到了富乐阁的顶楼，登高远望，看见美丽的绵阳全景，整座城市掩映在绿色之中，整洁的街道，有序的车流，一种自豪感油然而生，我们的绵阳真是山清水秀。

从富乐阁下来我们到了"李杜遗韵"前，我仿佛看到了一幅田园景画，这里有朴实的农家小院、丰收的粮仓，还有一头老牛辛勤地耕地，旁边的池塘边有一位渔夫正在聚精会神地垂钓。他的邻居看来是位书生，因为他的房子取名为"书巢"，左边写着"案头三尺笔墨浓"，右边写着"帘外五更风雨冷"，不远处有一个小小的亭台，给人一种回归自然、返璞归真的感觉。

富乐山的菊展太美了，我和妈妈不仅领略了五彩缤纷的菊花，更陶醉于祖国灿烂的文化之中。

【博友评价】二胡：郭俊林小朋友的文章发表在《青少年文学》，文章洋溢着厚重的历史文化气息！学习了！

3. 观察，"察"是核心

"察以辨，以审，以有所得"，就是通过"观"到的去研究、思考、推断，从而发现内心世界的体悟、情感和由此及彼、举一反三的触动，获得一个比"观"到的更广阔的写作空间。"观"是将人的目光引向外在；作文需要的是通过对外部"观察"投射到内心的"眼光"去唤醒心灵的发现，激活写作的灵感。对同一事物的"观"，不同的人认识完全不同；对同一景的"观"，时间不同也会有不同的心灵感悟；对同一人的"观"，心情不同，角度不同，心灵的发现也不一样，这些不同就是"察"出来的感知。作文就是要写出这些"不同"。人的情感、态度、好恶和价值观也各不相同，重要的是咱们"观"到的那些东西，能引发内心什么样的情感起伏和冲突。所以"察"是观察的核心。

【对家长说的活】观察不是照相，而是"绘画"，是要描绘出观察后得到的印象，这个印象带有主观性，写作就是要写出这个印象。我们把握了这个窍门，指导孩子观察就明白了路径。

【对孩子说的话】观察要全面，描写不求面面俱到，一定要突出特点；观察不能走马观花，观察越细越会发现许多值得写的东西，特别是你发现的"新大陆"。

 **例文 1**

扫帚

重庆 四年级 蔡国杰

随着人民生活水平的提高，吸尘器已开始广泛运用。而那土里土气的扫帚还没被人们遗弃。

扫帚的确太平凡了，它不过就是用高粱须或棕片之类的东西扎成，既不贵重又不美观，但是它的品格却比吸尘器要高尚得多。

吸尘器虽然"洋气"，但太骄傲了。它阴阳怪气地对扫帚说："你身上太脏了，太丑了，哪配和我站在一起?"扫帚没和它争论，默默地躲到一边去了。扫帚只想老老实实地为人们出力，根本不想和谁争高低。

在集市上，经过人们一天的交易活动，到处是垃圾，吸尘器根本没有胆量和本领前去清除，只是躲在主人豪华的家里睡大觉。而扫帚却随着清洁工人一起走向集市，用它那宽大的脚驱赶着垃圾，直到打扫干净为止。它虽然累得腰酸背痛，弄得满身污泥，可不叫一声苦。就这样长年累月地干，它身体越磨越短，越来越憔悴，却毫无怨言。貌不惊人的扫帚啊，你给了我多少启迪。我喜爱扫帚，更爱具有扫帚精神的人。

【学生评语】刘永丹：这篇文章登载于《读与写》。作者选择司空见惯而又不被人们重视的扫帚为写作对象，选材新颖独到。赞美了扫帚长年累月、毫无怨言地扫除垃圾，工作完毕又默默地躲在一边的无私奉献精神。

 **例文 2**

老师的春装

四川 六年级 黎颖

一年之计在于春，春天的到来不仅仅从花草树木那儿得到消息，还可以从我们敬爱的老师那儿知道呢！

周一的早上，我们在校门口等着开大门，只见老师穿着深蓝毛衣、牛仔裤、乳白色运动鞋兴冲冲地走来了。哇！我们的老师换春装了！大家高兴得一拥而上，"老师，您真精神！"

"开始我还不知道是谁呢，定睛一看，原来是您。您这身衣服真漂亮！"

"老师，您今天的穿着令我们大家眼睛一亮！我们很希望您穿得漂亮一些！"大家七嘴八舌地夸老师，她反而有些不好意思了，有点儿羞涩地说："你们该不是给我提意见吧，平时我太不注意穿着了。"

"就是，您总是穿那么两套衣服，我们都看腻了。""我们都想您打扮得年轻靓丽一点儿。""您的博客做得那么漂亮，衣服也该那么漂亮啊！"

"好，好，好，我虚心接受你们的意见。可你们得给老师当参谋，老师不知道买什么衣服好呢。""好咧，您买衣服时可得叫上我们！"我们兴奋得不可开交。

学校大门开了，我们和老师一起快步登上六楼，走进教室。坐定以后，我还在观察老师的春装，深蓝色毛衣、牛仔裤、乳白色运动鞋，它们不仅仅代表春天来了，更彰显了老师永葆青春的精神。我心里甜甜的，开始大声朗读。新的一天学习生活又开始了，我们和老师一道都很珍惜春日的时光，一年之计在于春，一日之计在于晨嘛！

【博友评价】董云美：这篇文章真棒，句子清新秀丽流畅，"夸""议""看"老师的衣着，把对老师的爱，对春天的希望完美结合。好样的文笔，莫骄傲喔！

【博友评价】如愿：可爱的孩子们，让人钦佩的老师，良好亲切的师生关系缘于教师个人的人格魅力。一年之季在于春，让我们也装扮自己的春装，为这个春天带来一些绿意，更为学生带来一份惊喜与快乐！

第二节　阅读与写作

1. 阅读是为作文添彩

雷夫说："阅读是乐趣，是生活的基石，是与世界接轨的活动……热爱阅读的孩子将拥有更美好的人生。"

阅读的内容有两大方面：一是文字，二是生活。阅读的功效也有三个方面：一是建德立言，二是获取知识，三是学习写作。

学习写作不仅仅要读作品的文字，让自己的心灵敏感、认识深刻、思想升华，更要读字里行间、文字背后作者的写作思路、表达方式等等。如不重视后者，文字读得再多，只能获取知识或知道更多故事。有的人喜读小说几十年，却写不出一段文字就是证明。从这个角度讲，阅读是为写作服务的，写是目的，读是手段方法。从一年级开始我就培养孩子的阅读兴趣，引导孩子广泛阅读，从简单的看图说话开始逐步到报纸、杂志、文学名著和各类科普、人文著作，只要对孩子有正能量的都推荐他们读。实践证明爱读、会读的孩子作文能力都强。

【对家长说的话】陪着孩子读书，营造家庭阅读氛围是培养阅读兴趣的好方法。孩子读了让他讲出来，既可培养阅读兴趣，又可提高口头表达能力和写作水平。

【对孩子说的话】广泛阅读可让我们知道好多的新鲜事儿，爱读爱讲，我们就会成故事大王。读多了，积累多了，知识也多了，想法也会越来越多，思维就会越来越灵活，写起作文来就会更流畅。

 例文 1

读书·品书

四川 五年级 王亚楠

许多家长要求孩子多读书，把书中的内容记在脑中，死记硬背不是有效的办法。

有学问的家长都要求孩子品书，先把一本书快速浏览一遍，接着，细嚼慢咽，把书细细品读一遍，自然就记住了书中的内容。

我想检测一下后者是否真的更有效，于是我找来两本名人名言，分别发给弟弟和妹妹，弟弟选择了读书，妹妹选择了品书。我让他们用10分钟读完1～5页，并且能说出一些名言和作者。我知道他们平时对这些名言不熟悉，也不可能知道作者是谁。"开始！"我一声令下，弟弟翻开书，眼珠飞快地转动着，妹妹翻开书，把1～5页的内容看了看，接着又翻到前边，一边轻声读，一边仔细想，5分20秒时，弟弟得意洋洋地说："我看完了！"于是，我收回了他的书，9分28秒时，妹妹胸有成竹地把书交给了我。我翻开书第2页，选了一句鲁迅的名言："横眉冷对千夫指……"没等我念完，妹妹就抢着说："俯首甘为孺子牛。作者，鲁迅！"弟弟却支支吾吾说不出话。

一连考了好几条都是这样，弟弟不得不垂头丧气。我忙安慰他说："别伤心，不是你错了，是你选择的方法错了，以后读书要慢慢品，这样品书效果好，会记得更牢。"弟弟听了连连点头。

同学们，看来品书比读书更好，我们以后读书时，别贪急，细嚼慢咽，细细品读，这样就能够事半功倍呢！

【博友评价】阳光：亚楠，你的品书很有意义。我们很多人只是为了读书而读书，真正能做到品的人不多，真应该好好读一读你的文章，学一下如何品书。

【博友评价】海滩小脚印：《读书·品书》以一件小事证明了两者的差别，给人以很深的启示，劝诫我们不光要读书，更要品书。

 **例文2**

心灵的震撼

——读《高贵的捐赠》有感

四川　六年级　庞清月

今天，我本在聚精会神地看电视，可妈妈在这时给我推荐了《意林》中的一篇文章《高贵的捐赠》，开始我不愿意读，可在妈妈的"逼迫"之下，不耐烦地读了起来……

"她拉过满脸泪痕的因为烈火永远失去了妈妈的翔子的手，然后郑重地、小心翼翼地将她母亲的手交到翔子的那只小手上，她的脸色苍白，咬了咬嘴唇，再咬了咬嘴唇，然后下了很大的决心似地说：'翔子，我将我妈妈捐给你了，你以后有妈妈了。'说完这句，她的眼泪就顺着脸颊淌了下来，然后嘤嘤地哭出了声，转身跑开了。她的母亲追出人群，来到小女孩的身边，小女孩抬起头来，满是泪花的双眼定定地看着她的母亲，然后怯怯地说：'妈妈，不，翔子的妈妈，我不是想将你要回来，可是，我还是想亲你一下。你别告诉翔子，偷偷地让我亲一下好吗？'她的母亲一把抱住她，眼里噙满了眼泪，满脸都是幸福而又骄傲的神情，疯狂地吻她……"（引用的文章最感人的段落，好！）读到这里，我的泪水盈满了眼眶，我的心灵受到了极大的震撼！文中的小女孩，是一个仅仅四五岁的小女孩呀！母亲就是她的世界呀！小女孩居然做出痛苦的决定，愿意将自己的母爱捐赠给别人，让别人快乐，让自己痛苦。

（多真切的感受！）

女孩一开始不懂得什么是捐赠，经过妈妈循循善诱的开导："要把自己最宝贝的东西送给别人，而且永远不能收回……"她懂得了捐赠的含义：就是把自己最心爱的东西永远地送给别人。可是，在她幼小的心灵里，不知道妈妈不是物品，是不可以捐赠的。她只知道妈妈是她最心爱的、最宝贝的。所以才有了那个催人泪下、震撼人心的捐赠，这充分体现了小女孩的妈妈是高贵的妈妈，小女孩对妈妈的爱是多么的深，小女孩的心灵是多么的纯洁和高贵，她是多么的可爱，多么的天真。她经过了一而再，再而三的考虑，才做出了艰难选择。面对别人的灾难，一般人的捐赠就是微薄的关爱和同情，她却献上了她的整个世界。（好文章处处照应！）

而我却是属于一般人之列，别说是母亲，就是我最喜欢的衣服，小了，穿不了了，母亲说拿去送给别人，可我仍然舍不得，说要留下来做纪念。一件衣服能和母亲相比吗？我的内心是多么狭窄啊，小女孩的心有天空、宇宙那样辽阔，她的心胸是我的多少倍呀！无法估计，几千倍、几万倍、几亿倍也说不一定呀！（孩子的语言，纯真！）

平时老师夸我是最善良的。可今天看了《高贵的捐赠》才知道什么才是真正的善良，什么叫高贵。小女孩高贵的妈妈，在小女孩幼小的心灵里播下了爱的种子，开出了高贵的花。小女孩的世界充满了爱，会一生幸福的！

【学生评语】 付韵雪：庞清月这篇读后感写得非常好：

①引用的是最感人的片断，自己感受最深的地方；

②抓住最感人的地方联系自己的思想，重点谈感受、体会；

③谈感想部分深刻、情真意切，很感人。

2. 教材阅读是学习读的方法

语文课本中的文章是学生学习的范文、是例子，通过它可以领悟作者的写作方法。在阅读中学写作，在写作中提高阅读的能力，这是最好的途径。正所谓"怎么读比读多少更重要"。

怎么读呢？朱熹有"三到，心到、眼到、口到……三到之中，心到最急，心既到矣，眼口岂不到乎？"的读书真经，我们继承使用就好了。我的方法是"读通、读懂、读出味道"，也就是大纲对朗读的要求：正确、流利、有感情。这三个层次，第一、二层次不赘述了。

怎么"读出味道"来？让学生读词语也好，读句子也好，要围绕内容"心到"展开想象。让学生想象词语句子所呈现的画面，想象一幅画，一个情景

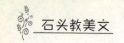
……感受其中的美，这样自然而然就读出感情来了。无需老师多讲，用不着技巧上的指导，学生一点就透，只要你点得对，点得准，立刻见效。同时根据不同的文章内容来把握音调的高低、声音的长短、语气的轻重等，就更有滋味了。要提倡个性化朗读，让学生带着自己的理解来读，使之养成习惯。长期坚持这样的训练，学生既学会了阅读方法而且语文功底也会扎实下去，作文水平就会得到提升。写作时不仅作文内容的画面呈现在脑海中，而且语句优美，想象也丰富，自然而然就写出了好文章。

【对家长说的话】在家听孩子摇头晃脑地读书是种享受，父母的欣赏更能激发孩子的朗读兴趣。听孩子读书还会活跃家庭气氛呢。

【对孩子说的话】有滋有味地读书，我们的阅读水平提高得更快，书读百遍，其义自现。把书读出味道来，那真是诗人、作家、画家、神仙的感觉，多惬意啊。

 例文1

林则徐请客

重庆　六年级　李周

　　林则徐53岁那年，受道光皇帝差遣，到广州担任湖广总督，查禁鸦片。住在广州的英国领事查理很想摸摸林则徐的底细，便在领事馆设宴请林则徐。

　　林则徐来到领事馆赴宴，宴会最后一道菜是甜食冰淇淋。林则徐见冰淇淋在冒气，以为很烫，所以吹了吹才放进嘴里，引得外国人满堂哄笑，林则徐受到了奇耻大辱，他强压怒火，不以为然地说："这玩意儿看似很烫，实际内里是冰冷的，我算上了一次洋当！"

　　不久，林则徐在总督府设宴回请英国人。一道道中国名菜端上来了，外国人狼吞虎咽，都说中国菜好吃得没话说。这时，一个贼眉贼眼的外国人说："菜倒不错，可少了甜食！""有，上甜食！"林则徐话音刚落，一盘槟榔芋泥端上来了。外国人都迫不及待地用勺子舀起来往嘴里倒。结果烫得呼天喊地，"哇哇"乱叫，有的想用手把槟榔芋泥掏出来，有的捂着嘴直淌眼泪……这时，林则徐不动声色，若无其事地说："这槟榔芋泥看似冰冷，实际滚烫，吃时要小心，不要烫了喉咙，吃亏哟！"外国人听了目瞪口呆。

在座的外国人这才感到林则徐是个不好对付的中国官员。

【学生评语】金彪：李周同学抓住了故事要点，理解了内容，把事情的起因、经过、结果都叙述得很清楚。

 **例文 2**

真正的人生
——读《秋天的怀念》有感

四川　五年级　向林豆

"又是秋天，妹妹推着我去北海看了菊花。黄色的花淡雅，白色的花高洁，紫红色的花热烈而深沉，泼泼洒洒，秋风中正开得烂漫。我懂得母亲没有说完的话，妹妹也懂。我俩在一块儿，要好好活……"这是《秋天的怀念》一文中的最后一段。

作家史铁生在遭受了接二连三的致命打击后，终于懂得了母亲临终前那没有说完的话："我那个有病的儿子和我那个未成年的女儿，要好好儿活，好好儿活！"他和妹妹顽强地活下来了，像淡雅的黄菊花，平平凡凡地生活，平平淡淡的生命同样是珍贵的！他和妹妹也像白菊花那样活得高尚纯洁。他们像菊花在秋风中"泼泼洒洒"，活得潇洒自在，不被困难打倒！他们像各种菊花一样活出真自我，活出了自己的味道！活出自我，活出尊严，活出个性，更要活得潇洒，笑对苦难，这就是真正的人生！

虽然我还小，在人生的道路上才起步，但从《秋天的怀念》一文中，我知道了人生有很多苦难，有的苦难会使一般的人绝望，走上不归之路，但真正的人生必须面对这一切！因此，我会正确对待学习中的困难，生活中的矛盾，社会上的竞争。我会在平平凡凡的生活中磨练自己，即使在很恶劣的情况下也要像史铁生兄妹那样坚强地活下去。像秋风中的菊花那样，活出自我，活出尊严，活出个性，更要活得潇洒，笑对苦难，品尝真正的人生！

【博友评价】阳光：林豆，一篇《秋天的怀念》让你读出了这么多的东西，又洋洋洒洒写了这么多。

你说得对，人生的苦难，可以使人坚强，帮人成长。我真诚地希望小林豆能够笑对人生，潇潇洒洒！

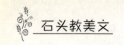

石头老师，可以想象，一篇文章您讲得有多精彩，也可以想象您下了多少功夫。阳光从这里学到了很多。

【博友评价】一枝春信：《秋天的怀念》一文结尾意味深刻，特别是对菊花的描写和那句："我俩在一块儿，要好好活……"林豆同学体会得好，能联系这句谈人生，谈苦难，这样，学本文的目的便达到了。老师拓展延伸恰如其分。

3. 课外阅读是扩大视野

局限于阅读课本只能养井底之蛙。当学生通过范文学会了读的方法，即"得法于课内"，就要拓展课外阅读空间。鲁巴金曾说："读书是在别人思想的帮助下，建立起自己的思想。"课外阅读是扩大视野、增加知识量、体悟作者的表达方法、发展自己个性化的语言、启发自己的写作方式，即"得益于课外"。这就要引导学生读进悟出，读写结合，口读心想，心想手写，我手写我心，写出自己的体悟和认识。为提高作文水平，阅读是必须的，正如狄德罗所说："不读书的人，思想就会停止。"没有阅读就没有思想的升华。

在语文教学中，当学生读懂课文意思后，就要引领学生去弄明白，课文的意思是如何随着语言的铺展表现出来的，即作者的写作方法。正如梁启超先生的观点，"读"的目的主要是为了提高"写"的水平，"读"的重点在"写"的规律和法则上。

【对家长说的话】您可带孩子上图书馆、书店，置身于热爱阅读的人群，感受读书的氛围，对孩子的价值观形成是有益的。现在书太多，外观也很奢华，但那与内容无关。为了孩子用最低的时间成本，读更多的好书，选什么书我们可要当好参谋，把好关哟。

【对孩子说的话】一个故事、一本书，先读懂意思，同时体悟作者为什么这样写。同一个故事，我们会怎么写呢？我们会用几种方法写呢？

 **例文1**

我和书

重庆　六年级　朱开磊

我和书有不解之缘。自从会识字后，我便酷爱读书，许多年过去了，浓厚的兴趣丝毫未减。我虽称不上是博览群书，但阅读的范围是比较广的，获得的知识自然也是多方面的。

记得我最先爱上的是童话和科幻卡通书。它们不仅给我的课外生活增添了许多乐趣，还丰富了我的想象力。但这些毕竟只是个五彩的梦，不是现实，幸福需要自己去追求！

随即入迷的是作文书，那上面一篇篇生动、精彩的作文，令我羡慕不已。都是同龄人，为什么他们能够写得这么好，而我却写不出。我暗暗下决心：决不能落在人后！在吸取别人优点，积累优美词句后，我的作文有了很大的飞跃。

古典名著也很有意思，《三国演义》《西游记》《水浒传》《红楼梦》这四大名著我都读过。其中最为佩服的自然是运筹帷幄、决胜千里的诸葛亮，武艺超群、一身是胆的赵子龙和神通广大的孙悟空了。我当时还有一个想法：为什么这些书的难字不注上拼音，慢慢查字典实在太麻烦！

幼稚的我曾有一段时间陶醉于武侠小说之中。看过的总有二三十来套。可大都千篇一律，这使爱好新奇的我厌倦了，真正武功盖世，处于不败之地的"大侠"根本不可能有。待我清醒过来，才发觉浪费了这么多精力，收获实在太小。只有八个字我记得很清楚——"为国为民，侠之大者"！

散文给人一种清雅的感觉，虽然没有那许多华丽的词句，却是意味深长，包含着许多哲理，也很值得一读。

书，是人类智慧的结晶，里面的知识是无穷无尽的，我和它永远是好朋友！

【学生评语】罗滔：本文通过写"我和书"的事，表达了作者爱读书的思想感情和由"博览群书"到有选择地读书的进步。文章写得很生动，抓住了要点，对读每一类书的得失作了总结，是篇好文章。

 例文2

马蹄莲也评《石头记》

山东　五年级　孟晨曦

"开辟鸿蒙，谁为情种……"这是一本为女性写的书，它梦的是女性，写

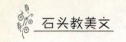

的是女性，感的是女性，吟的是女性。

《石头记》的伟大，在于它是一位懂得感恩的诗人所写。他用他最后的生命，去感谢那些爱他的人，如柳湘莲、蒋玉菡、秦钟、水溶……还有那些有补天之才、无补天之命的女孩们。红楼梦的伟大还在于与另外三部名著的不同。《三国演义》的刘备说："兄弟如手足，妻子如衣服。"《西游记》中不是女魔鬼就是女强盗，《水浒传》更是如此。由此就可感受出《红楼梦》的伟大。

红楼诸钗中有几位女性尤其突出。例如，辗冰为土的林黛玉，重花之冠的薛宝钗，胸怀天下的贾探春，倾国倾城的秦可卿等等。

林黛玉用一句话形容就是，一树梨花春带雨。林黛玉是最诗意的一个角色。作者形容她，一双似蹙非蹙笼烟眉，一对似泣非泣含露目。没有一句写衣服，写表情，却把一个神仙姐姐展示在了我们面前。人长得好，文采也不差。"偷来梨芯三分白，借的梅花一缕魂""寒塘渡鹤影，冷月葬花魂""无风仍脉脉，不雨亦潇潇"更是目无红尘，境界绝高。连抽签，都是"莫怨东风当自嗟"。

《红楼梦》很有趣，为什么呢？因为它引用的神话是女娲补天。男人打碎了天，却要女人来补。而红楼梦里最有补天之才的，就是三丫头——贾探春。探春是我最喜欢的角色，因为我知道，生活中不能做林黛玉，因为困难不会因为你哭泣而变得诗意起来。贾探春是最懂得绝地反击的。她是庶出，有一个特别没有用的妈妈。在探春理家时，本来她治理得井井有条，却被妈妈三番五次闹得鸡飞狗跳。还有一次，有一个大户人家来选亲，本来挑中了探春，却又因为得知是庶出后不要了。但是三丫头很幸运，最后做了柬埔寨王妃。因为直到最后一刻，她还在努力，她用自己的"补天之才"救了自己，也让她们家逃过一劫。只要有她，就有充满正能量的感觉。

还几位女性，如尤三姐——揉碎桃花红满地，玉山倾倒难再扶。她讨厌男人的低俗，用毁灭的形式完成自己。如王熙凤，聪明厉害，精明干练，男人万不及一。再如史湘云，开朗豁达，如秦可卿风流灵巧。这些都是作者生前最牵挂的人。

看红楼，看世态炎凉；读红楼，读世事沉浮；品红楼，品儿女情长；思红楼，思不尽的红楼趣事。

【博友评价】张敏：你的文章议论部分雄辩有力，读书功力可见一斑，与同龄人相比确有深度。建议你能读一下原版的《石头记》，有了自己的观点之后再读脂砚斋评的《石头记》，相信悟性极高的你对这部不朽巨著会有更深刻的感悟。

【博友评价】无妄清清：一名活泼可爱的小学生写出这么精彩而有自己独到见解的评论，确实出乎意料。曹雪芹没有写完《红楼梦》。每个人读《红楼梦》的时候心中会有不同的结局。学到不同的东西，感受不同的世界。读书最大的好处是读到了属于自己的东西。

4. 阅读生活是修炼认识能力

"社会即学校""生活即教育"，要提高写作能力，还需培养学生学会阅读生活。就是通过观察去思考去提炼生活中的人、事、物、地所蕴含的价值、彰显的意义或折射的光辉，即生活的精神意义、有趣的延伸、智慧的启迪。正如鲁迅先生说的："要用自己的眼睛去读世间这一部活书。"这和前面讲的对生活的观察有一定联系，但要求更高了。我们必须让学生明白，写作文就是写自己，写自己的生活，写自己的思想和感情。要让学生写出"真文章"，就要将作文教育与生活实践紧密联系起来，让学生生活"语文化"。在学校、家庭、社会、自然生活中，养成时时学语文、处处用语文的好习惯，从而提高学生的写作兴趣和水平。学生作文将因生活而情真意切，这就是"阅读生活"的精要之处，这就是"语文学习的外延与生活的外延的相等"。其实质是阅读人在生活中的体验与践行。只有这样才能使生活"语文化"，也只有使生活"语文化"，才能使文章成为生活的写真和再现，而不是痛苦的编织。

【对家长说的话】生活才是写作的真正唯一泉源，读物也是来源于生活。我们要引导孩子去理解生活中的人、事、物、地的真正意义。即"读进悟出，读写结合；眼'读'心想，心想手写，写出真见识"。

【对孩子说的话】我们看见的，不一定是懂的，阅读生活就是进一步理解我们看见的。认真阅读生活我们就懂得越来越多。

 例文 1

可怜的小表姐

重庆 六年级 邓莹

去年寒假，我到乡下的二爷爷家去玩，在那儿，我结识了比我大一天的小表姐。她只有十一岁，黄黄的头发，水汪汪的眼睛，模样虽俊俏，却没有我脸上的红润。

小表姐一天忙到晚，早晨天不亮就起床做早饭，饭后又上山打猪草，背一背猪草回家后又忙着砍、淘、煮。把猪喂饱后又是做午饭的时间了。下午还得到山沟里去洗衣服。我见她忙得喘不过气来，就和她一同去洗衣服，我们边洗边谈。

"表姐，我怎么没看见你做作业，难道你们老师不布置寒假作业吗？"

没想到表姐的眼泪滴滴嗒嗒地掉了下来。她抽泣着说："爸爸妈妈不让我上学，说男子读书中用，女娃子读书不中用。即使读得书，将来也是别家的人，送我读书划不来。"说完，她哭得更伤心了。

我很气愤，却不知道怎么安慰她。洗完衣服，我默默地跟她回了家。刚踏进院门，表弟端着枪，跑了过来，威风凛凛地说："投降！缴枪不杀！"表姐瞥了他一眼，朝院中走。"怎么？不投降就想溜！"表弟穷追不舍。我气不打一处来，顾不得自己是客人，厉声喝道："你少得意！别人一天忙得不可开交，谁有心思和你开玩笑！"没想到这八岁多的虎虎墩墩的"男子汉"一下就哭了。表姐一见连忙哄道："弟弟别哭，弟弟别哭！莹姐和你开玩笑。我投降！我投降！"说完举起了两只手。这小东西破涕为笑，还朝我扮鬼脸。

吃饭时，表姐从没上过桌。一天，我实在忍不住了，问二爷爷："表姐怎么不上桌吃饭？"表弟抢着说："女娃子容易在桌上出丑，不让她来！"二爷爷笑眯眯地补充道："女娃子嘛，生来就该在灶头上吃饭。"

我听了心里真不是滋味。在今天的农村，居然还这样重男轻女！

【学生评语】蒋丹：作者通过头发黄黄，脸没有红润的小表姐与虎虎墩墩的小表弟的对比，反映了中国农村仍有重男轻女的封建意识，这是为什么呢？笔触涉及妇女解放的社会问题，立意深刻。这篇文章发表于《少年先锋报》。

 例文 2

商店见闻

重庆 六年级 秦曦

这几年，个体小商户如雨后新笋，一个接一个地冒出来。奇怪的是，国营商店似乎一年比一年少，生意一年比一年差，为什么会这样呢？我未接触过社会，当然还不明白。可有这么一件事，使我似乎明白了什么。

有一天，我和妈妈到国营糖果店买东西，几位售货员正兴高采烈地聊天。只见她们满面春风，手舞足蹈。瞧那位烫卷发的阿姨，一边修指甲，一边说得眉飞色舞，不时发出一阵阵笑声，引得顾客好奇地看着她。看到这位阿姨的形象，我觉得有些不舒服，撇了撇嘴。

我和妈妈打算买东西时，一位农民打扮的伯伯走到柜前，喊了几声："我要买一袋蛋糕！""卷发"好像没长耳朵似的，继续谈笑风生。

这位伯伯见没人答应，便向前凑了凑，提高嗓门说："同志，买袋蛋糕！"

这时，那位"卷发"放下指甲刀，一边抚弄光亮亮的红指甲，一边慢腾腾地站起来，伸了个懒腰，晴转阴了，双眉一皱，眼睛一瞪，脸顿时拉得有三尺多长，说话像狂风暴雨："嚷什么，烦死人了，看不见这儿有事吗？懂点礼貌嘛？买什么？快说！乡巴佬！"

伯伯连忙小心翼翼地说："买一袋蛋糕。"

"卷发"连眼皮也没撩，从柜底顺手拿起一袋蛋糕，往柜台上"啪"的一扔，"给你。拿钱来，四块九！"说完眼一斜，嘴一撇，下巴一仰。嘀，表情可真够丰富的！

伯伯付了钱，拿起蛋糕摇摇头，一边走一边说："真是花钱买气受。"

看着这一切，我和妈妈心里真不是滋味，我抬头望了一下那"顾客至上"的牌子，觉得它那么刺眼……

【学生评语】吕文斐：本文通过写一位国营商店售货员对顾客冷冰冰的态度，揭示了国营商店生意冷淡的原因。文章条理清楚，爱憎分明，有真情实感。

5. 阅读是为写作服务的

培根说："阅读使人学问渊博，讨论使人反应敏捷，写作使人思考精确。"写作是语文素养的综合体现，一个能阅读的人不一定会写作，一个会写作的人一定会阅读。学生的写作能力提高了，阅读能力必将提升。"劳于读书，逸于作文。"读是劳作是吸收，写是倾诉是收获。从这个意义上说，阅读是为写作服务的。读是为接受感情的审美熏陶、是为发现写的规律和法则，阅读就是指向"写作"的阅读了。这样的阅读肯定会发生质的飞跃，学生的阅读将不再仅仅停留在文字里，还会读到行间和纸的背后；也不仅仅局限于内容，而是从内容的理解同时走向内容的呈现。正如肖川教授的观点：写作会提升阅读的品质；写作会使人更加用心地去品味生活；写作会帮你梳理思绪；写作会帮你深化认识；写作能使你提升口头语言表达的能力；写作会提升生活的品质，使你

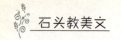

更具成就感。

【对家长说的话】写作是学习语文的核心任务之一。写作是语文学习的综合呈现，在家中多关注孩子的阅读和写作是同等重要的。

【对孩子说的话】读和写是兄弟，不读不会写，会写了就会读得更好。记住：只读不写眼高手低，只写不读写也写不出，又写又读硕果累累。

 例文 1

读书，让我们的人生更丰厚

山东　八年级　陈彦伊

尊敬的领导、老师，亲爱的同学们：

早上好！

今天我演讲的题目是《读书，让我们的人生更丰厚》。我们知道，一个人的生命是有限的，那么怎样才能让有限的生命充实富有、多姿多彩，怎样才能提高生命的质量，让人生更丰厚呢？那就是读书。因为，书籍是前人劳动和智慧的结晶，是人类文明和进步的印迹。它是我们获取知识增长才干的源泉，是传承文明弘扬美德的宝典。一本好书就是我们的良师益友，读到一本好书，就像坐上一艘远航的船，它将带领我们从狭隘的江河驶向广阔的海洋。

作为学生，广泛阅读课外书籍不仅可以开阔视野，增长知识，养成良好的自学习惯，还可以进一步巩固课内学到的各种知识，提高我们的认知能力和作文水平。读书还可以使我们更加睿智，看待问题更加深刻。

同学们，作为高新国际学校的学生，我们不能只满足于考试成绩的优秀，要努力使自己成为一个高素质、宽视野、强能力的国际化创新型人才。每一个同学都要在书的世界里，拓宽自己的视野，寻找自己的梦想，构建自己的生活，陶冶高洁的情操。有的同学也许会说：功课那么重，作业那么多，哪有时间读书？其实只要你愿意读书，就不愁没有时间。这正如鲁迅先生所说的："时间就像海绵里的水，只要你愿意挤，总是有的。"鲁迅自己就是把别人喝咖啡、闲聊天的时间，用在了读书和写作上，取得了举世瞩目的伟大成就。我们完全可以利用课间休息、作业做完以后、睡觉前的点滴时间和双休日节假日来读书。每天哪怕只是读半个小时，二十分钟，也是很可观很可贵的，因为积水可以成海，积沙可以成塔，积少可以成多啊！

亲爱的同学们，时光易逝，青春难得。静下心来，捧起书吧！失意时，雪莱会告诉你"冬天到了，春天还会远吗？"；彷徨时，但丁会鼓励你"走自己的路，让别人去说吧！"；浮躁世俗时，诸葛亮会提醒你"淡泊以明志，宁静以致远"。同学们，少上两次网，少打两回游戏，少扯一会闲天吧！趁着年轻，走进书的世界，多读书，读好书，让自己的人生更丰厚更高尚更精彩！让高新国际学校永远书香四溢，人才辈出！

谢谢大家！

【博友评价】我从远处归来：失意时，雪莱会告诉你"冬天到了，春天还会远吗？"彷徨时，但丁会鼓励你"走自己的路，让别人去说吧！"浮躁世俗时，诸葛亮会提醒你"淡泊以明志，宁静以致远"。这孩子引用恰到好处，说得真好！

 **例文 2**

我的中国梦

山东　七年级　王延泽

人人心中都有一个梦想，我也不例外，我的梦想既不是当举世瞩目的伟人，也不是当功成名就的科学家，我的梦想很简单，就是每个中国人拿自己的母语当回事就行了。

前几天语文老师为我们上了一节关于爱国情怀的课，使我感触颇深，其中最触痛我的不是日军侵华的暴行，而是中国的母语已接近边缘化。

个人认为，汉语是世界上最优美动听的语言。"大漠收残阳，明月醉荷花""停车坐爱枫林晚，霜叶红于二月花"多么诗情画意的句子，组成的仅仅是几个不起眼的汉字。

而现在，且不说别的，只是看看现在学生的语文水平，就足以令人担忧，一篇文章，错字连篇，语句不顺，前后矛盾……而这些现象，在各中小学却十分普遍。这可是一个个土生土长的中国学生写的啊！

再来说说一件听完让人无语的事件，《狄公案》大家都熟，但很少有人知道它的作者是谁，一个地地道道的荷兰人！狄仁杰，一个在中国家喻户晓的名字，但它的故事却让一个外国人来描述。中国人啊，我们民族文化的传承都无法延续，更何谈发扬光大？

假使有一天，帝国主义再次侵略我国，中原大地上遍地烽火，你的家乡只准教其他国家语言，说其他国家语言，而升旗仪式上不再是五星红旗，却是其他国旗，你日日所讲的中国话却要被其他国家语言所代替，你心中是否涌起一种悲愤、羞耻、苍凉、无助之感，老师您先前所讲的"中华之根不会斩断"是否当一篇笑话来听呢？

不要以为说中文很土气，说英文很洋气，错了，你这种行为的实质，与当年的卖国贼汉奸有何区别？这不是在精神人文上斩断中华之根吗？

其实保护母语并不艰难——在语文老师默古诗的时候，保证不错字，在他人对着国外动画片津津有味的时候，不妨捧起一本古文，领略其中神奇……

我的梦，就是每个中国人都能骄傲地说：我是中国人，我要用汉语发出天下最美的中国声音！

【学生评语】王子健：汉语、汉字是我们中国人的根。上千年的发展、演变，至今已经成为了一个完整的体系，是我们中国的一张名片。

经由上千年的发展，中华文化格外博大精深，但现在外国人对中华文化的了解甚至高于我们中国人。前一段时间有一个关于中国文化的比赛，参赛者是大学生。没有第一名，二、三名都是外国人，这难道不是一种悲哀吗？外国人在研究中国，而我们中国人却没有他们了解得多，这难道不是一种讽刺吗？而我们所要做的就是将这种悲哀化作赞叹，将讽刺转作一种惊诧。真正让外国人看到我们中华五千年来的文化底蕴，向他们展示我们中国文化的精髓。告诉他们，中国的文化不是一朝一夕就能够了解得透的，我们中国人也不是不了解自己的国家的。用我们中国的真正精髓，让他们自叹不如，让他们转嘲讽化作敬佩，让自己真正不愧为中国人！

【博友评价】吾静思老顽童：延泽梦想不简单，鞭辟入里有灼见。人人都能爱母语，都有语文自豪感。规范语文当务急，民族文化大于天。学校教育带好头，大学都把语文添。义务教育学外语，升学不能当重点。大学毕业考外语，不必都过四级关。外语专业严要求，笔译口译都得管。母语绝应胜外语，课程位置莫倒颠。要得梦想真实现，国民必须同心干。

第三节　思维与写作

　　作文教育中，关注学生的思维训练比关注呈现出来的思维结果——文章更重要。也就是说关注写文章的人重于关注人写的文章。思维是在客观现实的表象、概念的基础上进行分析、综合、抽象、归纳、判断、推理等一系列认识活动的过程；它是从社会实践中产生的一种特有的高级心理活动，其本质是对语言文字的运用。思维能力不足就无法将现实很好地转换成语言来表述。语文教学的一个重要内容，就是要训练学生的思维能力。叶圣陶先生说"在语文学习的众多的基础训练中，思维训练是最重要的"。作文教学应注重拓展思维，引导学生不断深入思考，善于发现问题，挖掘出蕴藏在生活表面现象中的最本质意义。才能使学生在作文中呈现的平凡小事或生活琐事里，具有不平凡的意义和独特的见解。

　　我们要着眼创新思维的培养与提高，彻底解放学生的想象力，使其进行多角度的思考，显露出一个个各具特征的才华，在作文中展示出聪明才智。学生作文就会呈现"百花齐放"的局面，并且文章深邃隽永。

　　如忽视对学生的思维训练和对生活认识能力的培养；忽视作文是为情而作、内容是有感而发，这样必然把作文教学引向应考模式的训练。作文"难"就真的很难突破了。

　　【对家长说的话】生活中时时引导孩子由此及彼、由点到线、由线到面、由外及里的思考，会慢慢提升孩子的思维能力。当然不需说这些深奥的名词、概念。

　　【对孩子说的话】蚂蚁背着比它大的面包屑爬了很远，我们想到了什么？小石子落入水中，我们看见了什么？为什么？蛇没有脚，却爬得快，是靠什么？常常想这些"什么""为什么"，我们就越来越聪明。

 例文1

21世纪的我

重庆　六年级　王维

　　21世纪时，同学们有的成为科学家，研究尖端科学；有的成为宇航员，去探索宇宙的秘密；有的成为教师，手持金钥匙去启开学生的心扉……我在干什么呢？你一定会问。告诉你吧，我成了全世界有名的，像爱迪生那样的发明家。

21世纪，环境污染在一些地方特别严重，尤其是水的污染。面对这个世界性难题，有关部门束手无策。北京研究院正与我联合研究，解决这个问题。

2010年的一天，我吃完机器人威尔送来的早点，忽听见电话铃响了。我抓起话筒，问："谁？"

"我是中央电视台的记者。"

"请问找我有什么事？"

"想采访一下你怎样研究解决水污染的问题。"

"好，请来吧！"

我收拾好办公桌来到接待室。记者来了。我抽了支无毒香烟，说："我正研究一种专门清除污水中有害物质的机器鱼，现在就快成功了。"

"王先生，我想见识一下你说的那种鱼。"记者请求道。

"好，请跟我来。"

我们坐上门口的输送带，眨眼便到了对面楼上的实验室。实验室里摆满了仪器，有一处摆了个大水缸，缸里装满了脏水。记者疑惑不解地问道："那是干什么的？""你看了就会明白。"我说完，从一个小盒里拿出几条可爱的"水泡眼"机器鱼，放入水中，记者正准备阻挡，我示意他不要动。

无毒香烟刚抽完，那缸脏水就清澈见底了。"水泡眼"快活游来游去。记者十分惊讶，拍完了一个胶卷。我把金鱼捞了出来，放入盒中。记者感慨地说："王先生，您为国家立了一大功，我一定把这个消息尽快地向全国人民报道。希望您为祖国再做贡献。再见！"送走记者，我立刻回到自己的办公室继续工作。

亲爱的同学，如果你的理想和我一样，到时候别忘了跟我合作，我的地址是：北京研究院五星大楼 AA 办公室。

【学生评语】胡磊：作者环保意识很强，对水的污染问题更是关心。所以设想21世纪的"我"着手研究解决水污染问题并取得成功。这表明了作者谈理想是有社会基础的，而不是空谈。

注：有意思的是本文作者，现在真的在国家一所环境科学研究院从事水环境研究工作，目前正和外国科学家合作进行一项研究，实现了自己的理想。

 **例文 2**

猜谜语，善思考

山东　四年级　王琪

今天的美文课，石头老师带着我们展开了一场激烈的猜谜语大战。好了，让我们一起来回顾那精彩的一刻吧！

"一字十八口。"咦？这个看起来还算好猜。大家都在思考，一会儿，我便听到有同学七嘴八舌地说"杏""和""味"等字。同学们的想象力如此丰富，我也不甘示弱，马上说："呆！"说完之后，我把嘴巴微微一抬，表示出自豪的样子。其实这个字挺好猜的，听胡可心说"杏"字时，我想把杏的口拿到木字上不就成了呆字吗？随后又经我一番联想和字的变形，坚定不移地想出了一个"呆"字。第一个谜语就这样被我们攻克了。

通过第一个谜语我知道了思考的重要性，也知道了老师和我们玩儿谜语的用意就是为了让我们学会独立思考、善于思考。

接着我们猜第二个谜语，老师抑扬顿挫地念出："一条小狗四张口。"我感到不解，这到底是什么字呢？哦！一只狗长了四张口，难道是一个"田"加一个狗？天啦，这……这哪是字？还是问问外星人，也许这是一个天外字。到底是什么字呢？我真想把脑子拿出来挤一挤，看看能不能挤出点什么来。这不，同学们说出了答案，"器！"唉，这关我没通过，心里不是滋味儿。

但这不影响我的信心，我抬起头聆听第三个谜语："十日十月。"这个谜语有难度，我的兴趣高涨。首先我想"日"在右边，两个"十"叠在一块儿在中间，"月"呢？在左边。当我看着眼前这个字儿时，不禁笑了起来，觉得生活在夏朝的造字家也许能造它。正当我要换别的思路时，"夏朝"这俩字不知怎么飞入了我的思绪中，这俩字儿一定有什么特点。正当我思考时，一个男同学说出了"朝"字，我听后大吃一惊，原来真的是朝。哪怕是别人猜出来的，我依然很高兴，因为我的思维被拓宽了。

"九十九。"最后一个字谜进入了我的眼帘。可能是因为最后一关的缘故，我感到困难突然来袭。我无奈了，连猜都不想猜，思维像铁门一样关闭了，我在里面郁郁寡欢。全场死一般寂静，最后被才女胡可心打破了。她站起来振振有词地说道："九十九，差一就是一百，所以把'百'去'一'便是'白'！"全场惊呼，唯独她显得很沉稳。我不禁对她产生了敬佩之情。

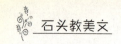

一场谜语大战结束了，我既是喜又是悲。喜的是我感受到了同学们善于思考和团结的力量，悲的是自己思维不够广，拓展还不够。我还需加油啊！

【学生评语】小高：王琪，你好！你这篇佳文为我们展现了一堂精彩纷呈的美文课，心理活动描写细腻，比喻用法生动，成语运用贴切！

【博友评价】老潘：王琪同学文章的主题非常鲜明，一场生动的谜语大战，引发了同学们的思维力。学会独立思考、善于思考，这应该是石头开设这堂谜语课的主要目的。最后的感受是个升华。不过，别灰心，思维力是可以锻炼、可以培养的，再加把劲，王琪一定更优秀！

【学生评语】自由城：老师的点子妙，学生的思考巧。这篇习作，把猜谜语的瞬间激烈思维变化，写得惟妙惟肖，引人入神地加入了猜谜语的思考。

第四节　随机教学与写作

教书读书都不能两耳不闻窗外事，一心只读课文书。学生在校只是一段过程，最终都要走向社会。因此要引导学生关注社会，关注社会焦点、热点问题，普遍存在而未引起重视的问题、临时出现的问题……当有这些"状况"出现时，老师要依照情势，具有一定随机应变的能力随机进行教学。就是说，老师要敏感，要把握有利的机会，抓住学生的思维火花和点滴灵感。将此作为教育资源开发利用，进行激情写作，往往会获得意想不到的教育效果。这类问题时效性强，要及时利用，别怕打乱原有的教学计划。下面举三个例子：

例一：周一升旗时，天下起了蒙蒙细雨。雨水落在孩子们的头上、脸上、身上，我发现每一个孩子的脸上都露出兴奋、开心的笑容。回到教室，孩子们还乐在其中，有的还在悄悄地讨论着。既然孩子们对这场雨感兴趣，何不这节课就来观雨、说雨、写雨？我问：孩子们看到的雨是什么样儿的？孩子们有的说很细，有的说像牛毛，有的说像丝线，有的说像松针。又问：雨水落在你的身上，你有什么感觉？有的说雨水落在我的头上，在给我改变发型；有的说雨水落在我的头上，在给我免费洗头；有的说雨水落在我脸上滑滑梯；有的说雨水落在我的手心里，在给我挠痒痒……我又问：雨水还会落在哪儿？在干什么？孩子的想象力被激发起来，表达的热情更加高涨。最后请学生把自己看到的、感觉到的、想到的都写下来，效果很好。李琪写到："今天，春雨姑娘怀着高兴的心情，在天空上欢快地跑着，等玩得满头大汗才慢慢地把春天的蒙蒙细雨撒向大地。细雨像牛毛，像花针，雨水落在我的手心里，在给我挠痒痒。

雨水落在我的头上，在给我免费洗头呢！"刘思蔓写到："春雨里藏着许多好闻的气味：水仙花香香的，桃花淡淡的，还有映山红、梨花，好多好多香淡的气味都躲在春雨里呢！小朋友的脚，常常被那香味勾住……"

生活中细小的事情转瞬即逝，这就需要我们老师要有一双善于捕捉的眼睛，能时刻抓住生活中的点点滴滴，引导学生去发现、去思考。积少成多，相信孩子们也能练就一双善辨的慧眼，练就一颗善感的心。

从懂事之始，所见、所闻、所感、所思，五彩纷呈。只要培养学生做生活的有心人，去感受生活的馈赠，发掘生活中的真、善、美、爱、慧，积累情愫，建立起一个丰富的信息资料库，那么学生再张口说话、举笔行文时就不用发愁了。

孩子们乐于表达了，就要鼓励他们勤于写话，分层次要求：每日一言、循环日记、绘画日记、写诗配画、自由习作、网络作文……这样顺着儿童的天性，放飞童心，驰骋想象，不拘形式，用童言稚语书写童真童趣。

例二：发生地震了，面对突然发生的灾难，该怎么办？这就是一个普及抗震救灾，自我保护、自我救助知识的机会嘛！于是改变原计划，上"地震来了如何自救"的课。

例三：孝是中国的传统美德。可现实社会中，总时时有不孝的事情发生，最近又有新闻爆料不孝事件。孝心是种品德，要从小培养。我就打破原教学计划，上一堂关于"孝"的作文课。（下面是学生的当堂作文）

【对家长说的话】社会是永远的学校。从小培养孩子不仅要珍惜课堂，还要关注教室外面，自然的、社会的那些事、那些现象，它们都是教育资源，都是写作素材，都有值得写的内容。

【对孩子说的话】五月了，还未下春雨，六月份下雪……可以写；坏人坏事，可以写——批判；好人好事，可以写——歌颂……写多了，我们就会炼成火眼金睛，练就爱因斯坦的大脑。

 例文 1

孝，从现在开始

山东 六年级 李洋慧聪

孝，沉甸甸的。

　　父母的爱是无法用世上任何事物来取而代之的，它使你的心灵温暖，它让你的灵魂高洁。如果想回报这份爱，从现在开始请用"孝"吧！

　　孝敬父母，一定要从现在开始，千万不要认为等自己长大了再去做。因为生命它耐不住等！人的生命太脆弱。从现在开始尽一份孝心，必须先保证自己的身体健康，快快乐乐的生活，不让父母为你担心，不要让他们的心弦一直为你紧绷着，因为爸爸妈妈的心需要放松。

　　以我们现在的年龄，可以帮父母分担一点事情了，妈妈做饭时你擦擦桌子，爸爸风尘仆仆地回到家，你给他倒杯热水。让自己少吃零食，少买玩具，为爸爸妈妈省下这些钱。自己出门在外，打一个电话报平安，让父母为你感到放心。把自己的学业搞好，学习成绩棒棒的，让父母为你感到高兴！

　　父母给了我们太多太多：生命、爱、呵护、培养……

　　孝敬父母，不止帮他们分担家务——孝，还有一点很重要，那就是包容——顺！父母不是神，他们不可能把一切都做到完美。当他们出错时，尽可能去包容他们，不要抱怨，因为抱怨没用，抱怨会让事情更糟，只有包容，才会让父母顺心不生气。

　　孝，这字好难，好复杂（也许我们年龄还小吧）。但是当你用实际行动真心孝敬父母时，就会对"孝"字有种豁然贯通的感觉……

　　【博友评价】馨竹：润物细无声的育人，意义深远，孩子们一定会终生受益。作为家长的我们满心感慨，却不知如何表达……

　　【博友评价】六一班孩子刘文杰的爸爸：非常感谢石头老师一堂美文课，让孩子们在人生道路上懂得去疼爱自己的父母，关爱身边的每一个人，同时也教育了我们做父母的应该去珍惜自己的老人，抽时间多陪陪，多孝敬老人，给孩子们做出一个好的榜样。

　　【博友评价】吾静思老顽童：写得实在，对孝的理解实际易行。

　　　　　　尽孝应该看行动，分担父母尽其能，
　　　　　　做个尽孝有心人，点点滴滴见孝情，
　　　　　　时时不让父母忧，事事能使父母宁，
　　　　　　父母放心就是孝，父母骄傲孝之荣，
　　　　　　父母不是圣贤神，儿女应该多包容。
　　　　　　真心诚意来尽孝，孝行天下大德明！

一节没有听完整的课

潍坊高新国际学校　付晓萌

今天五六节课，是石头老师的美文课。我按照惯例欣然前去教室听课——因为，每次听石头老师的课，都会引发我的许多思考。以往听课，我都听得很仔细，像小学生一样，生怕漏下些什么。但，今天的课，我没有听完——因为，石头老师的话触及了我内心最柔弱的地方——以致于我泪流满面，泣不成声。

何以至此——

新课伊始，石头老师播放了一档《孝行天下》栏目的节目视频《让沉睡的妈妈醒来》。节目介绍的是朱清章三十一年如一日照顾植物人养母的感人事迹。事迹很感人，结局也很圆满：孝通神明，养母醒来，如今已八十五岁的养母依然健康地活着。我看得很认真，孩子们看得也很投入，有几个孩子流泪了，我的眼眶也湿润了。

接着，石头老师让孩子们谈感悟，孩子们也谈了一些，也许与年龄、阅历有关，孩子们谈得并不是很深入。当时，我就想：如果此时写作，孩子们会有更深刻的感悟吗？面对这种情况，石头老师不急——只见她表情凝重，用低沉的声音讲述起自己与父亲的点点滴滴——16岁当知青时，因蒙冤还在五七干校接受再教育的父亲不辞辛苦地给自己送鸡汤时的情景；正直无畏的父亲顽强同病魔抗争直至去世的场景……讲着，讲着，石头老师流泪了……听着，听着，我也流泪了……听着石头老师的经历故事，我感同身受，我不禁想到了自己已辞世多年的父母——母亲当年与病魔作斗争的情景；情急之下，我们兄弟姐妹给母亲买寿的场景；父亲、母亲因病离世的场景……我不能自抑，任泪水肆意……我怕我的情绪打扰孩子们上课，我没有听完石头老师的课，就悄悄地从后门走出了教室——碰到李娜老师，看着我红红的眼睛，她惊诧地问我怎么了？我说——听石头老师的课，听哭了。

一个人在厕所里平复了一下心绪，我又从后门悄悄地走进了教室。这时，石头老师的课刚好上完，孩子们已经开始准备写了。看着这帮也泪流满面的孩子们，看着年长的石头老师，我抑制不住自己的情绪，声音哽咽："孩子们，今天听石头老师的课，付老师半路出去了，因为我实在无法控制我的情绪，石头老师讲的，我感同身受——因为，我的父母都离我远去了。你再爱他们，他们也回不来了。所以，请你们记住：在岁月的长河里，我们很难挽留生命——

哪怕是你的至亲！所以，请你们从现在开始，就爱你们的父母！"此刻，每个孩子的眼里都噙满了泪花……

走出教室，我不再想，也不再担心孩子们的作文会写成什么样了——这真的已经不重要了——我想：经过了这样一场酣畅淋漓的关于孝心的洗礼，孩子们收获的更多的是幸运了——因为，这样的课，有的人也许一生都不曾经历过——感谢石头老师！感谢这堂我没有听完整的课！

回到办公室，我依旧不能自抑。没办法，我只好一个人走到校园里，任由自己痛痛快快地流一通眼泪——我想：该给自己点空间，让思念流淌……

 例文2

热闹的跳蚤市场

山东　二年级　翟克迅

为庆祝"六一"儿童节，我们举办了跳蚤市场的活动，非常热闹。很多哥哥姐姐在大声吆喝："走过路过，千万不要错过！""买一送一！买二送二！""全场打六折！满三十元送十元！"

我买了一摞卡片和一个恐龙，这个恐龙，我妈妈用十元买了六次都没有买回来，结果我两元钱就买回来了。哈哈，我比妈妈行吧？我很自豪呢！

我喜欢跳蚤市场，虽然我们大多数同学都亏本了，但是我们都学会了讨价还价，有当小老板的感觉了。

我喜欢跳蚤市场，这活动真有趣啊！

【博友评价】可乐妈妈：可乐在跳蚤市场上收获颇丰，带着一大包书去卖，换回来了一筐卡片和快乐。可乐回到家，我问他："你带去的书呢？"他回答："卖了。""那钱呢？""又买了东西了。""买了什么东西？"可乐举着一个大恐龙和一大摞卡片，极为兴奋地说："老妈，我赚了，我买了这么多卡才花了八块钱！"

真是个小傻孩呀，看到他满足的表情，我也觉得他赚了便宜。

【博友评价】淇淇妈妈：这次快乐的体验，让我想起石头老师一直用的一句话：玩中学，学中乐，乐中有收获！

【博友评价】潜水：组织学生开展"跳蚤市场"的活动是一件有意义的事，它不仅丰富校园的文化生活，又可以自小锻炼技能和参加社会活动的能力，学到课本上学不到的东西。

下◇文法篇

　　关于文法亦不打算写什么，因为文法即方法、技法、技巧。一是这些东西，每位小学语文老师都教过，大多数学生也学过，许多家长也看过，没必要赘述；二是讲方法、技巧的书铺天盖地，我不是理论工作者，写出来也没有这些专著讲得全面、深刻。有人问"难道你教作文只讲一个'爱'字就破解了作文难，就真的不需要方法了？"如何回答呢，细想：既是分享，没有这部分，就是半个"饼"，食者纳闷，献者有愧，还不如献一个"全饼"以图"圆满"，才写下面这些文字。不过所有这些方法、技巧并不新鲜，都是我从前辈、专家、老师、同行和学生那里学来的，只是融合了我个人的教学感悟而已。

第五章 作文要求不要超越孩子年龄

小孩子的认知能力与年龄成正比。教学内容和要求要与学生年龄相当，不能主观拔高。要迎合孩子"贪玩"的天性逐步进行，可持续发展。

第一节 低年级

1. 首先过好说话关

小孩子有强烈的表现欲望，这时说话训练尤为重要。每一次对话，老师都要有明确的目的，正确引导学生说完整的话，清楚地表达意思。这是作文启蒙教育的基础工作。回到家中，也要求学生把当天学校发生的事情和老师讲的话，原原本本地讲给家长听，培养乐于表达的勇气。这样既丰富了孩子的语言表达，又在家校之间架起了一座沟通和理解的桥。长期坚持才能语言流畅，有表达的自信心，对感兴趣的话题发表自己的意见。学会表达与交流，进而培养学生口语交际的能力。这样的训练可以为以后的写作打下良好的基础。

【对家长说的话】从小就要注意培养孩子说完整的话，鼓励他把话说完整，意思表达清楚。不要批评孩子没把话说好。一句话，您慢点说，说得完整、明白，孩子就跟着说得完整明白了。

【对孩子说的话】我们不是结巴。别急，慢慢地把话说得清清楚楚、明明白白，把想说的话都说出来，慢慢的我们的说话水平就提高了，口头表达的能力就增强了，说不准将来还是演讲家呢！

2. 培养倾听的习惯

会倾听的人一定是高素质的人。因此要有意识地培养学生认真倾听的好习惯。让他们善于倾听，学会把握听到的主要内容，将有用的信息储存起来。经常有意识地训练学生的听力，能使学生的耳朵逐渐灵敏起来，提高其吸收、筛选有用信息的能力。

【对家长说的话】从小培养孩子认真倾听的习惯，忌讳"万字万划"，不要在别人讲话时插嘴、接下句。这既是听力训练，也是品德培养。

【对孩子说的话】认真倾听他人讲话，看着说话人的眼睛，听清楚他说的什么。不要接下句，急于发表自己的"高见"。养成认真倾听的好习惯，我们就会成为一个有教养的、高素质的人。

3. 培养观察的习惯

对低年级学生要培养观察的兴趣和能力并逐步养成习惯。要用具体例子让孩子记住"观察时一定要用心关注细节"。小孩子喜欢图片、爱"涂鸦"。可引导低年级学生观察图画来配合作文教学，不仅能激发学生的作文兴趣，还能培养学生的观察力、创造力、想象力、审美力，而且还能提高学生的欣赏水平。

一年级可以作"剪贴、画画写话"，就是剪贴或画一张喜欢的画在作文本上，写上一两句话就行了。"话"说明画，以画为主。

二年级可"写话配画"，以"话"为主。画为表现"话"的中心服务，即画面内容必须与"话"的主要内容相吻合。让学生进行创造性的想象，写成一段话。因为这是学生自己画、说、写的东西，所以学生都很有兴趣。

【对家长说的话】观察是一刻也不停止的活动，要注意培养孩子"目中有人""眼中有事"的好习惯。克服对身边事"视而不见""充耳不闻"的迟钝。

【对孩子说的话】是"目中有人"还是"视而不见"呢？孩子你反正都要睁着眼睛看，"目中有人"强多了；我们不要做视而不见的"睁眼瞎"、充耳不闻的"憨聋粗"。

4. 朗读是写作的助手

朗读是培养语感的重要渠道。汉字是音、形、义的统一体，有很强的音乐性。教材中的每篇文章都是范文，词句优美，语言生动，非常感人。有感情地朗读，内心和文本语言会产生共鸣，这就是人与文本的情感交流。朗读也是理解文本内容的重要方法。朗读时要围绕文本内容展开想象，充分想象有关画面，感受其中的美。同时还要根据不同的文章内容来把握声调的高低、声音的长短、语气的轻重等等。这样的读，学生会慢慢体会到文章表达的方式。长期坚持这样训练，学生的语文功底，作文水平将非同一般。

【对家长说的话】许多孩子不爱在家读书或完成任务式的唱读。您可陪着孩子朗读一段时间，并充分地认可、欣赏他的朗读，使其有信心，逐渐养成习惯。您能听到孩子琅琅的读书声，真是一种享受。

【对孩子说的话】"读一年级""读二年级"那叫"读"啊。读书、读书，

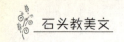

就是要朗读才读得出味道，会朗读的人才是会"读书"的人。读课文可摇头晃脑地读，细细地品味，你一定会成为朗读和作文的高手。

5. 摘抄好词佳句

作文需要积累。摘抄好词佳句是积累的重要方法之一。让孩子把书本上看到的、生活中听到的、自己喜欢的好词佳句摘录下来，多读几遍，使它消化，成为自己的东西，写作时信手拈来。摘抄时要让学生明白，好词佳句好在哪里。摘抄一段时间后，可逐步学写自己的"名言警句"。就是在摘抄中学习发展自己的语言，在模仿中学习写作。小学生"模仿是学习写作的必经之路"，就像学书法开始描红一样。

【对家长说的话】摘抄也是孩子学习作文的基本功，对起步作文至关重要。课堂外，您还可给孩子提供一些学习资源，孩子的房间应该有自己的书橱。

【对孩子说的话】摘抄好词佳句，是积累的好办法。孩子啊，不动笔墨不读书。养成勾划、批注、摘抄的好习惯后，你就可以写自己的"名言"、"警句"、"语录"啦。

 例文 1

鸟的家

重庆　一年级　高立

我家后面是一片树林。一到春天，这里可热闹啦。

你听，"瞿瞿""唧唧""啾啾"……各种鸟在说话。不知道它们高兴地说些什么。

你看，绿叶丛中，它们在树枝上跳来跳去，一会儿在槐树上，一会儿在榆树上。不知道它们愉快地跳什么。我想：这树林大概就是鸟的家吧，它们在家里唱歌跳舞做游戏呢。

【石头的话】这篇习作是高立同学的处女作，发表在《少年先锋报》上。当时他6岁，二册学生，写不来的字就注音，发表时编辑给写的汉字。习作很短，一百来字，但写出了鸟儿唱歌跳舞做游戏的乐趣，表达了小作者喜爱树林，喜爱小鸟的思想感情。他的文章见报，全班同学感到非常高兴，觉得写作文是一件很好玩儿的事，都想自己的文章能上报。

高立本人也和作文结下了不解之缘，陆续在多家刊物发表了习作。成为全国《红领巾小作家群星谱》中的一员。并被《少年文学家》特邀为记者。《中国青少年年鉴》也记载着他的名字和作品。

 **例文 2**

小刺猬

重庆　一年级　牛梁

爸爸从宜昌给我带回一只小刺猬。小刺猬脑袋小小的，嘴尖尖的像猪嘴。它满身长着尖尖的刺，蜷在一起就像一个仙人球。爸爸不知道它爱吃什么，就给它水果吃。刺猬不吃水果。又喂它饭，小刺猬也不吃饭。过了两天，它就变得很瘦，走起路来摇摇晃晃的。妈妈忙去翻书，书上写着刺猬是肉食动物，专吃老鼠、吃蛇。妈妈就给它喂肉。又过了几天，小刺猬就长胖了，走起路来一点也不摇摇晃晃的了，真好玩。

【石头的话】这是牛梁同学在《少年先锋报》上发表的第一篇习作。小作者通过仔细观察，用稚嫩的笔调写出了小刺猬的外貌，不吃什么，要吃什么。写出了小刺猬的好玩儿，反映了一年级小学生的天真。

第二节　中年级

1. 让学生走进生活

中年级学生要注重留心观察周围事物，养成勤于观察和思考的习惯。叶圣陶在《作文论》中说："作文这件事离不开生活，生活充实到什么程度，才会做成什么文字。所以论到根本，除了不间断地向着求充实的路走去，更没有可靠的预备方法。"这句话，深刻阐述了生活积累对于写作的重要性。为了让学生说真话、写真事，叙写真感受、抒发真性情，我们要引导学生热爱生活、参与生活、体验生活，获得真实的情感体验和丰富的内心世界。继而进一步认识生活，培养积累生活素材的习惯。这样，学生才乐于动笔，作文才有话可说、有材料可写，才能不拘形式、自由地把自己的见闻和想象表达出来。要求是，内容要具体、感情要真实、语句要通顺。

【对家长说的话】不要让孩子成为生活之外的神仙、皇帝。生活中，一切与他都有关系，他也是社会一员、家庭一员。拉着他的小手一道走进生活、感受生活，他会很受益的。

【对孩子说的话】孩子，在学校、家庭中你都是正式成员。学校中、家庭中的事儿都与你有关系，这是最好最真实的习作素材库，只要你留心观察，就会积累许多素材，作文时就有可写的啦。

 例文 1

爸爸，我想对您说……

四川　四年级　谢璇

爸爸，我想对您说：妈妈虽然在我很小的时候就离开了我们，我没有了母爱，但我不缺少父爱！

这么多年，您又当爹，又当妈，一泡屎一泡尿把我拉扯大，这中间的艰辛只有您自己知道。女儿心里明白，您才 30 多岁，应该找个妻子了，但是我心里害怕，您结了婚会不会不要我了？

多少次，我看见您疲惫不堪地回到家，马上忙着做饭，忙着洗衣，我都想说："爸爸，您就找个妻子吧！"可是话到嘴边，我又咽了下去，我真的好担心失去您啊！

多少次，看见您愁眉紧锁，很不开心的样子，我都想说："爸爸，您就找个妻子吧！"但我实在太害怕，又将失去爸爸！

今年，我看见您精神好多了，心里很纳闷，不知怎么回事。一天，我偶然看见您和王阿姨走在一起，亲亲热热地手拉着手，我明白您谈恋爱了。我的心里是又高兴又难过，高兴的是您快有妻子了，难过的是您们结婚以后生了小孩，会不会还要我？如果您们不要我，我只好去流浪，那可怎么办啊！

又过了很久，您和王阿姨的关系越来越好了，她叫您老公，您叫她老婆。我虽然心里很吃醋，但还是希望您对王阿姨好，毕竟有老婆才是一个完整的家呀！

爸爸，您知道吗？女儿的心里有很多的忧愁，有很多的担心和害怕……我会对王阿姨好的，我会像爱妈妈一样爱她。我会努力去争取，让您有一个完整的家！

爸爸，这些都是我想对您说的真心话！

【博友评价】淡然幸福：你是一位乖巧懂事的女儿，阿姨被你文章中的真情真意所感动。要记住，用你的真情真意去感染打动你的亲人！好孩子，愿上帝保佑你幸福。

【博友评价】lxyshhc：你是一个好孩子，爸爸不会减少对你的爱，你也要付出一些爱给你所爱的人，说明你长大了。等你的爸爸结婚时，你真诚地祝福他们，那样你会赢得更多的爱。爱通过传递，她的增长是几何级似的，祝你全家快乐。

 例文2

到舅爷爷家避暑

重庆　三年级　金彪

暑假中，城内热得要命。白天，太阳像个大火球，炙烤着大地，人们躲在家里不敢上街。晚上，闷在家里吹了一天电扇的人们涌到街上来乘凉。满街都是人，闹哄哄的，根本感觉不到凉快。

一天，爸爸、妈妈带着我到乡下舅爷爷家避暑。一到舅爷爷住的周家坪，我就感到了凉快。田野里到处都是绿油油的庄稼，村子里到处都是茂盛的果树。一走近舅爷爷家，我就高声喊："舅爷爷，我们来了!"舅爷爷听见喊声，满面笑容地迎出来。爸爸、妈妈高兴地跟着进了屋。我不愿意闷在屋里，就在屋外玩耍。

舅爷爷家屋子周围种了很多果树。广柑树上挂满了拇指大的广柑，许多青色的柚子像一个个皮球显眼地挂在柚子树上。屋前有一个高大的葡萄架。葡萄的主干已经有碗口粗了，茂密的枝叶向四面展开，搭起了个绿色的凉棚。淡绿的葡萄一大串一大串地挂在绿叶底下，馋得我口水直流。正在这时，舅爷爷出来看见了，摸着胡子笑呵呵地说："娃娃，看你的馋样，摘几串吃吧!"我连忙跳上石凳，踮起脚摘了几串提在手里，一颗一颗地吃起来。嗬，好甜哪! 这股甜味一直甜到了我心头。

"舅爷爷，您这是什么葡萄哇？"

"这叫'巨峰葡萄'，新品种哇。"

"舅爷爷，我就住在您家吧，您家真好！"

舅爷爷眼睛笑得眯成了一条缝，连声回答："好啊，城里的娃娃也喜欢乡下了。"

这时，刚走出屋站在葡萄架下的爸爸、妈妈也都笑了。

【石头的话】这篇习作发表在《少年先锋报》上。他通过写到舅爷爷家避暑的事，反映了农民追求科学带来的喜悦，表达了城里娃娃喜爱乡下，向往新生活的思想感情。

2. 让学生走进自然

大自然中有许多可写的东西，但如果不留心观察，就会视而不见，充耳不闻，许多值得写的内容就会擦肩而过。人是感性动物，人总是通过自己的感知，来认识、理解、判断和探索周围的事物，从而完善自己的内心世界。因此，我们要引导学生走进大自然，让他们置身于大自然中去玩赏，在玩赏中观察，从中获得感性认知，进而延伸体悟，写出你意想不到的东西。

【对家长说的话】多带孩子到自然环境中去，既可让孩子欣赏自然、认识自然、感悟自然，也可让您也偷着放松一下，与孩子共享天伦之乐，一举两得。

【对孩子说的话】去观察自然的现象、去欣赏自然的美丽、去体会自然的神奇，好爽！你一定会有豁然开朗的轻松和愉悦。

 例文 1

雷 雨

四川 三年级 左楚霄

这几天，秋老虎发威了，闷热的天气把雷公公闷得火冒三丈。终于，忍了很久的雷公公在 8 月 29 日的傍晚发怒了。

傍晚 6 点左右，一道雪亮的闪电划破了天空，把天地照得雪亮雪亮的，这是雷公公的电动鞭子在狠狠地抽打云妹妹。"轰隆"一个响雷在头顶上炸开，这是雷公公发怒的吼声。"快点儿下雨，让我清爽一下！"云妹妹吓得浑身发抖，脸色发黑，一颗颗豆大的眼泪滚落下来，滴滴嗒嗒地打在地上。雷公公更生气了，越抽越猛，越打越厉害，把云妹妹吓得哇哇大哭，眼泪就像断了线的珠子，"哗啦啦"地流下来，打在地上，溅起了朵朵"泪花"，水越来越多，成了蚂蚁的小河。这时，风哥哥忍不住了，急忙跑过来安慰云妹妹："云妹妹，别难过了，咱们到其他地方去避一避吧！"于是一阵狂风把云妹妹带走了。

不一会儿，风停了，雨住了，雷公公累了，空气也清爽多了。

【博友评价】庸人：左楚霄的文章语言和构思都堪称一流，三年级就已经锋芒毕露了。祝贺！

【博友评价】青山白水间：三年级孩子的想象力可不得了，后生可畏。

 例文2

小溪·河流·大海

四川　年级　陈旭

"叮咚，叮咚……"咦，是谁在唱歌？原来，春天来了，雪山上的雪融化了，变成了溪水。小溪唱着欢快的歌，蹦蹦跳跳地奔下山去。她流过森林，森林更绿；她流过田野，田野更润；她流过村庄，村庄更美；她流过城市，城市更活……一路上，小溪多快乐，"叮咚，叮咚……"她唱着悦耳的歌流进了河流。

河流妈妈迎接了许多道清澈的溪水，她们又浩浩荡荡地向东奔去。这时候，她们水质好，无污染，人们尽情地饮用，鱼虾快活地生活。可是好景不长，到了中游，生活污水就直排进了河流，河水开始变质了，不再清澈，不再纯净，人们不能饮用了。到了下游，两岸的钢铁厂、化工厂、造纸厂、造船厂……什么乱七八糟的工业污水都排放进来了，水质越来越差，水也开始变黄了，后来干脆变成黑色了，鱼虾都死光了。这时候的河流就像患了癌症的病人，无力地呻吟着缓缓地流进了大海。

大海婆婆看到女儿这个样子，非常吃惊，忙问是怎么回事？河流伤心地说："现在的人类，只是想着拼命赚钱，不顾我们的死活！他们缺乏环保意识，不知道水质严重污染，危及他们自己的生命，物种受到威胁，珍稀水生物日益

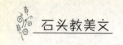

灭绝……"

听到这里，大海婆婆愤怒了，她发出了怒吼："愚蠢的人类，你们该清醒了！水是万物之源！我们受到了污染，生态将全面恶化！到时候，你们将如何生存？"

"轰隆隆——"雷公公也发威了。

我真不知道，有多少人听见了他们的警告！

【博友评价】起之：陈旭小同学平缓的文字，揭示了爱护生存环境、保护生存环境、爱护水资源、保护水资源这样一个对人类生死攸关的大问题，写得好！警示性的结尾部分非常精彩。

【博友评价】凉都茜阳：用这种方式教学一定精彩，用这种心灵引导一定环保，用这种文字交流一定清爽，用这种方式为人处事一定成功。

3. 让学生走进书籍

书籍是前人、能人智慧的结晶和脚印，走进书籍就是站在前人、能人的肩膀上登高，就是接着前人、能人的行程出发。

读书，是知识的重要来源，也是作文内容的重要来源。无论是诗歌、寓言、童话，还是小说；无论是古代的，还是近代的；无论是文学读物，还是科学读物；也无论是中国作品，还是外国作品。学生阅读的内容和范围越广泛，他们的视野就越宽，知识面就越广，积累的作文素材也就越多。"问渠哪得清如许，为有源头活水来"，学生通过阅读适合他们的各种书籍，不断充电加汽，作文才是有源之水，有根之木，他们的表达才能更丰富。写他自己看到的、读到的、想到的，怎么想就怎么写，真正做到"我手写我心"，作文也就没那么难了。这一时期主要是让学生"随心所欲地自由作文"。

【对家长说的话】书是人类进步的阶梯。读书很好，但您一定要帮助孩子选适合他们的好书。

【对孩子说的话】儿歌、童话、寓言、诗词、小说都很有趣，读多了你就是诗人、作家。别忘了请老师、爸爸、妈妈帮助选书，同时要正确用眼，千万不要还没读几本书，就成了戴着高度近视眼镜的大"知识分子"。

 例文1

读《巴甫洛夫很忙》有感

四川 四年级 苗陆伟

今天，我是怀着无比激动的心情读完《巴甫洛夫很忙》这篇文章的。巴甫洛夫在生与死的较量濒临高潮时所表现出来的勤奋、豁达、超然、镇静、无私、无畏，令我深深折服。关爱他的人来探望他，可他无情地拒绝了。因为他很忙，在生命的最后一刻，忙着向助手口授生命衰变的感觉。"巴甫洛夫很忙……巴甫洛夫正在死亡"。

是的，我们现实生活中的人也很忙。做生意的忙着赚钱；爱赌博的忙着打牌；想升官的忙着通关系、送礼；懒惰的忙着玩……许多大人们的忙和巴甫洛夫的忙有多大的区别呀！

我们小学生也很忙。有的同学有远大的理想，他们忙着脚踏实地为实现理想而勤奋学习，上好每一堂课，做好每一道题，写好每一个字，他们忙得有滋有味；有的同学有明确的近期目标，他们忙着成为一个优秀的小学毕业生，珍惜童年的分分秒秒，为中学的学习打下扎实的基础；也有极少数的同学忙着混日子，他们上课没专心听讲，回家不认真完成作业，津津乐道的就是打卡，好吃懒做。

读了《巴甫洛夫很忙》，我真想大声唤醒只为自己忙或忙得不正常的大人们：你们醒醒吧！人要忙得有意义，忙得对得起社会，对得起他人，至少要对得起自己，对得起自己的家人！我还想大声唤醒最后一类小学生：你们已经虚度了不少时光，是回头的时候了！我们虽然不能像巴甫洛夫那样伟大，但我们可以以他为榜样，不能平庸地度过此生，而要活得有意义！

《巴甫洛夫很忙》这篇文章将永远铭记在我心中，成为我行动的指南。

【博友评价】阳光：陆伟，你的文章我仔细地读了两遍。我们都很忙，但我愿意挤出时间来享受你的文章，感动着你的感悟。你的文章很有教育意义，有时候大人还比不上你这样的孩子呢。你说得很对，一个人忙碌，要对自己，对家人，对社会负责任，那才不枉忙碌一场。

【博友评价】风来云往：一个孩子，也这样明白生命的意义，作为大人，反思自己，汗颜啊！

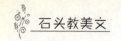

例文 2

贝多芬的灵魂音符

山东　七年级　王子健

"贝多芬，德国著名作曲家、音乐家，1798 年起听力渐衰，1820 年后两耳失聪，但仍坚持创作"。这是对贝多芬一生历程的简介，可这只能是表面。他的心并不像简介一样，反而像一团火，一团熊熊烈火，自强不息的燃烧。

我在初步了解他时，只知道他是一位著名的音乐家，创作出了许多优秀的曲子。当我听到他所创作的那曲《献给爱丽丝》之后，在我的心目中，他一直是以一个温文尔雅的音乐青年的形象来呈现的，他的房间也应该是纤尘不染、十分整洁的。

可是，当我通过一些文章进一步了解他时，我发现，我错了。

事实上，贝多芬不但没有我所想像的那样细腻而优雅，反而有些粗犷和豪迈。他平时的衣装不仅不整洁而且还看上去有些陈旧。他的房间凌乱不堪，并没有想象中的那么井然有序，这一切都彻底颠覆了我对他的所有认知。

他后来双耳失聪，更是我始料未及的事。但"聋"不仅没有打倒他，反而帮助了他，使他与外界隔绝，远离了人世的喧嚣。不过他的言语中也透着几分凄凉："我有时不免叹息……一个音乐家最大的悲剧就是丧失了听觉。"他诚然孤独，但他的内心却从不以孤独而落寞。

听！那《命运交响曲》中的一个个音符，一个个震颤人心的音符，一个个来自于灵魂深处的音符，无不蕴含着敢于抗争命运的强大精神力量！它们不仅震颤着我的肉体，也震颤着我的灵魂！

他曾怒吼过："听我心里的音乐！你不知道我心里的感觉！一个乐队只能演奏出我在一分钟里希望写的音乐！"这不仅是语言的怒吼，更是灵魂的怒吼！他用他的灵魂渲染着他笔下倾泻出的每一个音符，给它们以抗争命运的勇气，永远不向命运屈服！

【博友评价】江南三月：小小年纪能感悟到贝多芬音乐的精神和灵魂，厉害。

【博友评价】亲亲乔木：这不仅是语言的怒吼，更是灵魂的怒吼！他用他的灵魂渲染着他笔下倾泻出的每一个音符，给它们以抗争命运的勇气，永远不向命运屈服！——乔木赞赏小作者深切的感悟！

【学生评语】王子健回复：谢谢各位老师的评价，这只是我内心最深处的感悟。每每想到贝多芬那坎坷的经历、那悲惨的命运，我的心底始终有一种想哭的冲动。可一想到他那不屈于命运的强大内心力量，他那敢于挑战命运的勇气，敢于化身为与命运抗争的勇士去逆转命运之轮的行为，我总是能感受到他不甘于命运压迫延绵而生的不屈、刚强、坚毅的灵魂。他通过自己手中的笔墨倾泻而下音符，给它们渲染上灵魂的色彩，令每个音符都拥有自己的灵魂，让每一位聆听过它们的人感受到自己的内心深处的波澜壮阔，让他们都能感受到自己的灵魂！

4. 放飞想象，学写童话

让小学生学写充满想象力的童话，既是训练想象力的好方法，又是培养写作能力的有效手段。新课标要求：要鼓励学生写想象中的事物，激发他们的创造性，展开丰富的想象。儿童的想象力特别丰富，而且具有强烈的浪漫性与奇特性，往往为老师所意想不到。四年级的时候，可着重进行写童话故事的训练。对学生的具体要求是：

（1）要根据事物本身的特征来展开合理的想象。当这些"物"变成"人"之后，他们的所说、所做、所思要符合这种"物"的特征。

（2）要有鲜明的主题。也就是说通过这个故事要说明一个问题，讲明一个道理，或者给读者某种有益的启示。

（3）要有故事情节，争取做到引人入胜。

（4）要想象丰富。力求创造一个突破时间、空间和现实生活制约的奇异境界。让笔下的主人公在一个超越现实的奇特的空间生活、玩耍。

经过系统的训练，孩子们还真能写出不少有奇妙的想象、曲折的情节、优美的语言、有趣的内容、让我们百读不厌的童话故事。

【对家长说的话】三、四年级时，孩子可以写童话了。虽然文笔稚嫩，但那是破土的新芽，我们一定要欣赏鼓励，它将长成参天大树。

【对孩子说的话】写童话很有趣，小动物、小物件甚至一片树叶、一个纸屑，在你笔下都会成为有生命的精灵与你对话交流。记住不要让它们成哑巴。大胆放飞想象吧，"可上九天揽月，可下五洋开车"。

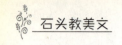

例文1

天上的故事

四川　四年级　庞清月

昨晚，"轰隆隆——"一阵雷声惊醒了梦乡中的我。咦，天上为什么闹哄哄的？我翻身下床来到窗口，朝天空望了又望，原来是雷公公和闪电婆婆又在训斥云姐姐了。你看你看，闪电婆婆用她那电鞭子狠狠地抽打着云姐姐；你听你听，雷公公那可怕的声音又响起来了，好像怒发冲冠，在厉声咆哮。唉，云姐姐真可怜！你想知道怎么回事？让我来告诉你吧！

从前，天上住着一家人——雷公公、电婆婆、云姐姐，他们一直和睦相处，其乐融融。不知什么时候，雷公公的脾气越来越坏，他常常发怒，大声吼叫；电婆婆也不依不饶，你吼叫，我就用鞭子抽你。他们的打闹殃及了云姐姐，她先是好言相劝，可没有任何作用，于是就变成厚厚的乌云，想阻挡他们的争吵，可还是无济于事。出乎意料的是，雷公公和电婆婆都把气撒在了云姐姐身上，他们一个吼，一个打。云姐姐委屈得不得了，伤心地哭了。泪水掉到了人间，好心的人就说："电婆婆，您就别打了吧，云姑娘太可怜了！"电婆婆二话没说，狠狠地一鞭，击倒了劝她的人。大树见到了，壮着胆子说："雷公公，你也劝劝电婆婆吧！"话音没落，雷公公就咆哮起来，他不光是吼，还猛吹了一阵风，差点把大树连根拔起。就这样，没人敢再去劝阻，因为雷公公那可怕的声音在不停地回荡，电婆婆的鞭子在不停地挥舞……

云姐姐奈何不了他们，就主动为人间造福。于是，春天她挨打骂了，泪水就变成春雨洒向人间，滋润着大地；夏天她被打骂了，泪水就变成阵雨落向人间，给人们带来阵阵凉意；秋天她被训斥了，泪水就变成细雨飘向人间，给大雁、落叶做伴呢。

【博友评价】起之：庞清月小同学思维开阔，将自然现象拟人化描写，手法独特、立意新颖。俺作为成人，看了自愧不如甚至羞愧难当啊。

【博友评价】雪蕾：你的学生写得真单纯，真有想象力。你上传一些学生的作品很好，能让同龄的孩子得到共鸣。

 例文2

狡猾的狐狸

重庆　三年级　邓莹

夏天，火辣辣的太阳烤着大地，小猴和狐狸从山上下来喝水。一到河边，它俩就同时发现河中的草地上有一棵高大的桃树，树上结满了又红又大的桃子。

它俩都想吃桃子，可是都不会游水，都到不了草地去。狐狸馋得口水直流。猴子灵机一动，想出一个办法来，说道："我有办法!"于是，猴子讲了自己的想法。狐狸听了连声说："好办法! 好办法!"

它们找到了一根长木头，狐狸假惺惺地说："猴老弟，你身强力壮，我骨瘦如柴，你在中间扛，我在后面撑，行吗?"猴子答应了。狐狸一边假装使力，一边在想坏主意。

它们刚把木头搭成桥，狐狸说："这桥有危险，我先过去。"不等小猴回答，狐狸便上了桥。

到了草地上，狐狸连忙把木头推入河中，说："猴老弟，别人都说你聪明，我看你是最笨的。"猴子明白了狐狸的用意，便指着狐狸说："你这狡猾的家伙，快去吃桃子吧，看你怎么回得了家!"

狐狸一听，这才恍然大悟，连忙说："猴老弟，帮帮忙吧，请你再去扛根木头来搭上桥，我会和你一起吃好多好多桃子的!"猴子说："晚了，你就等着一场大水来把你淹死吧!"说完慢悠悠地走了。狐狸嚎啕大哭起来。

【学生评语】冯伟：这篇童话突出了狐狸"聪明反被聪明误"害人终害己的道理。习作发表于《读与写》。

5. 互评作文，学会欣赏

学会欣赏是适应现代社会的一大要求。作文教学中，让学生愿意将自己的习作展示给他人，愿意欣赏他人的优秀习作，也是作文教学应做的功课。学生在这样的相互欣赏中，就能反复推敲，提高自己语言文字表达的质量，感悟并汲取自身和同伴习作中的"亮点"。

作文是一种艰苦的脑力劳动。当学生写出作文后，老师一定要用欣赏的眼光去看，哪怕只有一个词，一个句子写得好，都要给予充分的肯定。我们看到学生的长，他会更长；看到他的优，他会更优，对不足之处不要强调。让孩子们在付出艰苦的努力后，能体会到成功的快乐。不光教师要这么做，还得教学生们这样做。他们在相互评改中互相学习，取长补短，不仅会提高作文的能力，更能培养团队的合作精神。

三年级就可开始教学生评改作文了，这时候的要求是，不写错别字，句子通顺，表达的意思清楚。老师可将不同等级的作文用不同的方法展示。如，优秀作文由小作者自己念，他会很自豪地读自己的文章。倾听的会情不自禁地鼓掌，表达的、倾听的都是一种享受。然后评议，老师用红笔将用得准确的词语，生动形象的句子注上记号（好词下面小圆圈，佳句下面波浪线）。每当这时候，那小作者一定眼睛都笑眯了，心里美着呢！最后写上评语，评语要以鼓励为主。差一点儿的由老师念，让学生们来发现不足，随即一一改正。有问题的地方划上横线，打上问号。错别字找出来，把正确的字工工整整地写在文后，然后划两根横线，打个括号，这表示将正确的字写"二字一词"（最佳记忆方法）。这样既保全了小作者的面子，又让大家明白了怎样才能把作文修改好。

随着年级的升高，对作文评改的要求也增高，到六年级时学生能写出像模像样的评语了。这种自己修改作文、欣赏他人作品的能力会让学生终身受益。

对小学生的作文，不要太苛求。孩子的文章肯定是有问题的，不必把所有的问题都提出来。有些问题可以"睁只眼闭只眼"，特别是表达技巧方面的问题。我们要拿放大镜艺术地放大他们的优点。

【对家长说的话】您在家里也可与孩子一道讨论作文。一是欣赏，二是提出修改意见。

【对孩子说的话】我们给同学评改作文，先要充分地肯定他人的优点，哪怕一个词，一个句子都不放过，再善意地指出不足。这样既学习了别人的优点，又知道了自己的不足，还能和同学亲切交流，成为亲近的朋友。互评作文，不仅能提高你的语文水平，还可以培养良好的人际关系呢。

 例文 1

最后的两堂课

山东　四年级　侯善松

时光如水，光阴似箭，好快啊！我还没来得及细细品味美文班的快乐就只剩下最后两堂课了。在前面的 13 次课里，我学到了许多东西：

1. 石头老师教会了我怎样做人，做一个堂堂正正，走路都咚咚响的大写的人。

2. 石头老师教会了我怎样作文，认真听、仔细看、用心想、积极说、大胆写，想写什么就写什么，把心里最想说的话写出来就行。

3. 石头老师教会了我评改作文，先真诚地肯定同学的优点、长处，哪怕一个词、一个句子写得好，就要做上表扬的记号，然后中肯地指出同学的不足，让他及时改正。

我的进步表现在方方面面，这一切都离不开美文班，离不开石头老师，离不开同学们。这 13 次课让我感到非常快乐，"玩中学、学中乐、乐中有收获"，石头老师这么说了，也带着我们这么做了。就说评改作文吧，开始，我一本作文都不愿意评，也不敢评，可看到其他同学给我写的评语，我跃跃欲试了。最初，石头老师只给我评一本，慢慢地给我评两本了。特别是我给赵辰浩提了修改意见："如果你能把大家怎样留下石头老师的过程写具体，你这篇文章就更漂亮了。"没想到赵辰浩按我的修改意见补充了许多细节，果然他的文章发表在石头小屋里了，我虽然只是幕后英雄，但心里美滋滋的，那里面有我的一点儿功劳呢！

唉，真可惜，只剩两堂课了！不过没关系，我们真诚地挽留，石头老师答应再留一段时间，我会继续上美文班的。石头老师，您给校长说说，给我留个名额吧！

谢谢啊！

【学生评语】赵辰浩：侯善松哥哥重点写了美文班的收获，表达了自己对美文班和石头老师的喜爱，特别详细写了评改我的作文。真的很感激你，你是一位好哥哥！

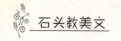
 例文 2

好文章是改出来的

四川　六年级　陈一朵

今天，是 2009 年的第一堂美文课，石头老师先评讲上一堂课同学们写得好的文章。老师轻轻地翻开作文本，用她那特有磁性的声音朗读了赵晟百的美文《石头妈妈来我家啦》。

石头妈妈读完，我们都情不自禁地鼓起掌来，有的同学还向赵晟百竖起了大拇指，他的脸红了，不好意思地低下头笑了。石头妈妈请腼腆的赵晟百站到台上来，让我们大家认识认识。雷鸣般的掌声再次响彻了整个教室，因为我们都太喜欢这篇有真情实感的文章了！赵晟百站在石头老师的胸前，紧紧地靠着老师，好幸福哦！虽然他有点不好意思，但脸上写满了自豪。说实话，我羡慕得都快要流口水了！

赵晟百的文章描写得很细腻，特别是上完英语班后一溜烟儿跑了的那种动作、心理活动的描写，让我们仿佛看到了他背着书包，飞快往宾馆跑的样子。听着同学们不断地评出赵晟百文章的优点，我甚至有点儿嫉妒了，作为一个六年级的大姐姐，这一学期我还没有一篇美文发表在石头小屋里呢！

接下来石头老师又读了刘晓颖的文章，刘晓颖把对话描写得十分传神，我向她竖起了大拇指。刘晓颖平时是很粗心的，没想到她也能写得这么细致！这说明她是认真感受了生活，留心了课堂上的人和事，才用心写出了这么经典的美文！作为她的好朋友，我真为她的进步感到高兴呢！

最后，石头妈妈语重心长地告诉我们："孩子们，他俩的好文章都是经过自己认真修改了的，他们还专门到老师家来请教呢！好文章是改出来的，每一个孩子都应该学会精心修改自己的作文！"

是啊，"好文章都是改出来的！"我记住了石头老师的这句话，也非常认真地修改了自己的这篇文章！

【博友评价】飞天武者：写得不错嘛，把自己的真实感情表达出来了，学会自己修改作文真好！继续加油哦！

【博友评价】渔歌：孩子的精品发表在石头小屋，真是个好办法，凝聚学生的一个好方法，激发学生写作的一个好方法，也是激励学生最为直白的方法

……激励孩子向上的文字，启发孩子写作的文字，引导孩子怎样做人的文字
……石头小屋，不平凡的小屋！

附：

石头妈妈来我家啦

四川　年级　赵晟百

今天，天阴沉沉的，可老天爷给我带来了一个天大的喜讯！

中午，我上完奥数课刚回到家，妈妈开心地对我说："二娃，你喜欢的石头妈妈来了，等会儿在602休息！"

"石头妈妈来我们宾馆啦！为什么啊？"我又高兴又好奇。

妈妈看我又惊又喜的样子，刮了一下我的鼻子，说："你的石头妈妈早上换衣服后，把钥匙忘在家里了，你的大树伯伯到成都去了，明晚才回家，她无家可归，只好到我们宾馆来了。"我一听高兴得直跳，连声说："真好！石头妈妈来我家了！"

"吃饭啦！吃饭啦！"刘星姐姐大声叫道。

吃饭时，我觉得这顿饭菜好香好香，美味极了！我一边吃饭一边想：石头妈妈会不会叫我到602房间去玩啊？

"孩子，吃完没有？"好熟悉的声音，我扭头一看，石头妈妈已经站在了我的身旁，我连忙站起来请石头妈妈吃饭。她笑容满面地说："我在朋友家吃过了。"妈妈从厨房赶过来说："您吃点儿吧，刚起锅的羊肉，又烂又香，热烫烫的，您喝一点儿汤吧！"

"谢谢，我真的吃过了，你们快吃吧！"石头妈妈摸着我的头说："二娃，下午你干什么？"

我激动地说："2点到4点，我上英语班，然后就没事了。"

"那好，放学后来602，我们一起玩！"我爽快地答应了石头妈妈的邀请。石头妈妈说出了我最想说的话，哪有不高兴的道理呀！

上英语课时，我开小差了，总想着单独和石头妈妈在一起会是什么样子。平时我们每周只有两个小时和她在一起，大家都觉得时间太短了。今天，老天爷真是照顾我，让石头妈妈把钥匙忘在家里了，又让大树伯伯到成都去了。哈哈，石头妈妈成了无家可归的"孩子"了，真好玩儿！

好不容易放学了，我顾不得和英语老师说再见，一溜烟儿地跑回宾馆，直

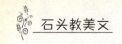

奔 602！哇，石头妈妈开着门在等我呢！"刚 4 点，你就回来啦！"

"我等不及了嘛！"顾不得放下手中的书包，我就坐到了石头妈妈的身边。挨着亲爱的石头妈妈，我感到非常幸福。忍不住问："石头妈妈，您那么多朋友，为什么就想到来我们家呢？"

"你说呢？"石头妈妈反问我。

"因为您最爱我，把我当成了自己的儿子，一有困难就想到了我们，是吗？"

"还是我们二娃能干！如果你原来不告诉我，石头妈妈就不知道你们家开了一个宾馆呢！谢谢我们的乖二娃！谢谢你的爸爸妈妈！"一下午，我俩玩得很开心！今天晚上，我还要和石头妈妈住一起呢！

虽然今天天气阴沉沉的，但老天爷让我和石头妈妈零距离的接触，这是对我勤奋学习的最高奖励！

第三节　高年级

1. 解放心灵

心灵蕴含有人的气质、欲望与本能，有属于它自己的判断与特有的"思考"的功能。人的态度、世界观、价值观、人生观等同样属于心灵。陶行知先生倡导"解放儿童"首先是解放儿童的"脑"，这个"脑"就是指心灵。

解放学生心灵，首先要营造宽松自由的氛围。我们要在教学过程中为学生创造更多的表现自我能力、展示自我气质的机会。像老舍先生所说的那样："写'从心里掏出来的'真心话。"在作文时无所顾忌，真正做到心里怎么想，笔下就怎么写，无所不言。写出反映他们的童心、童真、童趣、童韵的好作品。这就要求教师切实转变观念。充分地尊重和信任学生；平等地对待学生，和学生开展心灵对话；顺势引导他们的学习态度、人生态度；播下积极健康向上的世界观、价值观、人生观的种子；努力消除学生对作文的种种恐惧，营造一个宽松、和谐、民主的教学氛围；营造一个让学生能在习作中"畅所欲言"的环境。

【对家长说的话】最难是保护孩子的真，不要让孩子提前进入成人世界。让他们生活在自己年龄的当下，保持童心、童真、童趣、童语、童韵，就能写出好作文。

【对孩子说的话】不要受那么多框框的限制，说自己最想说的话，用儿童的语言去写自己最想写的事儿，因为文字是有年龄特征的。

 **例文 1**

"酸"

四川　六年级　徐婷

今天，是美文班开课的第三天，也是我感觉到"酸"的一天。

你可能会问又没吃东西，为什么会酸呢？听听下面的故事，你也就知道了。

昨天，石头妈妈第一节课给我们读了三篇范文（说是范文，其实是班上同学写的美文），我好羡慕他们，也好嫉妒他们哦！因为石头妈妈读完以后，就会让他们上台亲石头妈妈，抱石头妈妈。但有什么办法呢？谁叫我不争气，写不出好作文来啊。

本来想想也就算了，嘀咕着可能明天的范文就是我的了吧。我左等等，右等等，好不容易才熬到今天，一大早就兴冲冲地来到教室。过了一会儿，上课了，不知怎么的，我的心里好像是十五只吊桶打水——七上八下的。第一篇不是我的，第二篇也不是我的，我抱着最后一线希望急切地想知道第三篇是谁的。

"这篇美文的题目是《先做人，后作文》。"石头妈妈说道。

我一听，差点儿蹦起来，因为我的题目就叫《先做人，后作文》，哈哈，我终于有机会上讲台抱抱、亲亲石头妈妈了。但一听内容我像泄了气的皮球，"哎！咋又不是我的呢？"

虽然这次还是没有我的作文，但我坚信，总有一天我的作文会闪亮登场的，而且必须是两篇！想到这里，我的心"甜"起来了。

【学生评语】罗书航：题目新颖，一看就有让我想往下读的渴望，并且心理活动写得极好。加油，下一次的范文一定有你！

【博友评价】凡人一叶：您的学生写得亲切自然，孩子们的童真、童趣跃然纸上。同学的评语写得很到位，鼓励中提出希望，把孩子们的心灯点亮了！

【博友评价】思梅：小诗送给徐婷："徐徐短篇嘴酸酸，婷婷有悟心甜甜，学无止境需谦谦，再上层楼乐翩翩。学习氛围自己创，无师呵护属高尚，你追

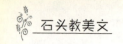
我赶精神爽，此茂彼盛乐向上。"

例文2

粗心的妈妈

山东　五年级　刘嘉琪

我有一个粗心的妈妈，她大大咧咧的，经常把我和爸爸弄得哭笑不得。

这不，好戏又上演了。一次，我正在书房做作业，妈妈大声喊："吃饭啦！吃饭啦！"我正饿了，连忙冲到洗手间洗了手。来到饭桌边，我一看好多菜呀，真香！可没看见饭，我问妈妈："饭在哪儿呀？"妈妈走进厨房去盛饭，可拿了一个空碗走出来，一边走还一边说："我忘了按开关了，米还是生的呢！"啊？我晕！

还有一次，妈妈一声高呼"啊？"我急忙问："怎么啦？"妈妈着急地说："我刚买的发卡找不到了，快帮我找一找嘛！"于是，我和妈妈把相关的地方翻了个底朝天，还是没见着发夹的踪影。我无可奈何回头看妈妈，这一看不要紧，我忍不住对妈妈翻了一个白眼，说："妈呀，发卡不是在你的手上吗？"我妈妈哈哈大笑起来，还自嘲地说："真是骑驴找驴呀！"唉，让我狂晕！

妈妈呀，妈妈，你什么时候改这粗心的坏毛病呀！

注：我妈妈虽然粗心，但她很勤劳，很爱家，是一位称职的妻子和妈妈。我写这篇文章并不是讨厌妈妈，而是在学习抓住人物的特点描写一个人。好妈妈，您可千万别生气呀！——爱您的女儿琪琪

【博友评价】sunshine：孩子的笔是最奇妙的，他们描绘的永远是真挚的情感。嘉琪把妈妈的粗心描写得惟妙惟肖，把我都逗乐了。

【博友评价】晨熙：琪琪笔下活灵活现的妈妈，现实生活中很多，不奇怪。欣赏琪琪的文笔。

2. 开拓思想

解放心灵，营造学生"畅所欲言"的环境。在具体的作文指导过程中，还应赋予学生作文时思想感情上的自由。说文解字解释思想为："思"者，上为"田"，下为"心"，"心之田"；"想"者，上为"相"，下为"心"，"心之相"。思想如何，你对事物的判断就如何。即所谓"仁者见仁，智者见智"；即所谓

"相由心生，境由心造"。让学生写自己眼中看到的、耳中听到的、心中想到的、说真话、吐真情，用自己的语言，写自己想写的话。像达尔文一样，"我一贯力求思想不受束缚"。真正给予学生思想感情上的自由，让学生们敢想敢说，大胆地把生活的体验反映在自己的作文中。得到巴尔扎克的肯定，"一个能思想的人，才真是一个力量无边的人"。让学生写真人记真事，说自己想说的话，抒发自己想抒发的情，这样才能在他们的习作中展示实实在在的真感觉。

【对家长说的话】对小学生而言，真实是最可贵的，不要给他那么多框框，"思想的自由就是最高的独立（费斯克语）"。要保护孩子的真性情，不要强迫孩子说他们不愿说的成人话、写那些不适合他们年龄的那些事。

【对孩子说的话】作文一定要写自己的真感觉、真思想、真感情，才会产生积极的正面作用，爱因斯坦就说："一个人对社会的价值首先取决于他（真实）的感情、思想和行动。"小学生作文，真实的、自然的就是最好的。那我们就做最好的吧。

 例文 1

不一样的我

四川　五年级　张馨文

我，张馨文，一个结实的、壮壮的小男孩，要说现在的我和过去的我就是不一样！

过去的我，一听说作文头都大了，真恨那些"发明"写作文的人，他们真不怕整死人啊！现在的我可大不一样啦，虽然还不是写得很好，但一点儿也不怕啦。每周的作文课，我是早早就到了，你问为什么？我担心迟到啊！

过去的我，才上作文课时，总有些坐不住，一会儿和左边的同学说话，一会儿又和右边的同学说话。老师看见了，会及时来提醒我，有时摸摸我的头，有时轻轻拍拍我的桌子，有时眼睛盯着我，冲我点点头。我明白老师眼睛说的话，那是要我安安静静听讲。可管不了多久我老毛病又犯了。

现在的我可不一样啦！上课时，我总是专心地听老师讲话，老师走到哪儿，我的眼光就跟到哪儿。同学们的发言我也全神贯注地听，原来哥哥姐姐说得可好了，我会和其他同学一样，会情不自禁地鼓掌表扬发言的人。每一个问题，我都会积极地思考，大声地回答，也赢得了不少的掌声，心里美着呢！石头老师说"真正高素质的人会倾听"，这话一点儿都不假。

再说说我在东辰学校的表现吧，原来同学说一点儿对不起我的话，我就会拉着他的衣服，一副"凶巴巴"的样子教训他。老师批评打架的学生里面常常有我的名字。可现在我告别了那种行为，因为石头老师说："谁也不可能浑身上下都是金子，都在闪闪发光，每个人都有不足，要允许别人有不同意见。"因此，我现在还很有一点儿君子风度了！

我，张馨文，和过去真的不一样了！

【石头的话】馨文原是个怕作文、厌作文、恨作文的孩子，他妈妈很担心。当他找回真实感觉后写了这么长的作文，真不简单。

【博友评价】阳光：馨文，从文章看，你真的是不一样了哦。首先是喜欢上了作文，而且你的文字运用得很棒呢。第二，改掉了"凶巴巴"的样子，有君子风度。

 **例文 2**

代言阳光

山东　五年级　孟晨曦

阳光无价？阳光有价！抢购阳光！电话号码：快乐＋随和＋气质。快递服务，包送到你的内心！快递员——孟晨曦。

大家好，我就是孟晨曦。我是阳光的代言人。我的工作就是把所有的阳光都推销出去，并让所有人的心中都充满阳光。

朝阳，很美！夕阳，很美！明晃晃的烈日也有独特的美！阳光不分贵贱！只要你愿意坚持"快乐＋随和＋气质"，阳光就自然照到你那里了！现在让我给大家介绍几种阳光快递：

1. 温柔阳光：它可以温暖人心。

2. 快乐阳光：它可以使人振奋。

3. 梦想阳光：它可以使人不放弃自己的梦想。

铃铃铃！有人打电话来了！我要去送阳光快递了！心中的阳光，需要太阳

（师长）的孕育；需要雨露（朋友）的陪伴；需要在大地（校园）这个舞台上尽情展示。最后说一下我的创业理念：让阳光下的我们像太阳一样，温暖自己，照亮他人！

【博友评价】樟青：文章别具一格与众不同，阳光真美，阳光无价，阳光公正。她，永远属于心中有阳光的人们！

【博友评价】游牧者：太有个性了，文如其人。"快乐＋随和＋气质"光芒四射，射到每个人的心田！

3. 随心所欲

我们提倡学生写"放胆文"。就是让学生放开胆量去写作文，事情是怎么样的就怎么写，怎么想的就怎么表达，要求说出真心话、描述真感觉、表达真性情。作文时要让学生的身心获得真正的自由，允许学生自由倾吐、无拘无束，甚至随心所欲。具体做法：

（1）命题要自主。学生受作文命题的限制，往往要应付基础训练上的作文命题，违心地说些苍白无力的话语，真正精彩纷呈的生活却被埋没了。如果不定题目，不定框框，鼓励学生用心述说，于是学生笔下处处闪耀着生活的光彩。这样学生愿意写、乐于写，习作中的"孩子气""童稚语"随处可见。

（2）表达要一气呵成。小学生作文在表达形式上往往有许多人为的壁垒。那些"怎样开头、怎样过渡、如何照应"；或是"审题五法、立意六招、选材七条、布局八要"等"正确的技巧"，使学生作文处处受约束、时时受限制，无从下笔。即使作文写好了，也常常是已经模式化的"样板戏"了。因此，我在作文教学中要求作文当堂完成，写前打腹稿，写什么，怎么写，先想清楚，然后一气呵成，不担心缺胳臂少腿，也不因某个字词卡壳。写好后再用修改符号正确修改，直到自己满意为止。学生打腹稿时，可能身体姿式有些"怪异"，不会正襟危坐，这是他们思考时不同的下意识表现，不要去"纠正"他，否则会打乱他的思路。

注意：课堂作文不要带回家写，避免爷爷、奶奶、爸爸、妈妈代劳。

总之，我们应倡导小学生作文从思想到感情，从内容到形式，都放开手脚，自由作文。只有这样，学生作文时才会真正做到自由表达，也才会表现出真情实感和独特的个性。

【对家长说的话】给孩子松绑，任其发挥，让他自由自在地写出真性情。千万不要帮助孩子写作文，那是害孩子哟！

【对孩子说的话】放开胆量去写自己的真性情，别怕说错、写错。就是错了，也没关系，再来一次又何妨。坚持认真写，每次进步一点点，我们就能写出自己满意的好文章。

 例文 1

可爱的"坏孩子"

四川　五年级　宋瑶君

一见到江宜航就知道他是一个活泼的孩子，一双圆溜溜的大眼睛，很机灵的样子，虽然我和他是同桌，可关系却不太好，因为他太爱恶作剧了。

有一次，他捉了一只蚂蚁，趁我不注意的时候，把蚂蚁沾了一点墨水，放在我的作业本上。嘿！这可把我害惨了，蚂蚁爬到哪儿，哪儿就有墨水，不出一分钟，我的本子上便出现了一条清晰的"墨水小路"。

江宜航不但爱恶作剧而且还"有仇必报"。有一次，我"收拾"完他后就放学了，当我快要到家时，他突然出现在我面前，一边拍打着他那大屁股，一边嬉皮笑脸地说："老巫婆……"我听见他那么叫，当然很生气，便去追他。谁知那江宜航跑得飞快，追都追不上。这时我心想，如果我真的是巫婆就好了，有一把魔力无穷的扫帚带着我飞，一下子就追上他，狠狠的用大扫帚揍他的肥屁股，让他以后再也不敢这么讨厌！

可是有件事儿让我改变了对他的看法。一天，老师说要选背书组长，同学们正讨论时，江宜航举手了。他会选谁呢？不料他脱口而出的名字竟是我！看来江宜航也能正确对待同学，并且也不记"仇"。

还有一件事儿，更说明了江宜航很可爱。我们学《绿手指》一文，老师问："老奶奶种出了多少朵金盏花？"同学们都说是一百朵，可江宜航却说："老奶奶用了二十年功夫只培育出了一朵雪白的金盏花。"老师笑盈盈地看着他，满意地点点头。同学们都不敢相信自己的耳朵，又认真地默读课文，果然是"二十年过去了。有一天早晨，她来到花园，看到一朵金盏花，开得特别灿烂。它不是近乎白色，而是雪一样的白。秋天，她把 100 粒种子寄到 20 年前的那家园所……"，我们不得不佩服他读书仔细认真。

我这位同桌啊，真是个可爱的"坏孩子"！

【博友评价】起之：宋瑶君小同学这篇作文，让大家认识了淘气但可爱的江宜航同学，文字不多，但很饱满。调皮的孩子聪明、有个性、有出息……这是人们爱讲的一句话，俺有时候会反问"真是这样的吗?"今天，在宋瑶君同学这里找到了答案。

【博友评价】青山白水间：文无定法，那些作文书中所教的方法，说起来头头是道，却会造成学生的作文千篇一律，更有可能束缚他们那活泼。石头的方法更贴近孩子们的心灵，所以才能让他们妙笔生花。说实话，看你的学生的作文是一种享受。因为从他们的笔下流淌出的，是他们自己的真实的生活，而不是为了作文而凑合的文字。

 例文 2

一块石头

山东　六年级　宋欣苡

顽强的石头，坚硬的石头，漂亮的石头……我有一块不一样的石头。

——题记

我有一块石头，
她，是我的老师，
她，很美。

她的眼睛，
像一片湛蓝的天空，
有一片梦想的舞台。

她的鼻子，
像一座挺拔的山峰，
有一座壮观的城堡。

她的嘴巴，
像一片茫茫的海洋，
在那里，有无穷无尽的宝藏。

她的脸庞，

虽然不再美丽，

但是，却让我找到了快乐和幸福。

我有一块石头，

她是我的老师，

她，独特。

在她的课堂，

像在品尝棒棒糖，

甜滋滋，乐悠悠。

在她的课堂，

像在游乐场玩耍，

乐呵呵，喜洋洋。

在她的课堂，

像在喝温暖的牛奶，

暖洋洋，热乎乎。

我有一块石头，

她是我的老师，

她让我明白了爱的韵味，

让我感受到快乐和幸福。

【博友评价】雨佳：好真好美的小诗，写出了俺们的心声，好石头，好老师！

【博友评价】印迹：这块石头，很美丽，有魅力，能把孩子们凝聚在一起，求进步，学知识。这块石头，放到哪里都能熠熠生辉！

4. 玩、学、乐、获

张化万老师说："儿童文化的核心是一种游戏精神。它追求一种自由创造的精神，平等的精神，非功利的合作精神；追求一种快乐的学习和生活过程，它成为儿童快乐的来源和本质。它启迪儿童智慧，释放活力，发展自由创造的努力。它照看的是儿童内心的自由、愉悦和本真。"

让儿童在玩中快乐作文，具体怎么做呢？

（1）坚持先做后写。"情动而辞发"，要想学生写好作文，就要先调动情绪。可合理安排一些活动，让学生在做的过程中，自然而然地产生表达的欲望和冲动，觉得有一肚子的感受要倾诉，处于一个"憋不住"的状态，自然是一吐为快。

（2）坚持作文游戏化。儿童世界的本质就是游戏，"儿童游戏中常寓有深刻的思想（席勒语）"。

儿童通过游戏认识生活，通过游戏学习交往，通过游戏模仿成人世界，通过游戏满足情感需要……可以说没有了游戏就没有了童年。游戏的元素还可以渗透到作文教学的各个环节。

（3）坚持即时性。现做现写，适合儿童的心理特点。孩子不喜欢回忆，他们生活在当下，发生在眼前的事情最容易激发表达的欲望。老师应多开展一些孩子们喜闻乐见的游戏或活动，让学生在玩中学，学中乐，乐中有收获，也就是在充满童趣的活动中，积极主动地获取知识和写作素材，激活他们写作的热情。

小学生对待学习并不像成人那样有明晰和高远的目标。好玩、有趣的事乐意为之；艰深、枯燥的东西会本能地排斥。要想学生喜欢作文，老师应该把作文课教得"好玩"一些。少一些繁琐指导、分析，多一些情感体验；少一些成人面孔，多一些童心童趣；少一些机械训练，多一些趣味活动……

当然，并非课堂上笑声不断就一定是"好玩"。真正的"好玩"应该是直抵心灵的。那是对作文由衷的喜爱，是写出优美文章后的一种快感。进而是对语文发自内心的痴迷和激动，是沉浸在优美的语言文字中，流连忘返的一种沉醉状态。

真正的"好玩"是一种境界；是一个解放学生心灵、启迪学生智慧的过程；是一个让学生的想象力、创造力尽情释放的过程。学生就是在玩中步入了文学殿堂，写出了锦绣文章。这种"好玩"需要我们用一生来追求。

【对家长说的话】常陪孩子玩玩，把您的教育作馅，孩子的好玩作皮，包个饺子给他吃，很好玩。

【对孩子说的话】玩是孩子的天性，好玩是我们的最爱。玩，要玩得有意思，要在"玩中学，学中乐，乐中有收获"，不能傻玩、疯玩。

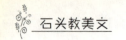

例文1

快乐吃瓜

四川　六年级　刘佳佳

今天呀，真快乐！我们全班同学一起吃西瓜。西瓜搬来了！看，那西瓜活像一个个胖娃娃，1、2、3……共有6个大西瓜，七八十斤呢。他们形状、颜色都不一样，有的圆滚滚的，有的椭圆椭圆的，有的长长的……有深绿色的青皮瓜，有浅绿色的本地瓜，有的浅绿的瓜皮上还有深绿的条纹呢！每个瓜头上都有一个绿绿的小辫子，证明它们是刚从地里摘下的新鲜瓜。看着那些大西瓜，它们仿佛正朝着我笑呢！看着看着，我仿佛尝到了它那甜蜜蜜的汁水，沙沙的感觉，真好吃。一口咬下去，满嘴都是汁水，真甜啊！

老师切西瓜了，只见那刀亮亮的、长长的，好锋利呀！可是西瓜太大了，老师使劲按，西瓜才分开。哇！瓜瓤红红的，汁水直流。我的口水也跟着流出来了，我连忙擦掉，生怕同学发现了，可没想到同学们的口水都流出来了，呵呵！好不容易老师把6个瓜都分完，前排的课桌上都摆满了。只见一块块三角形的西瓜红瓤黑籽，煞是可爱！

分西瓜了，这是最激动人心的时刻。我早已瞄准了一块，这块瓜非我莫属。"大家自己上台来拿！"老师一声令下。同学们虽然心里直想快吃到瓜，可还是很有风度的一排一排地上前去拿。看着别人拿瓜，我生怕自己那块被取走了。可是天不助我，那块瓜被好友赵雨霏拿走了。终于轮到我了，我快速地浏览了一遍，选中了一块红通通的，籽少的西瓜。还没回到座位上，我就咬了一口，哇！好甜呀！甜甜的汁水从我的嗓子流进了我的胃里，甜透了我的心，感觉爽极了！再看看同学们吃瓜的样子，有的如饿狼扑食，拼命地啃着西瓜，有的挺斯文的，一小口一小口地吃。

正当我慢慢品尝甜美的西瓜时，老师说："啃得干净的，可以上来再拿一块。"话音刚落，有几个同学就跑上去拿了，接着很多同学都上去了，一场"抢瓜战"开始了。眼看西瓜一块一块的少了，我的心像猫抓一样，吃的速度也快了起来，顾不得淑女形象了，几口就把瓜瓤啃得干干净净，赶紧跑上去"抢"了一块无籽的西瓜……

这次吃瓜真快乐！它不光让我们品赏了美味的西瓜，还让我们体会到了学习生活的丰富多彩，更让我们享受到了作文的快乐！

【博友评价】《作文评点报》编辑翼枫：小作者将一次全班同学一起吃西瓜的事成功地写进了作文，优点有：

1. 内容集中，紧紧围绕"吃瓜"一事来写，毫无旁逸之笔。

2. 描写成功。无论是对西瓜外形的描写，还是对小作者和同学们嘴馋表现的描写都很生动、形象，字里行间体现出对西瓜的喜爱之情，写出了生活气息和浓浓的孩子气。

3. 结构清晰、完整。开篇直接入题，主体部分先写西瓜的外形，然后按切瓜、分瓜、吃瓜、抢瓜的顺序来写，结尾又照应开头，紧扣题目，十分圆合。

【博友评价】阳光：佳佳的观察细致入微，心理活动描写真实，语言活泼有趣，好文章！看得我也好想吃西瓜。

 例文 2

惊险绝活

山东　六年级　张惠彦

今天我们的美文课是"才艺展示"，石头老师总是创造机会让我们大显身手。

老师一如既往地微笑着对我们说："孩子们已经准备好自己要展示的节目了吧？那就亮亮我们的绝活，让石头也开开眼界！"

"我先来，老师！"于欣志那个勇敢，那个高兴，争先恐后地跑上了讲台。

首先，于欣志给我们介绍了他的节目名——"钢丝穿气球"。什么，"钢丝穿气球"我不会听错了吧？揉揉耳朵，它很正常。我连忙睁大眼睛仔细看，只见于欣志左手把一个蓝色气球拿起来，右手拿着一根细细的钢丝，他用钢丝尖对准了蓝气球的中心，右手的拇指和食指，轻轻地捏着钢丝，来回转动着，一边转动，一边小心地加力气。他的头向后仰着，手臂想要用力，又不敢用力。我们都担心气球爆炸了，看得心惊肉跳，胆小的女同学已经捂住了耳朵。于欣志似乎胸有成竹，他小心翼翼地一使劲儿，钢丝进入到气球的肚里去了，万幸，没有爆炸！

气球里的气慢慢从钢丝洞里往外漏，幸好漏得不快，还有一头没有戳穿呢。我们心里着急，更担心了。石头老师真沉得住气，她站在于欣志旁边，小声地叮嘱："慢慢来！"只见于欣志深深地吸了口气，抬起手臂，钢丝对准蓝气球对面的球中心，一点一点地将钢丝往里塞，钢丝一点一点地向前挪，他手里的动作越来越轻，钢丝的尖终于顶到对面的气球壁了。我的心已经提到了嗓子眼上，生怕气球炸了。于欣志加了一点劲儿，对面的气球上顶出了一个"小山头"，穿透了！气球没有爆炸，也没有瘪。我们长舒了一口气，高兴地鼓起掌来。

于欣志又用同样的办法穿了一个红气球，这一次他轻松多了。

于欣志的"钢丝穿气球"让我们在场的同学都非常吃惊。在他表演穿气球的节目时，我想到了一个道理：气球的肚子好似一个汽油罐，因为肚子里的气吹得越多，它的肚皮就越紧，用针一穿"砰"的一声就会爆炸。相反呢，如果吹得少，用针一穿，气球就像鸡蛋壳一样不容易爆炸。不知我这个理解对不对？

第二个惊险绝活是孙永福表演的，他居然敢"吃火"。他把火柴擦燃后吃进嘴里，还一点儿事都没有。孙永福虽然表演的时间很短，但他的表演是一流的，同样很精彩。

今天我们美文班的"才艺展示"课，石头老师又一次让我明白了每个人都有自己的绝活，每位同学都有不同的精彩。我很欣赏于欣志和孙永福的惊险绝活，欣赏身边的每一个人。

【学生评语】京剧哥：于欣志，真厉害，针穿气球不会爆，孙永福，真勇敢，面无惧色吃火柴，张惠彦，文笔好，详略得当写得妙，惊险刺激跌宕起伏，让人读完回味无穷，仿佛身临其境。

【学生评语】sunflower：张惠彦的眼睛像两个摄像头，拍摄着于欣志的每一个动作，像动画片一样把"惊险绝活"展现在我们面前。

【博友评价】高丽：惠彦，随着你细致入微的观察，脑海中慢慢地浮现出于欣志在美文课上惊险、刺激，有点小恐怖的精彩表演。于欣志精彩表演的同时，同学们的惊恐、石头老师的沉着，自己的担心，都写出来了，真不简单！你细致入微、真实再现那精彩的一幕更值得我们为你喝彩！

更重要的是通过美文班的"才艺展示"课，你体会到"石头老师又一次让我明白了每个人都有自己的绝活，每位同学都有不同的精彩"。

【博友评价】程飞妈妈：今天我们有幸听石头老师讲课。虽然认识石头老师好久了，但一直没机会听过课，听程飞讲石头讲美文，上石头小屋评美文，真是一件很开心的事，每次都盼着星期天快来，可以见到石头老师。这次我和刚认识的王文博爸爸一起和小石子们听石头老师讲课真是受益匪浅。真正感受到了"玩中学，学中乐，乐中有收获"，从中学到了知识更学到了做人的道理。我们也被石头老师的精彩讲课深深吸引，这里的美文真是没得比，没有哪个老师像石头一样爱孩子，欣赏孩子。更没有任何与石头美文相比的课堂，是独一无二，别开生面的。

第六章　写人、状物

小学生作文，大都是写人、记事、状物。人有二重性：一是外在的相貌、表情、语言、动作、气味，看得见、听得着、闻得到；二是内在的心理活动，看不见、摸不着。别人的心理活动，会通过外部表现间接传达出一些转瞬即失的信号，这需要及时感知；自己的心理活动是靠敏感和思考产生的。要把作文写得更美，有必要探讨一下写人、状物的注意事项。

第一节　写自己

小学生写自己主要是写自己的情绪、情感，也就是自己的内心世界。

小孩子单纯，外部的表现都由情绪、情感直接支配；外在的人、事、物、地也直接影响他的情绪。因此我们要重点培养学生心灵的敏感度，人毕竟是活在自己心灵里的。老师要敏锐发现学生写作中"内心世界"的表达，及时肯定用语言准确捕捉"内心世界"的学生。

写自己的心理活动，能达到"五度"，就基本写好了自己。怎么捕捉自己的心理活动呢？

一是理混沌。很多时候，人的内心常常是种混沌感觉，喜、怒、哀、乐、悲、恐、惊等等，一时说不清楚。而故事内涵往往蕴藏在这"无法明说"中。作文就要将喜、怒、哀、乐、悲、恐、惊等，混然一团的内心感觉理出头绪，用文字清晰地表达出来，内心就敞亮了。要用自己活跃的语言，以写具体行动来表达心情，才能事半功倍，这样的写作才有精度。而不能过多使用"我很开心""我很愤怒"……等笼统、混沌的语言。

二是抓矛盾。矛盾是普遍存在的心理活动，我们常处于两难选择的矛盾中。"两难"容易引发深度思考，在争辩中捕捉矛盾，学生思维的广度、深度、缜密度都会得到锻炼。暑假到了，是旅游还是上兴趣班？是去乡下看爷爷奶奶，还是去图书馆读书……只要有选择，内心就有矛盾。选择其中一项有什么好处，有什么不足；两者都兼顾有什么优势，有什么不利，这些都会在内心折腾。怎么折腾的，把它捕捉住，清晰地表达出来，就提升了写作的高度，又会写出许多文字。

三是用推理。人的脑子，经常会不由自主地从一个现象推想到下一个现象，甚至会向下推想出一幅"多米诺骨牌"。如看见天上起乌云自然想到会下雨，再会想到出门带伞、增加衣服……进一步会想到买伞、洗衣服、洪灾……这样想下去越想越宽、越想越深，这就是推理。只是人们习以常，推理了而不自觉罢了。老师要有意识培养学生一颗"留意"的心，引导学生回到自己的心灵故居，有意识地开启心中的"推想"之门。把推理培养成一种自觉地"本该如此"的思维习惯。这样可写的东西越推越多，就拓宽了写作内容的广度。

四是复杂化。人是唯一能将复杂问题简单化，简单事物复杂化的动物。如电脑设计越来越复杂、精确，功能越来越多，而操作却越来越简单；又如写字就是划个痕迹，却产生了不同书体和流派，诞生了书法艺术……

许多人、事、物、地看似简单，如开拓思路深度思考，就会发现简单的背后有复杂或可以很复杂。作文就需要这种复杂，复杂了可写的东西才多，写出的文章才有厚度。

向什么方向复杂化呢？它的作用、意义、发展、情感等都可复杂化。如"一抔黄土"可以种庄稼，可以垒墙，还可以……对农民是基本的生存资料，对国家是权力是尊严，对民族是养育之本……良性发展可永续使用，恶性发展是国家的灾难……人民富裕、国家强盛、民族振兴是这片土地的骄傲；外敌入侵，土地丧失是这片土地的耻辱……

怎么复杂化呢？与事、物、地这些"不是人的东西"对话是有效的方法。把它们都当成"有心里话"的人与之交流对话，交流越多思想就越深邃，作文就越有深度。可成为一种游戏，常找"对象"对话，就会越说心灵越敏感。

法无定法，写心理活动方法还有很多，大家一道探索吧。

写人不仅写心理活动，还有外貌、表情、语言、动作等等，在"写他人"里去探讨，也可用来写自己。

【对家长说的话】心理活动是孩子重要的写作内容，常陪孩子玩一些培养描写心理活动的游戏，是个不错的选择。

【对孩子说的活】我们生活中形形色色的人和事，千奇百怪的景和物，丰富多彩的内心活动，把它"捉住"写下来，就是不错的作文哟！注意，语言不求华丽，美的语言都是朴素的。

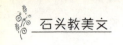

艰难的选择

山东　五年级　严鸿儒

选择，你知道什么是选择吗？选择就是要在好多种里挑一种，然后要负责，这就是选择。今天我做了一个艰难的选择。

上午做完月饼，中午没睡好觉，因为下午就要领月饼了，欣喜若狂，睡觉时间倒计时：59 分钟……56 分钟……41 分钟……30 分钟……12 分钟……3 分钟……1 分钟。耶！起床喽！顾不上管族员了（本期小学部学生实行家族式管理，中秋节学生体验中秋文化都到餐厅动手做月饼），我迅速冲下楼去……

呼啊，呼啊，我一路疯跑，其他同学都还没到教室。哦，等等吧！二十分钟左右，同学们陆陆续续来到了教室。还没等马老师说"走"的时候，我就像离弦的箭一样冲出去，找到族员，并且超音速般"飞"下楼，一急之下忘了拿户籍卡。三心二意，又去拿，正数第一，变倒数第一！哎，好吧，排队等吧。

终于轮到我们家族了。分享我们亲手做的月饼，还剩最后两个。一个是史官老师的，一个是我的。一看，哇！月饼这么精致，里赤外褐"黄鹂"色，看着就想咬一口。包装有趣、有风味，那甜蜜蜜的味道仿佛溢了出来！美美地看着，想着，忽然有人拍我肩膀，回头一看是个小弟弟，他提醒说："给史官老师送月饼！"我苦笑一下，去了。

走到办公室门口，发现史官老师不在，石头老师在，看样子她很疲惫。可她亲切地问我："鸿儒，找马老师吗？""不，我找史官。"说完转身走了。心想：石头老师对我们很好，我这一个就不吃了吧。反正有两个，一个给史官，一个给石头老师。刚要回头送出去，愣了，我的给石头老师了，妈妈吃什么？我又吃什么？还是带回家吧！我、妈妈、爷爷、奶奶都可以尝一口呢！这可是我们亲手做的！可石头老师 30 多年前的学生寄来的月饼，她一个也没舍得吃，全部分给学生和朋友了，我怎么就舍不得一个小月饼呢？

怎么办？怎么办？我心里像十五只水桶——七上八下的，实在拿不定主意了。看见了马老师，我急忙向她求教，可马老师想了一下告诉我："还是你自己选择吧！"唉，这选择为什么这么艰难啊！

坐在教室里，看见同学们吃着香甜的月饼，我口水都流出来了。但我真的不能吃，我必须做出选择！石头老师给了我们整颗心的热爱，我们心心相印！

我只好忍痛割爱，送给了石头老师。她不知道真相，还蒙在鼓里呢。就这样，我做了最终的选择。

回家的路上，我的心还很纠结，刘宇赫的妈妈招呼我，我都没理，我觉得对不起自己，对不起妈妈，对不起爷爷奶奶。

选择怎么就这么艰难、痛苦呢？如果有两个月饼该多好哇！

【博友评价】印迹：鸿儒的文章写得很好！好在感情真挚，语言流畅，对自己的心理活动写得很真实，很生动。她用爱老师的真心解决矛盾，最后做出了抉择，对孩子来说，这个抉择真的不容易。

【博友评价】无妄清清：这仅仅是一个五年级学生的文章。真实、自然而感人。我听了石头老师的美文课以后，仿佛看到了可爱的种子们在阳光和甘露的滋润下砰，砰，砰的发芽，延伸，长出新鲜亮丽的叶子，哇，又开出了小花……每颗种子都全神贯注。

这是小学的美文课。这又不是小学的美文课。石头老师的课教做人，做真人。字如其人，文如其人。

【博友评价】空谷幽兰：一颗热情的心，无比高尚的爱。石头老师爱学生，又被学生喜欢，这才是真正富有爱心的教师，也是具备良好师德的教师。石头老师不仅教会了孩子作文，更教会了孩子真爱。

 例文 2

我只是比别人矮一点而已

山东　六年级　孟颜玲

从上一年级开始，我总是比别人矮一点儿。上课时，我坐第一排；做操时，我站在第一排；排纵队时，别人总把我推到排头。唉，谁让我是班上最矮的呢？

对于我长得矮的原因，同学们讨论过多次了，有人说我得了侏儒症，有人说我营养不良，还有人说我就只能这么高，再也不会长了。但他们不知道，关于我长得矮的原因，有一个很科学的名词——晚长。但无论我怎么解释，他们都不相信，始终坚持自己的观点。我真有点儿跳进黄河也洗不清的感觉。

可是，我仅仅是比别人矮一点而已啊！为什么我要受到这种不公平待遇？

为什么他们要嘲笑我？我想了很久很久，也不得其解。我个子虽矮但志向高，我决心努力，做个人见人爱的优秀女孩。

我开始努力，上课认真听、仔细看、大胆说，下课努力练、用心记。之后的几次考试，逢考必是优。我积极参加学校的合唱团，为六一表演节目等等。即使这样，仍有同学嘲笑我。

随着年级的上升，我渐渐改变了想法：走自己的路，做最好的自己，让他们说去吧。有人嘲笑我时，我不会再挥拳示威。因为我知道自己在其他方面是最优秀的，只是个子矮一点而已！

当有人再嘲笑我，拿我和低年级同学比身高时，我只是微微一笑，轻轻反击一句：浓缩的是精华。然后留下一个华丽的转身。

我想，总会有那么一天，我会长成让所有人羡慕的白天鹅，骄傲地向他们宣布：我当时只是比别人矮一点儿，仅仅那么一点点儿而已！

【学生评语】张圆堃：行文流畅，语句优美，用词准确，写出了自己的真实感受。文中洋溢着满满的自信，这种感觉真好！

【博友评价】樟青：我想，总会有那么一天，我会长成让所有人羡慕的白天鹅，骄傲地向他们宣布：我当时只是比别人矮一点儿，仅仅那么一点点儿而已！——孩子，我相信你！春天快乐！

第二节　写他人

1. 形意巧搭配

写人总要写外貌。高矮、胖瘦、大头小脑、大嘴小口、大眼小睛、浓眉淡毛、密发光头……全写？还是写一部分？写哪一部分？怎么写？一连串的问号。

写人的外貌不必全写，不必面面俱到，选有特点的写就行。怎么选呢？很简单，好的"锦上添花"、孬的"落井下石"。就是抓住特点写外貌，要与想表达的这个人的性格合理搭配。如想表达张毅的勇敢，就选他外貌中能衬托勇敢的特点，如倔强的眼神，眉宇间的"川"字……他又黑又瘦，又是三角眼的外貌完全不用写。如要表现李赫性情开朗、乐于助人，选他的微笑和善意的目光写就很好。何必如实地写他是个招风耳呢。如要表现阿歪的心理阴暗、常出歪点子损人，可写他狡黠的目光、似睡非睡的眼睛就行。没必要写他英俊的身材和特有的"男高音"。这就叫写的形和表达的意思要巧搭配。

其次要用自己朴实的语言，美的语言都"素面朝天"，少用形容词和比拟词汇。如一个人写樱桃小口很好，全班同学都写樱桃小口，还像话吗？一次写大眼睛炯炯有神可以，每次都写大眼睛炯炯有神，得了怪病吧！总之，写出不一样的性格特点就好了。

【对家长说的话】基本方法就这样，但法无定法，您可能还有更好的办法，试着与孩子一起切磋切磋吧！

【对孩子说的话】写外貌，要抓住特征，写出生动传神的形象，写出自己独特的眼光，让文中的人物栩栩如生，让读者有亲眼目睹的感觉。

 例文 1

可爱的"傻"石头

山东 六年级 孟翔

"傻"石头有一副可爱相：短而自然卷的头发，厚厚的嘴唇，洁白的牙齿，憨憨的笑容。"傻"石头衣着很朴素，她一点儿也不懂怎样修饰自己，更不像别人一样化妆，可我总觉得她很漂亮。（开门见山，外貌描写抓住了特点，"傻"石头一下就跃然纸上。好！）

"傻"石头经常为我们做"傻"事。瞧，美文班 8 点才上课，她 7 点过一点儿就到办公室了，一来就打开电脑，看我们的习作，充分做好上课的准备。（石头真的很勤奋，她总是走在时间前面）

上完美文课，"傻"石头批改作文时还哼着小曲，一点儿也不像别人改作文时愁眉苦脸的。（嗯，我看见过多次，老师批改作文时很快活，好像是笑在脸上喜在心里呢！）

"傻"石头在家里还在继续为我们做"傻"事。她把我们修改后的作文配上插图，精心地编辑后发在石头小屋的客厅里，让众多的朋友来欣赏、留评、指导，帮助我们进一步提高写作水平。要知道发一篇我们的习作，她要用好长时间呢！"傻"石头年纪大了，眼睛不好，真是难为她了。（老师为我们付出了很多，我们真的应该常到石头小屋去学习，这样才对得起老师辛勤的劳动，才不辜负老师爱我们的一片真情）

"傻"石头更"傻"的事儿还在后面，如果哪个学生进步大，心中有他人，是有教养的孩子，"傻"石头就会把他带回家共进午餐，享用她亲手做的四川菜。可"傻"石头有腰疼的毛病，忙活一个中午，她的腰一定很疼，但她乐呵呵的，似乎忘记了自己的伤痛。（以后我们约老师出来玩儿，别让她太累了）

你们说"傻"石头是不是很可爱？现在这么傻的人还真是少有呢！我不仅非常爱"傻"石头，还想做一个像她那么可爱的人！

【学生评语】侯晓晖：孟翔，你这篇文章写得非常好，全文紧紧围绕一个"傻"字，写出了老师的可爱，结尾点题，首尾呼应，一气呵成。

【博友评价】老城：孩子们自己点评作文，真好！文章生动活泼，点评恰到好处！

【博友评价】pplong：呵呵，"傻"石头老师看了这篇文章，一定快乐地、傻傻地笑起来啦。真是傻得可爱，傻得可敬，一个爱岗敬业、无私奉献的好老师形象跃然纸上！

 例文 2

漂亮的阿玲姐姐

山东　四年级　刘力丹

今天我们班来了一位贵客，她是四川绵阳的陈阿玲姐姐。看看她，和蔼可亲的模样，微笑中带着一点儿害羞。阿玲姐姐有一双乌黑明亮的大眼睛，美丽的双眼皮儿，抿着微笑的嘴巴，脑后自然地束起一条马尾巴小辫儿。哇，太漂亮了！

阿玲姐姐首先简单地做了一个自我介绍，原来她6月参加了中考，成绩不错，她爸爸奖励女儿，问阿玲姐姐要什么样的奖励？阿玲姐姐毫不思索就回答："去山东看石头妈妈！"

然后阿玲姐姐给我们讲了她和石头老师在一起的故事，我听得格外认真。阿玲姐姐跟了石头老师6年，和老师情同母女，任何时候都牵挂着对方。我真羡慕啊！

下课了，我们随着阿玲姐姐一同下楼，一起快乐地玩耍，一起讨论问题，一起照相留念……从中我知道了许多阿玲姐姐的故事。上课了，我俩手牵着手走进了教室。

阿玲姐姐真好，千里迢迢来山东看石头老师，她和石头老师一样，对人真诚、厚道。我们全班同学都非常喜欢阿玲姐姐！

【学生评语】阿玲：今天我和山东的小石头们在一起学习，真的很开心，也很快乐。在石头妈妈的课堂上，惊喜不断，快乐不断。我真想在石头妈妈身边多待一段时间，多听听石头妈妈的声音，多看看石头妈妈的笑容。

【博友评价】张峰铭的爸爸：我也被你深深感染了，感谢你的夏日美文，带给我们丝丝凉意。我的儿子张峰铭明天也要加入你们的美文班，希望你们多多帮助他、鼓励他，让他和你们一样出色，做一颗不甘落后的小石头。希望你能和我的儿子成为好朋友。

2. 人有七情

（1）五官均候任。

他人的心理活动"我"不知道。想知道，怎么办？看，看他的表情。人的喜、怒、哀、乐、悲、恐、惊等，会泄露他的全部内心秘密。

内心秘密通过什么渠道泄露的？通过"五官"，眼睛、眉毛、牙齿、鼻子、嘴巴都是"泄密者"。

怎么泄露的？"五官"的细微变化和微妙的肢体语言的配合泄露的。

这"五官"均在等候你的任用。写表情，这"五官"一般也不必全部任用，选一到三个"德才兼备"的"官"出任就行了。

如写"紧张""焦虑"，可选眉毛；写"惊慌"，可选眼睛；写"微笑"，可选嘴角和牙齿；写"惊讶""高兴"，可选嘴巴和眼睛；写"藐视""嘲笑"，可选鼻子和眼睛……这就要细心观察、用心体悟，用自己的语言挑选两三位最能传递人的心情、状态的"官"写就好了。同时有什么肢体语言，也选一两个配合配合。

孩子可以对着镜子模拟各种情绪看自己的"五官"怎么变化的，多体会多描写。体会多了，看别人的表情就能体会他人的情绪。写情绪，不仅要写看到的，更要写你的印象和感觉到的。

（2）眼睛是个显示器。

眼睛几乎能够表现人的全部内心，因为人的"精""气""神"全部藏在眼睛里。就像显示器一样，所有的视觉信息全从这里投射出来。人天天都在用眼睛说话，这种心理反应，不用学人人都会，所以把人最秘密的心灵全泄露出来了。写作就可从这里捕捉人的内心信息。

眼睛"像海水一样清澈明亮"，写的是纯洁；"眼露凶光"，写的是杀气；

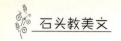

"炯炯有神"，写的是精神；"瞠目结舌"，写的是惊讶；"贼眉贼眼"，写的是狡黠。眼睛向着天空"目空一切"，写出了骄傲与自大；"含情脉脉"，写出了"有意思"；"目不转睛"，写出了专注；"怒目圆睁"，写出了愤怒。小小的"黑眼珠不停地飘来飘去"，写的是打鬼主意；"没有光泽"的眸子，像是玻璃球做的假眼睛，写出了绝望；眼睛变得"大大的却无光"，写的是麻木……

写眼睛，不仅要把看到的眼睛外部写出来，还要把眼睛里藏着的个性、内心，和你对这个眼睛的感觉、印象写出来。

【对家长说的话】 常和孩子玩表情游戏，一个弄表情，一个说对方的心理活动，说得越细越好，然后写下来。比一比谁说得好、写得好。这会是个有趣的玩法。

【对孩子说的话】 别人发脾气、开心、忧愁、欢喜、焦急、惊讶……我们悄悄地观察他眼睛外形有什么变化。白眼球、黑眼珠怎么变化的，眼光有什么不一样，其它"官"又是怎么配合的，把这些看仔细了，写下来，你就偷着乐了，以后作文时再不用发愁啦！

 例文 1

无声的批评

四川　五年级　陈一朵

"丁晓兵经过刻苦训练，用左手做事比别人用右手还要做得好！"石头妈妈绘声绘色地讲着感动中国丁晓兵的动人事迹。突然，石头妈妈停住了话音，她的眉头皱成了"川"字，一种失望的神情流露出来，她的眼睛微微闭着，头轻轻地摇着，双手背在背后，在教室里来回走动。很明显老师生气了，她在克制自己的情绪。同学们都知道石头妈妈是很少生气的，霎时间，教室里静得连一根针掉在地上都听得见。我窘红了脸，将头深深地埋下，我知道，石头妈妈在无声地批评我了。因为这之前，她曾用眼睛提醒我专心听讲，不要影响同学，而我却悄悄地找同学说话。

石头妈妈很顾及我的面子，她没有看我，而是静静地看其他地方，她的眼神像深深的潭水，既有疼爱，又有失望。我读懂了石头妈妈的意思，那眼神分明在说："一朵啊一朵，你怎么就管不住自己呢？你怎么才能改掉上课爱说话的坏毛病呢？"无声的批评深深地刺痛了我的心。是啊，我怎么就管不住自己呢？我怎么才能改掉这上课爱说话的臭毛病呢？石头妈妈您那是恨铁不成钢啊！

石头妈妈，对不起，我知道自己错了，我一定会努力改正的。我一定会记住：陈一朵是一个说话算话的学生，我一定做一个堂堂正正，走路都咚咚响的人！

谢谢石头妈妈无声的批评。我会永远记住，在我人生旅途的第一班车上，有一位既爱我，又严格要求我的石头老师。这无声的批评会鞭策着我不断前进。

【博友评价】海凝：石头老师教育学生很讲究方法，从不伤害学生的自尊心。

例文 2

我想和你交朋友

四川　六年级　江宜航

欢迎你来到交友网站，想和我做朋友吗？我可想和你交朋友啦，你快来吧，到我的空间来！

我很荣幸和江泽民主席同姓，适宜远航，全名江宜航。是一个进出男 WC 的人。我圆圆的脑袋上有一对忽闪忽闪的大眼睛。这眼睛可亮啦，充满了智慧。眼睛为心灵的窗户嘛，你一看就知道我是一个聪明的男孩儿。和聪明的我交朋友那该多好哇！

我有两个特点。一个是爱哭，爱笑，还爱打闹，另一个嘛就是爱吹牛。我常在朋友面前吹牛皮，说"我可以单挑大象"，"我什么都懂"……当然，这只是为了他们开心。不过我还说过给老师买别墅，为奶奶买宝马车，这可不是吹牛，将来我一定能做到！

我的爱好是看书。一个星期天，妈妈要我陪她去公园玩，可我坚持要先到书店看半个小时的书。妈妈无可奈何，叫我30分钟后去公园找她。可我却沉醉于书中，"醒来"时一看表，已经过了几个小时了。我赶快给妈妈打了电话，可妈妈还是不依不饶，回到家把我臭骂了一顿，说我不守信用。我毫不生气，嬉皮笑脸地说："好妈妈，你骂得对，不守信用就该骂!"心里却想的是，为了多学点知识，被骂一顿也是值得的。

贪吃是我的一个大缺点。我是一个标准的美食主义者，所有好吃的东西都是来者不拒。因此我也吃尽了苦头：呕吐、拉肚子、便血……我还因此得了结肠炎，花了好几千元钱，去成都看了 N 次病，华西医科大学的院长都给我看过病，可收效甚微。原因是我的食欲丝毫不减。贪吃的缺点害苦了我。

我的另一个缺点是学习不踏实，想偷奸耍滑，所以写一手烂字，生字总不过关。奶奶骂我的字是张牙舞爪，爸爸说无可救药，每科老师都说改我的作业是受折磨。语文老师还摸着我的头说："这么帅气的孩子，应该写一手漂亮的字。"我真希望自己能发扬优点，尽快改正缺点，做一个品学兼优的好学生，成为你引以为豪的好朋友。

你不会嫌弃我吧？愿意和我交朋友吗？我很想和你交朋友。记住哦，我是绵阳市花园实验小学 6·2 班的江宜航!

【博友评价】阳光：依然和宜航，看得出来你们是一对好朋友，依然懂事认真，宜航聪明伶俐，这样的伙伴是互补型的，可以互相学习互相帮助。祝你们共同进步。

3. 咱们不是哑巴

（1）先要开口说。

小学生初写作文语言往往简单化。常常把"喊""说""叫"……后面的话省略了，只"概括"出喊、说、叫的意思。结果是文章太短，人物都是哑巴，文章干瘪，缺乏灵气。

如："妈妈回到家，我告诉她，王阿姨打电话请我们周六晚吃饭，妈妈不同意。"意思表达清楚了，可王阿姨、"我"、妈妈全是哑巴。28 个字太短，像会议通知。让三个人开口说话会怎么样呢？来试试：

妈妈回到家，我从书房冲出来，长长的一声"耶!"高兴地抱着妈妈。

王阿姨打电话请我们周六晚吃饭。

妈妈笑嘻嘻地问："王阿姨怎么说的?""小佳啊，好久没见你了，周六请你们全家到'渝都大酒店'吃晚饭。6点啊!"我把王阿姨的原话重复了一遍。"你怎么回答的?"妈妈不放心地问。"我心里美滋滋的，当然谢了王阿姨啰，还传了个飞吻呢!""那怎么成呢?"妈妈锁紧了眉头，推开我的手，"不去，不去。""为什么呀?"我满心疑惑。

学校通知，周六参加家教讲座，不是早就安排好了吗？妈妈很为难地继续嘟哝，"怎么办呢？"

"这有啥？我给王阿姨打个电话，换个时间嘛！"

我一屁股坐在沙发上。

人物开口说话了，28个字变成了一大段文字，还可以写得更长。从这段文字可以看出人物的对话，是由"说的话"和提示语组成的。有的提示语在"说的话"前；有的在"说的话"后；有的在"说的话"中间；有的直接对话，没有提示语；有的和"说的话"各自独立为一个自然段。不同的语言环境，提示语的不同用法，会让文章更加生动有趣。下面来分析这段话：

①妈妈笑嘻嘻地问："王阿姨怎么说的？"

这句话，提示语"妈妈笑嘻嘻地问"在"说的活"前面，是为了强调妈妈怎么问的。

②"小佳啊，好久没见你了，周六请你们全家到'渝都大酒店'吃晚饭。6点啊！"我把王阿姨的原话重复了一遍。

提示语在后面突出"说的话"，这句话有双引号表示重要并且是原活。

③"你怎么回答的？"妈妈不放心地问。

这句话提示语在后，是为突出说的话："你怎么回答的？"

④"为什么呀？"我满心疑惑。

这句话提示语在后，突出说的话"为什么呀？"

⑤"我心里美滋滋的，当然谢了王阿姨啰，还传了个飞吻呢！"

这句话没有提示语，对活流畅、急切，如加上提示语反而不顺。

⑥"那怎么成呢？"妈妈锁紧了眉头，推开我的手，"不去，不去。"

这段话提示语在中间，有语气和意思上的停顿，突出前后说的话。

⑦学校通知，周六参加家教讲座，不是早就安排好了吗？妈妈很为难地继续嘟哝，"怎么办呢？"

这里是中间提示，提示语前的话是转述，也不重要，不用引号；提示语后面的话是直叙而且重要，用了引号。

⑧妈妈回到家，我从书房冲出来，长长的一声"耶！"高兴地抱着妈妈。

王阿姨打电话请我们周六晚吃饭。

这里提示语在前，说的话在后，强调了提示语，又各自独立为一节，提示语在前可以不用冒号，改用句号。说的话是概括性意思，不是原话无引号。

⑨"这有啥？我给王阿姨打个电话，换个时间嘛！"

我一屁股坐在沙发上。

这里，"说的话"独立为段在前，用动作独立为段在后面提示，"说的话"

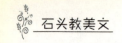

和提示语都强调了。

提示语表示"说"。一篇文章不能总"说"到底嘛！可轮流使用表示"说"的其它字、词、成语、熟语等，文章就更精彩了。

如：讲、叫、喊、问、答、吼、骂、告、夸、呼、吟、读、斥、责、劝、评、议、赞、论，述、辩、曰、训，声明、发言、畅谈、议论、谈论、辩论、商讨、狂言、复述、婉言、谎言、直言、谈话、讲话、叙述、议论、商量、谢谢、怒斥、驳斥、批驳、辱骂、诅咒、说服、评说、申诉、劝说、劝告、解说、讲解、分辩，振振有词、花言巧语、滔滔不绝、说三道四、信口雌黄、胡说八道、大放厥词、道听途说、巧舌如簧、能言善辩、能说会道、强词夺理、一语中的、妙语连珠、唇枪舌剑、窃窃私语、侃侃而谈、夸夸其谈、快人快语、妙语惊人，打开天窗说亮话、一语道破天机、明人不说暗话……中文词汇太丰富了可挑选使用。

（2）变化的提示。

提示语还可以变化，用表情、动作、肢体语言、心理活动表达"说"的意思，文章会更加有趣而灵动。仍以上面那段话为例。

①妈妈回到家，我从书房冲出来，长长的一声"耶！"高兴地抱着妈妈。
王阿姨打电话请我们周六晚吃饭。

这句提示语是用动作、表情、肢体语言表达的而无"说"字。

②"那怎么成呢？"妈妈锁紧了眉头，推开我的手。"不去，不去。"

这里用表情、动作提示，没用"说"字。

③"为什么呀？"我满心疑惑。

这里用心理活动代表"说"。

④学校通知，周六参加家教讲座，不是早就安排好了吗？妈妈很为难地继续嘟哝，"怎么办呢？"

这里是用表情作提示语。

⑤"这有啥？我给王阿姨打个电话，换个时间嘛！"
我一屁股坐在沙发上。

"一屁股坐"既表达了心情又提示了上面"说的话"。

（3）说得有特征。

"说"的内容要符合说话人的特征，同一个意思，男人和女人说得不一样，老人、中年人、小孩说得不同，不同职业的人说得各有特征。也就是内容要符合人物的年龄、身份、性别、地位、职业、学识、品位等等。

王伯伯抱着骨折后满是污泥的右手到了急珍室。

"快找水把泥巴冲啦"。这是同行的农民说的话。

"用清水清洗伤口，消毒"。这是医生说的话。

"妈呀！快洗干净"。这是年轻女性说的。

"别乱动，用水先轻轻洗干净，再请医生清毒"。这是成熟男性说的。

一件时尚的男风衣。

少女说："好漂亮哦！真洋气。"

少男说："爽！帅呆了。"

服装师说："设计巧妙，融入了中国元素，典形的中西结合。"

人们口头表达时，思维跟不上，往往找个词先垫着等待思维。如："啊、最后、先、接着"等，"然后"的出现率最高。作文时要将这些说话时先垫着的词通通去掉。

【对家长说的话】小孩子作文写得平淡无味，往往是没有人物的语言、对话，如果能引导孩子将对话生动形象地写出来，内容就丰富了。

【对学生说的话】作文写得短小不具体很苦恼吧？先治哑病，写清楚人物对话，用好怎么"说"的提示语，文章就丰满了，也更妙了。

 例文 1

舌头和牙齿

四川　四年级　方忠斌

舌头和牙齿都住在温暖的口腔里，一个很柔软，一个很坚硬。骄傲的牙齿看不起舌头，常常奚落它。

牙齿傲慢地问："你有我硬吗？舌头。"

"当然没有你硬，牙齿兄弟。"谦虚的舌头回答。

"你知道就好，懦弱的东西。"牙齿更加轻蔑地说。

"我确实没有你硬，但并不是懦弱。"舌头争辩说，"主人吃东西的时候用你也要用我，而说话的时候用我却不用你。再说……"

"住嘴！"牙齿恼怒了，"你怎么敢和我相提并论！我洁白光滑，坚硬无比，你软软的，一点儿力度都没有。我要咬你不费吹灰之力，而你却拿我无可奈何！"

"何必这样说呢?"舌头说,"我们还是和睦相处吧,没必要争个输赢。"

"和你在一起,我感到羞耻,你算什么东西!"牙齿说。

"我们走着瞧吧,看谁最行。"舌头不再理会牙齿。

时间在流逝,舌头和牙齿的主人越来越老了。牙齿一颗一颗地脱落了,仅有的几颗牙齿也残缺不全。而舌头仍然好好的,尽心尽力地为主人服务。一天,牙齿很惭愧地说:"舌头兄弟,原谅我年轻时的无知、无理。我虽然硬,却被你的软战胜。我现在是真的服你了,你谦虚克制,是真正的强者。"

舌头礼貌地说:"好兄弟,我们各有各的用处。你已经尽职尽责了,做到问心无愧了。我们在一起是一种缘分,根本没必要争个你强我弱。"

牙齿听了舌头的话,感到很温暖,它紧紧地靠着舌头,满意地点了点头。

【博友评价】海蛎子:在得到愉悦心情的同时,也让一个道理得到了灌输,很不错的文章。我以前也读过类似的文章,但是结局不是一样的,道理也不是一样的。谢谢你给我们提供这么好的文章!

【博友评价】雨的印记:这个故事好有喻意,我们每个人都有自己的特长,但现今社会更需要精诚合作的团队精神。

 例文 2

采访石头老师

山东　四年级　丁宜欣

教师节前夕,小记者站的老师布置了一项作业,让我们采访一位老师。顿时我心里好像有一面鼓"砰砰"地响着,我们的老师都那么严厉,我哪儿敢去采访啊? 我感到非常紧张,担心这个任务完不成。

可当我看到石头老师时,突然有了主意。我走到石头老师面前,试探性地问道:"石头老师,我可以采访您吗?"

"可以啊,小宜欣要采访我,很高兴呢!"没想到石头老师爽快地答应了。

问的第一个问题是:"我们都知道您的网名叫'高原石头',同学们也亲切地称呼您石头老师,请问您是怎么想到这个名字的呢? 有什么特殊意义吗?"石头老师竟然反问了我一个问题,"你去过高原吗?"我摇了摇头,"没有去过。"

石头老师若有所思地告诉我："高原缺氧，人迹罕至。但我见过的高原，草木茂盛、鲜花盛开、牛羊成群，别有一番风味。遗憾的是没有像模像样、坚硬顽强的石头。大自然不应是一种单纯的美，应是万物共存的、自然的、和谐的美。因此，我愿做高原上的一块顽石。"

"这块顽石，耐得住空气稀薄，守得住孤独寂寞，抵得住风雪侵蚀，始终默默无闻坚守一角。"

"这块顽石，工作需要时，可敲碎作铺路石，可作学子人生的基石，也可作房屋的奠基石……只要需要，只要能派上用场，做什么都可！"

听了石头老师非常认真、诗意的回答，我紧张的心情早已消失了。我明白了老师取这个名字的寓意是要"耐得住空气稀薄，守得住孤独寂寞，抵得住风雪侵蚀，能做学子人生的垫脚石"。

接着，我连续问了六七个问题，每问完一个问题，石头老师不仅认真地回答，还用鼓励的眼神看着我，让我信心十足。在石头老师的鼓励下，我顺利地完成了采访任务。

通过这次采访，我更进一步地了解了石头老师。她是一位平易近人，热爱学生的特级教师。

【学生评语】冯天慈：宜欣，这篇文章写出了你的心理活动，把采访过程写得很详细，并且重点突出，主次分明，详写第一个问题，其它的一笔带过。你才上四年级就写出这么好的作文，佩服你。

【博友评价】宜欣妈妈：采访报告是硬任务，那天石头老师又认真又配合，对宜欣的帮助太大了，宜欣不但为采访到了名师自豪，还写了长长的采访报告。下次再有任务采访其他老师的话，应该不再那么害怕和紧张了。

【博友评价】sunshine：记者看问题往往都具有独特的视角，小宜欣采访的切入点也很特别呢，从"高原石头"的由来，引伸到石头的人格魅力。祝贺宜欣采访成功！

4. 木偶也有动作

(1) 动作来个慢镜头。

"他拿扫帚扫地。"这话意思清楚，说得太简单。怎么扫的？没有具体动作。小学生作文不是专业学术论文，不需要那么概括，需要的是细腻。写人的动作，要像电影慢镜头，细细琢磨。将"一个动作"像动画片一样分解成"一连串"的画面，一个画面一点变化，才能给读者历历在目的感觉。要大胆地分解，开始分解的动作可能呆板不流畅，没关系，那是熟能生巧的问题。我们把

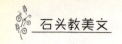

"他拿扫帚扫地" 分解一下看看：

　　王晓明眼睛睁得老大老大，上牙咬着下嘴唇，生怕嘴里发出一点声音。他双手下垂，十指向前伸平，掌心向下，翘着脚尖像木偶样，一垫一垫地走到卫生角。伸出左手，食指在前，拇指在后，轻轻取下挂钩上的红绳，同时右手掌朝上，五指收缩，拿稳扫帚。轻轻向左转身，又一垫一垫地走向东南角。他微微弯腰，左边扫三下右边扫三下，扫帚好像没有离开地面，就这样他迅速地扫完了整间屋子。没发出一丁点儿声音，生怕惊醒了劳累一天的李大伯。

　　动作一分解，6个字成了一大段。人一天到晚的动作，实在太多，写动作，不可全写，要着力选择能传递情感的动作写，要抓住有内心感受的"动作点"写，动作是能表达感情的哦。

　　（2）显微镜里看动作。

　　写动作，同样要符合人物的年龄、身份、性别、地位、职业、学识、品位等特征。这些特征决定了动作的不一样，相同的动作也有细微的差别。正是这些细微的不同，才反应出人的不同。作文就是要像显微镜一样看到这些不同的细微处，并用文字描述出来，学生才入门了。

　　第一次喝功夫茶，连喝八"大"杯，急死人啦！不爽。

　　李叔叔哈哈大笑，双手捧脸，用两个中指从大眼角开始，在闭着的双眼上向两边抹去，生怕我看见他笑出的眼泪。

　　"功夫茶不是'喝'的，是品的"。

　　李叔叔边示范边讲解："从准备茶具开始就有很多讲究，全过程都蕴含着文化艺术成份，所以才叫'茶艺'嘛！"

　　只见他用右手拇指和食指在大杯碗里拈了八个碗形小杯，摆成一排，又在每个小碗杯里，放一个杯口朝上的圆柱形杯子。

　　"这叫摆杯。"

　　他用右手端起开水壶，左手中指食指轻轻压在壶盖顶，配合右手向一个蓝色瓷青蛙头上淋去。很快青蛙由蓝色变成金红色，口中还含着一个大金钱。

　　"这叫金蟾吐钱。"

　　李叔叔继续说："这蟾的表面是特殊的釉，遇上高温就由蓝变金红，表示水温已够，可以泡茶了。"

　　他又向八个圆柱形杯子一一注满水。

　　"这叫温杯。"我眼珠子忙惨了，那圆柱杯外面出现了小金龙，一条、两条……八条龙全显灵了。

　　李叔叔再将开水冲向茶壶，立马又将茶水倒入另一个茶壶上的漏斗里。

"这叫洗茶。"然后用竹捏子把"小金龙"摆成一圈，向小金龙斟茶。可有趣啦！他双手上下点三下，"这叫韩信点兵。"围着小金龙转一圈，"这叫关公巡城。"……

李叔叔把小碗杯盖在小金龙上，魔术般地用左手大拇指按住杯底，食指中指夹住小金龙，一个"天翻地覆"，右手五指抓起小金龙。"这个叫闻香杯。"他把闻香杯放在手心，杯口顺着虎口快速地搓了几搓，嘴巴还撮成"茶壶嘴"喝气，那是小金龙"咬"手的缘故。

他迅速将小金龙口对着鼻子，闭上眼眼深深地吸着香气，同时慢慢地挺起胸脯，昂起头沉浸在那香气中，"这叫闻香。"李叔叔端起一个小碗杯给我："孩子尝尝。"他自己也端上一杯，噘起嘴巴在杯口喝得呼呼响，还吧嗒吧嗒嘴巴。"这叫品茶，是对敬茶人表示谢意。"李叔叔继续说："功夫茶是品的，品其香、品其味、品其韵。"嗨！这功夫茶还真有蛮多功夫呢！所以叫"茶艺"。

这段话把"品茶"过程中的细微动作写得很详细，符合品茶人的特征。农民伯伯大热天在田间劳动一天后，回到家不可能像李叔叔那样"品"功夫茶。所以这个人喝茶和那个人喝茶，表面看都是喝茶，仔细看，很不一样，这才符合不同人的特征。

生活中的动作，都是一次性的，不可能给你再表演一次。你写到那个动作，那动作早消失了，这就需要细致地对动作进行回想。让动作在头脑里放电影，先用心想，想不清楚的可以自己模拟那个动作想，想清楚了，变成心里的话再转化成文字写出来。写动作，是要写动作里带的那份感情。要让学生明白，整篇作文要传递什么样的感情。跟这份感情有关的动作，要用力写，细致写；跟这份感情没什么关系的动作，可以一笔带过，也可以省略不写。不要平均用力去写所有动作。

写人的作文，是将外貌、动作、语言、表情、内心的想法，多方面混合在一起表达的。每个方面都不需要面面俱到，只写与表达的情感相关的内容，其它就"马虎"吧。

特别注意，天下没有两个完全相同的人。他们各有不同的特征，作文就要写出独特的"那一个"。

【对家长说的话】小孩子作文写不饱满的另一个原因，往往是写人物动作也是用概括性的语言，动作没有细化，太笼统。提醒孩子注意这一点。

【对孩子说的话】作文写得干瘪无"肉"，愁眉苦脸吧？把动作写成"慢镜头"，特别能表达感情的动作再来个"特写镜头"就有血、有骨也有肉了。

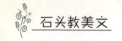

 例文1

动作，无声胜有声

四川　五年级　陈韵

今天的美文课上，石头老师在黑板上写了七个刚劲有力的字"动作，无声胜有声"，接着就给我们讲了一个故事。从前，有一个打铁铸刀的人家，生了一个女儿，可是女儿不会说话。哑女长大，没有力气帮父亲一起打铁。一天，父亲背着刀准备到市场上去卖，哑女看见了，就打手语说，让我去卖吧！

父亲纳闷了，自己的女儿不会说话，更不能吆喝，怎么能到市场上卖刀呢？女儿执意背着刀去市场了。下午，女儿早早就回来了，刀卖光了。接连好几天都是如此，父亲越来越纳闷。一天，女儿又准备去卖刀，父亲悄悄地跟在女儿后面，想看看究竟是怎么回事？

哑女走到市场，只见她来到众人面前，摆一根细铁丝和一根粗铁丝，拿一把刀搁在细铁丝上，轻轻一刀，铁丝就成两截了，而刀完好无损。哑女又走到粗铁丝面前，手起刀落，她面前的粗铁丝又成两截，而哑女的刀仍锋利如初。

哑女没有说一句话，但来买刀的人越来越多，在她的摊位前排起了长龙，人们争相购买她的菜刀。父亲长舒一口气，笑呵呵地回家去了。以后的日子，哑女用自己的智慧赢得了很多人的喜爱。

从石头老师讲的故事，我想到了生活中我们有的人也不善言辞，他们总是默默地用自己的行动说话。我的同学吴茹霞就是这样，我俩都是磨家的学生，要来城里的"智达"上课，得很早就起床，吃过早饭还得坐很久的公交车，可吴茹霞一次也没迟到。她的手上长了冻疮，都烂了，可她依然很认真地写好每一个字。吴茹霞无声的动作证明了她爱石头老师，珍惜和石头老师在一起的分分秒秒。

同学们，动作，无声胜有声啊，用行动来证明一切吧！

【学生评语】阿玲：石头妈妈的故事总是那样吸引人，总是那样引人思考。陈韵妹妹的标题，"动作，无声胜有声"命得好。很多人都在默默做事，动人以行不以言啊。

【学生评语】小鹏展翅：陈韵，你好！这篇文章写得真好，在石头老师讲故事的基础上添加了自己的见解。向你学习。

【博友评价】达凯：陈韵的小故事概括得非常好。从美文里我们又认识了另一位同样懂得珍惜的吴茹霞。在这么艰苦的条件下你们依然准时来到美文班，这种精神值得我们每一个人学习。困难，不可怕。只要有勇气有信心就一定能够克服。孩子们，有付出一定会有收获。在石头的美文班里，一定会让你们"不虚此行"的。

 例文2

捉螃蟹

重庆　四年级　刘永丹

四月的一天，我们全班同学在老师的带领下，来到风景秀丽的木瓜溪游玩。

到了木瓜溪，就见此处山清水秀，溪水清澈见底，水藻轻轻地飘荡着，水里还有许多石头。这正是捉螃蟹的好地方。大家顾不上脱鞋，不约而同地奔向沟里，捉起螃蟹来。

我、周峰、高立一起捉。我搬了一块又一块石头，可是一只螃蟹也没看见，咦，难道这儿没有螃蟹？正在失望时，我发现一只指拇大的小螃蟹"自我暴露"了。不费吹灰之力，我就将它"捉拿归案"了。

一会儿，我又搬开一块大青石，呵！有一只大螃蟹正举着两只大钳，向我示威，好像在说："你不要来惹我，不然我就不客气了！"我有点儿束手无策，可眼珠咕噜一转，想出一个好办法。我找来一块与螃蟹大小差不多的石头将它压住，让高立摁紧，我迅速捉住它的双钳提了起来，就把它塞进了瓶子。我又用同样的办法，捉了两只大螃蟹和十多只小螃蟹。周峰更不示弱，在螃蟹多的地方，他简直像在水里捡石子似的。

我们沿着小溪沟向上走，来到了一个水浅的地方，搬开一块好大的石头，里面有一只巴掌大的螃蟹。"哇，好大呀！"高立惊喜地叫道。"小心，让我来！"周峰关切地说。我不知厉害一心想亲自擒拿，"哇！"好疼啊。螃蟹将我猛夹一刀，我的指拇上出现了一条血迹，螃蟹却不知溜到哪儿去了。我自认倒霉，去老师那儿包扎了伤口，又回到"战场"。我们三人安静了一会儿，搬开那块大石头，那只螃蟹正身披铁甲，严阵以待。我想，报仇雪恨的机会来了！我请高立用石头将它压住，想用老办法。可这只螃蟹一下掀翻了石头，想溜。

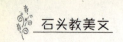

我急中生智，连忙用手中的饭盒猛地把它盖上，然后露出一条小缝，趁它伸出半个身子时，周峰飞快地按住它的背壳，我小心翼翼地捉住它的两个大钳。"捉住了！捉住大螃蟹了！"我们三人高兴地大叫。

后来，我们又捉了许多小螃蟹。"喂——吃午饭了！"随着喊声，我们满载而归奔向"营地"。

【学生评语】周峰：这篇文章语言丰富，细节描写好，特别是运用拟人法，把捉螃蟹的活动写得有声有色，淋漓尽致地表现了童年的乐趣。本文发表于《少年先锋报》。

第三节　状物

状物，就是对某一个事物或某一类事物，如植物、动物、建筑物、器物等进行描写和介绍。以借物言志或抒发感情。

要把物体描写得逼真动人，首先要对它进行全面细致的观察。然后分清主次，突出重点地将事物的特点清晰明朗地展现在读者面前。

语言的理趣是知识性的体现，情趣是情感性的体现，两者结合，才能显示状物类作文语言的知识性与趣味性。

写物一定要条理清晰，让人读起来一目了然。语言力求生动形象。可以采用联想、比喻、拟人、夸张等方法来丰富文章的趣味性和感染力。

状"物"不是为写物而写物，是要将自己的喜、怒、憎、恶的真实感受、体会融入其中，传递给别人。给人以启发和教育，让读者如见其物，感同身受。这样不论是托物言志，还是借物抒情的作文，都会充满哲理和情趣，也更能感染人。

怎样融入感情呢？一个简单办法，就是与物对话。把无生命、无感情、无语言的物当作人，与之对话交流。对喜欢的，把它当作"小宝贝"与其交流，倾吐自己珍爱的感情；对讨厌的，把它当作"大坏蛋"带着憎恶的情绪与之对话。喜恶要分明，憎不要太"恶毒"，爱必须要真诚。

【对家长说的话】孩子描写事物，观察仍是基础。要学会从不同的角度看事物，真正地去体会事物所蕴含的有价值的信息。观察要全面细致，描写不需要面面俱到。要突出特点，有层次、有条理地将事物的特征描述清楚。语言一定要鲜活，要融入情感。

【对孩子说的话】状物一是可以直接记叙或说明，二是将物当作"小宝贝"

或者"大坏蛋"写。这时它们有"语言、动作、表情和思维"。对物的观察要有一定顺序，可从上到下、从外到里，或从整体到局部、从点到面，再抓住特征刻画。写动物首先应写它的外形再写它们的生活习性；写静物山川，可运用传说，插入故事，展开联想；写器物要从整体和局部的大小、形状、颜色、质地、用途等入手；植物要从外形、颜色、气味、生长变化等方面来写。建筑物则可从位置、形态、结构或装饰等方面介绍。只写最能表达你感情的一到三点就够了。

 例文 1

石头的背包

山东　五年级　赵辰浩

"喂，一个背包有什么好写的？你以为写个背包就是一篇好作文了，那我也会写！"我脑海里一个小人说。"我写作文你也能叨叨一阵子，真是有能耐啊！"另一个小人反驳道，"我就是要写一篇好作文给你看看！""你一定行！"石头的背包宝宝附合着。

宝宝就是一个百宝囊，它红红的底色好像在对石头说："祝石头每天红红火火，快快乐乐，平平安安，健健康康，欢乐广进！"绿色的装饰是红底色的陪衬，好像红花丛中的片片绿叶。

说宝宝是百宝囊，是因为每当我们看见石头背着宝宝神采飞扬地走进教室时，就知道今天又要享受一堂真正的美文兴趣课了；每当有同学在课堂上表现出色时，宝宝就从大肚里献出一些可爱的小挂坠，有绿色和黑色相互映衬的北京福娃"贝贝"、"晶晶"，还有火红的"欢欢"、"迎迎"、"妮妮"……每当课堂环节很精彩时，石头马上能从宝宝那里得到相机，敏捷地拍下快乐的瞬间；每当我们写完作文时，宝宝总能送上一支红色的钢笔和一瓶红墨水，让石头潇潇洒洒地为我们批改习作；每当看到石头背着这个吉祥的宝宝走出校门时，宝宝的两根带子摇摆着向我们道别，好像在说："我装的水杯、湿巾、墨镜……要为主人服务了。"

呵呵，石头总是背着宝宝把我们引入一个快乐有趣的神奇世界，为我们打开智慧的大门，让我们对童年、对学习、对美德有了新的认识。对于她——石头，对于它——石头的背包宝宝，我们能成为好朋友，我感到很骄傲、很

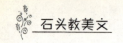

自豪。

宝宝，这个红色的李宁背包有石头这么好的主人真幸福，石头不光是每天爱护它、保护它，还让它发挥这么大作用，我真的很喜欢石头的背包！更喜爱火热的石头！

【博友评价】老城：石头背着背包神采飞扬地走进教室时给孩子们带来这么多欢乐，难怪孩子们喜欢石头老师。一个神采飞扬的老师，可以带出一群神采飞扬的学生。

【博友评价】寿星：石头老师的双肩包是个百宝箱。欣赏小朋友的文章，生动感人，赏心悦目，受益匪浅。

 例文2

唉，蚊子真讨厌

四川　六年级　刘佳佳

"唉——"我常常无可奈何的唉声叹气，自从回到农村老家，我就经常受到蚊子的骚扰、叮咬。

先说骚扰吧。每天傍晚，一群群蚊子就像蜜蜂朝王似的，嗡嗡地叫个不停，烦得我哟，只想一阵狂风把它们全都刮走。一天，我忍不住大声地吼叫，没想到它们居然闻声扑面而来，很多蚊子竟然撞到了我的脸上，吓得我落荒而逃。别说傍晚，就是白天上厕所也得带一把大蒲扇，边排便边驱赶蚊子。你看，刚赶走了前面的，后面的又来了，搞得你手忙脚乱，扇都扇不过来。厕所的蚊子可是长脚蚊，有毒呢，咬一口可不得了！这些可恶的东西一批又一批地向我发起进攻，我单枪匹马，怎么斗得过蚊子十万大军呢？

再说叮咬吧。哼！一不注意，身上就有十几个大红疙瘩，我活脱脱的成了蚊子的"聚宝盆"。一次，我觉得手臂上有被叮咬的感觉，忙低头一看，我的妈呀！一只大蚊子将那针尖般的嘴巴，刺进了我的皮肤，尽情地大口吸我的鲜血。我顾不了什么，一巴掌打下去，蚊子死了，红红的鲜血从它的肚子里冒出来，那些鲜血可能一个鸡蛋的营养还弥补不了呢。我这一巴掌虽然消灭了蚊子，但也在自己的手臂上留下了五个指印，可见我对蚊子的刻骨仇恨。

也许你会说用蚊香熏啊！嗨，你不知道蚊子们已久经考验，一般的蚊香没作用啦！现在，你知道我叹气的原因了吧。

【博友评价】一凡：佳佳，这应该是一篇日记，亦或可以看作一个小品，你人间喜剧似的给我们描绘了一场没有硝烟的战争！觉得你的文字如大人般的老练让人忍俊不禁。

蚊子的凶猛，蚊子的阵势和无孔不入，无处不在的厌烦，在你文字的背面张显，可以再写得慢一点，把条理再清晰化一点吗？

【博友评价】海滩小脚印：刘佳佳写得真实具体，把蚊子为什么讨厌写得一清二楚。是呀，蚊子的确很讨厌，但能把长期生活在那个环境的人们和你比比就更好了。

第七章　场景与风景

　　小学生作文主要是记叙文。记叙文的教学，历来要求写清楚时间、地点、人物、起因、经过、结果，这样，事情才算写完整。其实时间、地点是可以变通的，重点是事件发展的过程和事件展开的场景。起因、经过、结果都可能是在场景中展现的。

第一节　过程是时间

　　记叙文真的都要按时间、地点、人物、起因、经过、结果依次写下来吗？这要根据文章的需要灵活掌握，时间是可以变通的。写故事，时间上没什么特别的意义，可以不写；有特别意义的一定要写。如："今天，我一人在家看书，很无聊。"写一人在家看书，是今天、昨天并不重要，重在"无聊"，删去更简洁。"5月12日汶川发生大地震。"这个时间重要，要写。有时故事的过程已表明时间，再写上时间纯属多余。如："傍晚，西边的太阳就要落山了，我们收拾好渔具返回村庄"，"傍晚"就多余。小学生作文，大多数不需要特别交待时间，时间往往在故事发展的过程里。

　　【对家长说的话】 过程可以表明时间您赞同吗？作文起步时要交待记叙文的四要素，高年级时就要灵活了。看看孩子的作文，对时间的表述是否准确和必要。

　　【对孩子说的话】 写故事要看时间的表述是不是必须？如过程已表明了时间，就没有必要专门交待时间了。

例文 1

千岛湖之旅

山东 五年级 鞠天琪

清明假日，我们全家去了一个很美的地方——千岛湖。

晚上我们到达目的地——四星级豪华游轮"伯爵号"。在"伯爵号"住了一晚。第二天早餐后，我们便在游轮的最顶层观赏千岛湖的美景。游轮慢慢往前开着，眼前的天、海、山渐渐地溶为一体，呵呵，太美了！

瞧，一艘快艇从前方驶过，湖面上荡漾开了一轮一轮的波纹……

眼前的雾将山掩住，若隐若现，这是一种朦朦胧胧的美。不久后，船来到千岛湖的三分之二处，一艘小船把我们接到了千岛湖的第一岛——锁岛。锁岛上到处都是中国古代的锁，有普通老百姓家里用的，也有帝王将相家里用的……最奇特的是一把刻在老人头发上的锁。那把锁已经被放大了一百倍，但还是看不清楚。据说，"微型锁"的花纹雕刻很精美呢！

我们参观的第二个岛是鱼岛。这座岛上的鱼呀，真可谓"娇生惯养"呀！所有的鱼吃的都是"旺仔小馒头"，喝的都是"农夫山泉"。真羡慕这些鱼呀！

它们会不会还吃点海参呢？

第三个岛是鸟岛。顾名思义，这岛上除了鸟还是鸟，真的是鸟的天下。这里最普通的鸟居然也吃"旺仔小馒头"。不过，这次来鸟岛最有幸的是看到了孔雀开屏。那孔雀真漂亮，长长的尾毛像花似的展开了，还不停地转着身，让人们拍够"特写"。孔雀也通人意啊，它好像知道我们来一趟不容易呢！

……我们还游了一些岛，每个岛都有自己的特色。

哈哈！千岛湖真漂亮啊！特别在夕阳的余辉下更有一种朦胧的美。下次我一定还要来！

【学生评语】侯晓晖：千岛湖真美啊！我也好想去看一看，不过在你的作文中我已经大饱眼福了。写得很好，我仿佛身临其境了。

【博友评价】小孙：千岛湖美景，在天琪的笔下一幅幅呈现在我们的眼前，真美！

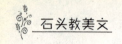

例文 2

游窦圌山

四川　五年级　唐伟伦

今年夏天，我们一家五口到江油窦圌山旅游。

太阳才露出红红的笑脸，爸爸开着车，奔驰在高速公路上。车开得很快，一路上畅通无阻，大约过了一个多小时，便顺利到达了窦圌山。

妈妈到售票口去买票，我也跟了过去。妈妈选择了坐缆车上山，她想让我体验一下坐缆车的感觉。我们到了坐缆车的地方。人不是很多，很快便轮到我们了。我要和妈妈坐一辆缆车，则让爸爸独享一辆，爷爷、奶奶坐一辆。

我和妈妈站在规定区域内，缆车则从后面绕来。当缆车快要接触到我后背时，我和妈妈一齐向后仰，便坐在了缆车上。缆车行驶得缓慢，我和妈妈欣赏着美景。

我看见了苍翠碧绿的大树，看见了绿油油的小草，还看见了在树上活蹦乱跳的小松鼠……缆车在半空中向上移动，下面的景物越来越小，犹如蚂蚁一般细小，让我感觉自己像巨人一般庞大。

我们下了缆车，漫步在林荫道上，感觉要比缆车上凉快许多，灿烂的阳光无法射到林荫道上。妈妈说："这里之所以比缆车上凉快，空气也很清新，是因为这里的负氧离子很多。"

我们在幽静的林荫道上行走了 30 多分钟，终于到了有人玩的地方。这是一个很大的广场，有精彩的演出，有美丽的奇花异草，还有各种游乐设施……突然，一声尖叫让我回头观望，只见一个女孩在"车"上从上面的轨道飞快的滑下来，速度惊人，才用了 20 多秒钟便从一处山腰上滑到了山脚。我要爸爸陪我去玩那个游戏，爸爸起初不想去，但最后却经不住我的"软缠硬磨"，只好答应和我一起去玩。

我坐在"车"上，准备出发。其实我坐的那个不是"车"，而是一个像浮艇一样的东西，人坐在上面，可以操纵铁杆，向前是加速，向后是刹车。"车"在磁铁做的轨道上滑动，像"悬浮列车"一样。

"车"开动了，上坡的速度很慢，操纵杆也起不了作用。还没有安全带，只要没坐稳，就会摔个"狗啃泥"。大约坐了一分钟，到达了半山腰，"车"要下坡了，我双手紧握操纵杆，身体贴紧"车"。"哗"，车已经在下坡了，速度越来越快，我觉得不够刺激，便猛推操纵杆，速度暴增，我觉得自己要飞起来了，轨道旁的树木就像是影子一般，飞快与我擦身而过，真是爽！"车"在行驶了20秒后，终于到了终点，由于我忘记刹车，车直接落在了胶板上，把我的屁股都抖疼了。真是太刺激了！

我们继续上山，走进了两山之间，就像是在"峡谷探险"，我发现前面的人聚在一团，都在向上望，我十分不解，也随之向上望，发现在山顶处，一只猴子正在像走独木桥似的，在两山之间的铁链上行走。我发现那猴子还系着安全绳，我定睛一看，那不是一只猴子，而是一个人。我的心里顿时充满了震惊。迫不及待地想知道那个人是谁！我飞快地顺着通往山上的路跑着，一会儿，就把爸爸他们甩远了，大约过了20多分钟，我终于爬到了山顶，见到了那个走铁索的人，只见那人已经到70多岁的年龄，头发白了，留着长长的须发，就像是"太极张三丰"一样，鹤发童颜，神采奕奕，不知您是哪朝的遗老？

他走绳索，观看者要给20元的表演费。我们人不够，那老人要等观众，太阳红着脸要给人们说再见了，我只好恋恋不舍地离开了窦圌山。

窦圌山真让人流连忘返！

【学生评语】小台：美文加上石头老师精心配制的图片，给人身临其境的感觉。一个个场景在美文里熠熠生辉。如果再注意一下文章有详有略和细节描写会更好。

【博友评价】景淇妈妈：跟着唐伟伦的美文，游览了第一次听说的"窦圌山"，再看石头老师配的美图，如同身临其境啊。孩子眼中的世界，是最纯净的；石头眼中的孩子，是最可爱的；我们眼中的石头老师，是最值得尊敬的！无论在哪里，我们都想念着您，亲爱的石头老师！

【博友评价】哆啦A梦：窦圌山的"圌"怎么念？

随着旅游热的不断升温，四川省江油市的窦圌山在中外的名声越来越大。然而，人们特别是外地的游客却常常把窦圌山的"圌"字读错或写错。这是为什么呢？"窦圌山"是怎么得名的呢？

据《江油县志·外纪志》载，从前，江油有个叫窦子明的人（一说为今安徽青阳县陵阳镇人），在彰明县（今四川省江油市彰明镇）任主簿。后来，他觉得圌山清幽奇险，好似人间仙境，便弃官隐居于此山。他开山辟路，建筑庙宇，修仙炼道，成仙飞升。后来，窦子明又受到李太白的推崇："愿随子明去，炼火烧金丹。"于是，"山不在高，有仙则名"，后人便将圌山冠以"窦"姓，

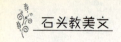

名"窦圌山"了。

　　该山既姓"窦"了，那么"圌"字又是怎么得来的呢？据《辞源》修订版卷一第578页，释"圌"字义为草制的圆形坐具。注其读音有三：

　　1. chuán（船）：义为竹制或草制的圆形盛谷器，同"篅"（chuán）；

　　2. tuán（团）：通"团"，意为草制的圆形坐具；

　　3. chuí（垂）：山名，在今江苏省镇江市，宋代曾于此置圌山寨。

　　圌山因其上部呈圆形，类似圆形坐具而得"圌"名。因此，江油市窦圌山的"圌"字正确的读音只能是"tuán（团）"。理由有三：

　　1. 因形得名。因其上部的外形远看呈圆形，类似圆形坐具蒲团而得"圌"名。

　　2. 约定俗成。在江油市一带，当地人自从得此名后就一直把窦圌山的"圌"字读成"tuán（团）"，没有第二种读法。

　　3. 依典沿古。该地的相关典籍均把该山的名字载录为"窦圌山"，没有第二种写法。

　　可是，为什么人们特别是外地的游客却常常把窦圌山的"圌"字读错或写错呢？翻遍普通人常常使用的《新华字典》和《现代汉语词典》，这个字只有两个读音，chuán（船）和 chuí（垂），就是没有"tuán（团）"这个读音，所以也就难怪外地的游客把江油市窦圌山的"圌"字写错和把音读错了。

　　绵阳的小石子唐伟伦，不知我学习得是否对呢？

第二节　场景是空间

　　地点也是四要素之一，小学生作文很多时候不需要特别写清地点，除非这个地点与事件有直接关系。如，几个同学在中山路的德克士午餐，还是民主路的德克士午餐，没什么区别，重要的是午餐的场景。与故事内容密切相关的地点一定要写，在天安门广场看升旗，天安门广场就要写。写故事，重点是事件发展的过程和事件展开的场景。场景有热闹的，也有安静的，可能是一个场景也可能是反映同一事件或相关事件的几个场景。

　　热闹场景许多人同时说话，同时做事，同时哭，同时笑……作文是写我们的生活、故事和故事中的场景。场景中这么多人同时发生的这么多事怎么写呢？我们要聚焦心力，眼观六路，耳听八方，像摄像机样用"广角镜头"将场景中的所有的人、事全摄进去，声音录进去。想写哪一个，在头脑中播放出来。抓住人物经典的动作、表情、话语写，一个一个地往下写。写人，重要的是写对他的印象。印象有点模糊的，就用想象去修复，作文需要想象。

一个事件可能涉及几个场景，这可以重点写一个，其它的略写，一般不要超过三个。否则就失去了重心，文章还变臃肿。

安静场景，可能是安静的环境，要选与文章中心和人物情绪有关的写；还可用微弱、单调、重复的声响如钟表声、呼吸声……来衬托安静。也可能是一群人因严肃的、突然的、重要的事情而忽然安静下来。这种安静可以写人的表情、动作，和最后打破安静的波澜。

场景里有很多人，作文要确定主角、配角。写主角的文字多一些，写配角的文字少一些。要突出主角，可以细致地写主角；还可以写配角以衬托主角。与表达的意境无关的可以不写。为了突出"主要人物"，还可以把其他人物虚化，像背景画面、背景音乐一样，再对主要人物来个"特写镜头"。所谓"特写镜头"就是把一些人们不太注意的却又重要的信息放大，从而迅速抓住读者的心。

文中的"特写"是最能吸引人的镜头，一两处足够，太多了臃肿，费力不讨好。找准了特写镜头，就尽可能地多写细写，在语言、动作、表情上下功夫。什么时候用特写镜头，什么时候用广角镜头，要顺着故事的氛围和发展来灵活使用。

【对家长说的话】作文写不写故事地点不是固定不变的。事件起因、经过、结果都是在场景中展现的，在展现中反映了地点的，不需特别交待地点。场景描写是事件的展开，是事件的总体把握，其实质是综合性的写人。场景把握得好，作文就有声、有色、有趣、有味。

【对孩子说的话】场景描写是综合人物、事件的各个方面来描写，仍然主要是写人的表情、语言、动作。只是不孤立地写某一个人。

 例文1

跨世纪的新一代

——记一次主题中队活动

重庆　六年级　田豫虹

"我们是雏鹰，是跨世纪的新一代！"星期四上午，我们在学校礼堂举行

"跨世纪的新一代"主题队会。

来到礼堂，嗬！到处布置得光彩夺目。正墙上，贴着"跨世纪的新一代"七个醒目的蓝字。

主持人颇有风度地走上台，庄重地宣布："活动开始！"队歌奏响，鲜艳的队旗插在了台上。两个红领巾记者出场采访了。王睿想当宇航员；崔雪想当营养师；王琳想当农民企业家……我们没能上台的，用歌声吐露了自己的理想。

各小队的表演生动精彩，有五光十色的肥皂泡；有掷地有声的名言警句；有令人啼笑皆非的数来宝；有妙趣横生的相声……每一个小队的表演都寓意深刻，"吹肥皂泡"让我们明白空谈不行，要自强！名言警句告诫我们正确对待困难和挫折，要自律！数来宝要求我们掌握学习方法，要自学！相声教我们学"中华礼仪"，要讲究文明礼貌！该邓莹和牛梁的对口快板《"五自"活动》掀高潮了。他俩不愧是久经"沙场的老将"，声音抑扬顿挫，动作自然大方。他俩配合得那么默契，各自进入角色，把我们都带入了意境。

快板表演到高潮，牛梁奶声奶气地说："我是家里的独苗苗，里外事情爹妈包。"邓莹听了直甩头，嘲笑道，"真是小小皇帝家里坐。"牛梁似乎没听见，仍得意地说："爹妈还帮我洗脸、洗手、洗……"

"洗什么？"邓莹急不可待。同学们也小声嘀咕："快说，快说，别吊味口了。"

牛梁不好意思，悄悄凑到邓莹耳边："洗脚。"可"狡猾"的邓莹悄悄地把话筒对准牛梁的嘴，声音扩出来，我们笑得前俯后仰，牛梁羞红了脸，不好意思地搔后脑勺……这快板教育我们要自理、自护。

"淌自己的汗，吃自己的饭，靠天靠地靠祖宗，不算是好汉！"我们齐声朗诵郑板桥的教子诗，心中充满了要做"跨世纪的新一代"的豪情壮志。

"准备着，为共产主义而奋斗——时刻准备着！"我们庄严地呼号，响亮的声音飞出礼堂，飞向天空，飞向远方。

【学生评语】谭麟：这篇文章记叙了一次有意义的活动，中心明确，重点突出，详写了邓莹、牛梁的对口快板。文章的开头和结尾写得很不错。开头言简意明，开门见山，结尾含蓄委婉，令人回味。

 例文 2

富乐山之乐

四川 六年级 付韵雪

挑了个阴晴天，我们班的同学们和老师、王婷姐姐及几位家长一起游了富乐山。

富乐山真美啊！一棵棵苍松翠柏挺立在登山的道路两旁，一只只蝉儿在树上不知疲倦地叫着"知了——知了——"，真是别有一番风味。

我们上了富乐山，登了富乐阁，在这儿我们还玩了两个游戏。然后我们去了大草坪。哇，大草坪好绿，好漂亮啊！老师似乎看出了我们的心思，微笑着说："孩子们，想玩就去吧！""YEAH——"我们欢呼着冲向大草坪。男生们像滚皮球似的在草坪上打滚，呵呵，好好玩啰！我们女生呢？就倒在草地上，舒服地躺着，看男生们从草坪上骨碌碌地滚下来，爬上去，又滚。哈哈哈，我们女生个个笑得人仰马翻。你看那薛凯滚得刹不住车了，一直滚到草坪下方的路上。天啊，这儿……这儿太好玩了！

再看看游乐园里，几个同学正奋力地开碰碰车，"砰！砰！砰！"你撞我，我撞你，真刺激！王然拼命地蹬，不知他想去撞谁，可突然蹬不动了。他正着急，一位阿姨猛地撞上来了，王然的车又启动了，他一连撞了好几个同学，兴奋得大声尖叫。

下山的路上，我们在富乐堂看到了一个荷花池，碧绿的荷叶挨挨挤挤地长满了池塘，看不到一丁点儿水。荷花从荷叶中冒了出来，粉红的、白的、淡黄的，美丽极了。"啊，莲蓬！"不知是谁大喊了一声，我从陶醉中回过神来，呀！莲蓬碧绿碧绿的，呈漏斗状，与荷花、荷叶一起，非常和谐。我忍不住倒了一点儿矿泉水在荷叶上，晶莹的水珠一溜烟儿就滚到了荷叶中间，我扯着荷叶摇啊，摇啊，水珠儿就在中间滚啊，滚啊，真好玩！有的同学没水了，就把口水吐到荷叶上。咦，你们也知道唾沫很脏吧，但一接触到荷叶，马上就变得晶莹剔透了，还活像白色的珍珠呢！

富乐山之行，我们真快乐，老师再三催促，我们才念念不舍地、一步三回头地离开了。

【博友评价】思梅：付韵雪小朋友，你的游记作文写得很好！想想，如将

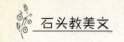

你学的形容词用来描绘高山、草坪、开心的心情，会不会更好呢？

【博友评价】快乐米奇：雪儿，你的观察力相当的细腻，描写非常准确，是一篇美文。继续努力，加油！

第三节　有情人满目美景

1. 融情于景

写人记事的记叙文中的景物描写既是衬托作者的心情，又是具体内容中不可分割的一部分。这种景，不能写得太多，否则中心就转移了。这类记叙文，写景是为写人服务的。

景物描写的内容十分广泛。因目的不同则表达也不一样，有的讴歌山河的壮丽或述说大地的沧桑，表达对景的不同感情；有的则借景抒情，将自己的感情通过景来述说。描写景物的过程本身就是表达主观情感的过程。描绘客观景物的同时，把自己的感情融入到文字中去，使读者产生共鸣。进而给读者带来愉悦之情，陶醉之情。

写景作文，要是没有了主观感受，一篇文笔再优美的文章也就是一张"照片"。而作文需要的是充满写作情感，有生命力的"山水画"。如是怀着欣赏美景的心情，那么景物描写的字里行间就要带着喜爱之情去表现；如是惋惜的心情观看景物，文字就要带着怜爱之情去描写，做到情景交融，物我一体。

【对家长说的话】好作文都有真情实感，情从何来？从日常生活中培养而来。我们要培养孩子随时怀揣"多愁善感"的爱心、同情心，用爱、善来看待周围的人、事、物、地。

【对孩子说的话】自然景物是博大的，人是很渺小的，练好观察与思考的基本功，再以博爱之心、敬畏之心看待自然才能写出好的风景。

例文 1

梅溪河大桥

重庆 三年级 朱开磊

　　我的家乡奉节有一座雄伟的梅溪河大桥。

　　中午，大桥在明媚的阳光下，显得十分壮观。两条粗大的钢缆牢牢地固定在两岸巍峨的青山间，像两条倒挂的长虹。大钢缆身上又有无数条细钢绳连接着桥身，就像乌龙的爪子紧紧地抓住了大桥。岸边两个巨大的桥墩稳稳地托住无数钢筋铁骨。整座大桥凌空架在梅溪河上，真不愧是一条钢铁巨龙。

　　桥面既平整又宽阔。中间是车行道，两旁是人行道，行人车辆穿梭似的来来往往，十分热闹。早晨，有不少人在桥上跑步，还有的老人在人行道边打太极拳；蔬菜商就更多了。他们一个个挑着盛满蔬菜的筐子，从桥上经过。车行道上，一辆辆载煤的货车、到白帝城观光的旅游车从桥面上经过。

　　以前，从奉节到白帝城旅游，只能乘船，很不方便。自从有这座大桥以后，乘车也能去了，可方便了。

　　滔滔的梅溪河水奔腾不息，好像在唱着赞歌，赞美雄伟的梅溪河大桥。

　　我爱家乡的梅溪河大桥，因为它给我的家乡奉节带来了方便，带来了繁荣，增添了绚丽的光彩。

　　【学生评语】秦曦：小作者写梅溪河大桥的样子按"总分总"的方式，写出了大桥的壮观，"真不愧为一条钢铁巨龙"。他观察得仔细，用生动、形象的比喻，写出了大钢缆、细钢绳、大桥墩的样子、作用。

　　小作者还赞美梅溪河大桥对家乡的繁荣所作的贡献，表达了作者热爱家乡，热爱祖国的思想感情。

　　《梅溪河大桥》发表在《少年先锋报》。朱开磊被收入《中国青少年年鉴》。

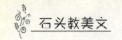

例文2

老家的小院

四川 四年级 谢晨

　　我的老家在绵竹，那里有一条古老的巷道叫"民主巷"。民主巷已经有两三百年的历史了，经历了那么多的风风雨雨，可那里的建筑却一点也不破旧。我的爷爷奶奶就住在"民主巷"的一个小院里，那个小院非常美丽，走进小院就好像到了植物的天堂。

　　一进院门，满院红红火火的杜鹃花展现在你眼前，鲜艳的杜鹃花在绿叶的陪衬下显得格外漂亮。沿着花间的小径，穿过一道石门，一大片胭脂花映入眼帘。胭脂花有红的，像夕阳西下时的彩霞；有白的，像冬天的雪一样纯洁；还有黄的，形状就像一颗颗划过夜空的流星。

　　院墙边还有金银花，长长的花蔓好像是攀墙能手，从墙根攀到最显眼的地方来展示她的美。金银花可真漂亮，阳光照来，反射着一点点光，好像金子一般。

　　院子的一角还种着牵牛花，花儿像一个个紫色的小喇叭，非常美丽。叶子就像一双双绿色的小手，他们齐心协力的捧着花儿，让花儿骄傲地盛开着。看着那美丽的牵牛花，我仿佛听见他们正吹着一首动听的歌。

　　院子的另一角种着几盆不知名的植物，有的叶子尖尖的，开着一朵朵紫色的小花，有的开着粉红的小花；有的叶子长长的，叶边长满了小刺，听说还可以用来美容呢！

　　老家的小院真美！我真想天天都生活在那美丽的小院中！

　　【学生评价】左楚霄：《老家的小院》这篇习作按照方位顺序把老家的小院介绍得清清楚楚。介绍小院里的植物时，用各种修辞手法把植物描写得生动形象，充满了童趣，很棒！

2. 没有相同的景

　　普天之下没有相同的景。同一个景，观察的角度不一样，也是远、近、高、低各不相同。那么写景就要写出那"独一个"的特点。

　　首先要身入其景，将自己融入雨中、风中、雾中、雪中等动态或静态环境中；对景物从视觉、听觉、味觉、触觉各个侧面来进行观察感悟，才可体会出景的特色，写出景的神韵，即所谓"一花一世界，一草一天国。"

其次是选择观的角度，是远观、近觑、仰视、俯瞰，移步换景；还是白昼、夜晚、早晨、黄昏，驻足景变。立足点不同，观察的景象画面不一样、感悟也不同，这就要挑选最有利于表达思想情感的景象，最能反映主题的画面写。

最后是描写要有序，也就是要按照一定的顺序来展现景物。可以空间为序，用个"广角镜"，即取一个固定的观察点，按照视线移动的顺序，依次写出各个位置上的景物；或不取固定的观察点，随着观察者位置的移动来描写景物。也可以时间为序，来个"慢镜头"，同一景物在春、夏、秋、冬、晨、午、暮、昼、夜会呈现不同的景象。按一定的时段依次写，可表现出景物的丰富多彩，使人产生美的感受。描写的序与观察的序可以不一致，描写的序是要最有利于表达主题的顺序。一篇优美的写景作文，会将读者带入美景中去饱览山色风情。

【对家长说的话】常带孩子走进自然，用不同的眼光看不同的景，从不同角度体悟不同的韵，这有利于写景能力的培养，也有利于尊崇自然的品德修养。

【对孩子说的话】大自然的美，鬼斧神工，各有千秋；大自然是本书，页页均不同，看得多、观得细，体悟得深，积累就多，写景作文就会有泰山之伟、夔门之雄、九寨之幽。

 例文 1

泸沽湖三日游

四川　四年级　唐伟伦

我的童年生活丰富多彩，难忘的是暑假中我和伯伯、伯母到泸沽湖去玩。

我们上午十点钟从西昌出发，晚上八点才到泸沽湖，我们来到"泸沽湖假日酒店"。从远处看大门和招牌，啊，真是太壮观了！招牌上写着金光闪闪的"泸沽湖假日酒店"，呵呵，还是四星级呢！晚上，它的装饰灯就像变色龙一样，一会蓝色，一会红色，一会绿色，一会黄色……可漂亮啊！大门的柱子上也装饰着彩色的花边，一闪一闪的，非常耀眼。

第二天早上，我一大早就起来了，穿好衣服，走出房间。啊！现在是夏天，可这里好冷啊！我的身体开始发抖，便钻到被窝里看电视去了！

中午，伯伯、伯母和我坐车到了草海。草海只是泸沽湖的一角，水面上长出许多棕黑色的海草，把水变成了棕黑色。走近海边，我发现水里有好多鱼儿，成群结队、密密麻麻、游来游去，一会儿追逐嬉戏，一会儿"偷袭"漂在水面上的小虫，一会儿又沉到水底，钻进水草像在捉迷藏。

岸边那些摩梭族人居住的房子很特别，一是平房，二是用木头建的房子，听本地人说这种房子冬暖夏凉。我们乘船去看看远处有什么，荡着小舟，一会儿就进了芦苇荡。这里的芦苇很高，有点像白洋淀，外面根本看不到划进芦苇荡里的船只。船儿慢慢地划着，竟惊飞了正在觅食的野鸭子、天鹅等水鸟。

下午，我们找到了一家酒吧，伯伯进去不久，便和一个摩梭男人交上了朋友，于是，伯伯、伯母便和那些摩梭族人比歌喉，我便在旁边玩电脑。

第三天，我们到了女神湾，那里果然名不虚传。从远处看，山的影子倒映在水里，天蓝蓝，水蓝蓝，这里真是人间仙镜！伯伯看了说："这里的湖水一望无际，我们坐船到湖中去看看吧！"

我发现这里的水很清澈，能看清约十米深的水底。这时，我看见离我不远处的水里，有一群黑乎乎的东西，我定睛一看，竟是一群有 30～40 厘米长的大鱼，我惊呼起来：鱼！鱼！好大的一群鱼！划船人却说："这还不算大，这里的水最深可达六十多米，我们在这里捕过七十二斤的大鱼呢！这里的水很干净，没有污染，可以喝！"我们听了，非常惊喜！于是，我便喝了几捧水，"啊！好爽！""农夫山泉有点甜，女神湾水更加甜！"

回到西昌，我对妈妈说："这三天是我童年生活中最开心的三天！"

泸沽湖啊，我还会来的！

【博友评价】pplong：美丽的泸沽湖真是人间仙镜，孩子描写得细腻、具体啊。

【博友评价】阳光：读了伟伟的文章，我也爱上了泸沽湖。

 例文 2

美丽的小溪

四川　六年级　李璐

去年暑假，我们一家人到白马山寨去避暑。那儿可真是个山清水秀的地方，给我的感觉是到了世外桃源。漂亮的风景数不胜数，今天，我单讲那美丽的小溪。

我们居住地旁，有一条美丽的小溪。溪水清澈明亮，足以看见溪底的许多小石头。溪水叮咚叮咚地唱着歌，不停地流向远方。听到这清脆的歌声，看到这明净的溪水，我忍不住将手伸进水里，哇！好凉！听主人家的小姑娘芳芳说，这溪水是高山上的积雪化了后流进小溪的。怪不得这么清澈明亮，这么透骨冰凉。

一天，我约了芳芳向小溪上游走去，没想到这里的景色比下面更美。这里的溪水更加清澈明亮，更加透骨冰凉。它们纯洁无瑕，没有任何污染。小溪里有些石头挡住了溪水的流动，但是溪水却有办法，有的绕过大石头，从两边流过；有的干脆从石头上面流下去，溅起许多水花。水花晶莹剔透，异常美丽。小溪的有些地方还会出现小型瀑布的景象，令人心旷神怡。溪边还有许多小草野花，蚱蜢在草丛中蹦跳，蜜蜂在野花上飞舞。它们随着溪水叮咚的声音，好像在尽情地舞蹈。这里已经成了小动物们的乐园。

凝视着这美丽的景色，我陷入了沉思：小溪，小溪，你的源头在哪里？小溪，小溪，你为什么永不停息？……"姐姐，姐姐，这溪水要流向哪里？"芳芳不解地问道。

"它们呀，要流向大海，流向世界，因为外面的世界太精彩！"我从沉思中醒来，是回答芳芳，也是回答自己。美丽的小溪，愿你的明天更美丽！

【博友评价】起之：读着读着，心就随着李璐小同学的文字进入了美好的意境，好像俺也在清澈的小溪边嬉戏或捧起一掬甜甜的小溪水迫不及待地送到嘴边。

【博友评价】风来云往：可爱的小李璐，就是这美丽的小溪，必将流向大海，流向更美丽的世界！

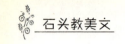

3. 写法不同的景

以写景为主的作文，要景中蕴情，情景结合，既写景寄托作者的感情，又要将感情融入具体的景中，情人眼中就会出西施。描写需要绘形、绘色、绘声，让景物具有生命力。这就要合理恰当地运用拟人、比喻、排比、动静结合等手法将景物栩栩如生地呈现。对景物中的特别景象也可来一个"特写镜头"，抓住景象的形状、大小、色彩、数量、气味、声响这些方面进行细致描写。而这些描写又绝不能将视野局限于景象表面。不仅要把眼界放宽，让景象可以跨越时空的限制，还要有"入木三分"的眼力，看出景象内涵的"精、气、神"。

【对家长说的话】景物描写范围很广。孩子作文，一次侧重练一两点，慢慢积累就会越写越活。这是慢的功夫，不是赶工的活。

【对孩子说的话】景物描写，观察仍是基础，在此基础上将感情融入所观景物，从而升华所表达的主题。描写景物要避免过多使用华丽的形容词，要写出自己有个性的语言。

 例文 1

小松树和小杨树

四川　四年级　宋瑶君

一条街道旁，有两棵小树。一棵是松树，一棵是杨树。人们从他们身边走过时，总要议论一番："嗬！瞧那棵小松树长得粗壮挺直，将来一定能长成栋梁之材。看那棵小杨树细小弯曲，成不了材。"

听了这话，小松树心里甜丝丝的。街道爷爷好心地对小松树说："孩子，千万别骄傲，今后的路还长呢！"

小松树很不礼貌地说："我骄不骄傲关你屁事，闭上你的臭嘴！"说完神气得直摇晃，好像他已经成了栋梁似的。

小杨树听了人们的议论，心里非常难过，他很担心自己成不了材。街道爷爷又说话了："小杨树，你别灰心，只要你肯努力，不怕苦，一定会比小松树更健壮的！"小杨树听了，马上振作起来，想方设法克服自己的不足，下定决心往上长。

春天，园丁伯伯来了。街道爷爷说："小松树、小杨树，快准备修枝打权。"小松树听了，立刻竖起眉毛，生气地说："我长得好好的，还用得着修理?"小杨树却说："园丁伯伯，请您用木板把我的身子绑直吧，还请您帮我把多余的枝杈剪掉。"于是，园丁伯伯没动小松树一根树枝，却帮小杨树固定了躯干，细心地修理了多余的树枝。

转眼间，夏天到了，小松树和小杨树身上都长了虫子。街道爷爷忙请啄木鸟医生来治病。小松树吓得哆哆嗦嗦，说："我怕……我不治。"街道爷爷叹了口气，摇了摇头。就在这时候，小杨树挺直了身子，勇敢地说："我不怕，请给我治病吧!"啄木鸟大夫把小杨树身上的虫子吃得一干二净。小杨树的病很快就好了，身子不断往上蹿，长得枝繁叶茂。

数年后，小杨树真的成了参天大树。而小松树身上的虫子越来越多，病情一天天加重，他枝叶枯黄，渐渐地撑不住了，终于低下了头。街道爷爷叹了口气说："不听老人言，吃亏在眼前。"

【博友评价】阳光：你的文章很耐人寻味，有寓意，很棒。

 例文2

畅游九寨沟

四川　四年级　付静雯

暑假，我们全家畅游了名扬天下的自然风景区——九寨沟。

一进九寨沟的大门，我就感到这儿是树的海洋，水的世界。导游阿姨说："九寨沟的特点是，树在水中长，水在林中流。"果然，成片成片的树都长在清澈的水中，而清澈的山水又从树林中流下。大自然真是太神奇了，我和妈妈还是第一次看到这美丽的景色呢!

我们顺着林中的小路向山上攀登，一路看到了很多的天然湖泊，当地人叫它们海子。我最喜欢的是"熊猫海"，他的形状像一只静卧在山间的大熊猫，可能这就是它名字的来由吧。熊猫海的水真静啊，静得像一面镜子;熊猫海的水真清啊，清得可以看见水底的树枝和一群群灰色的无鳞鱼;熊猫海的水真蓝啊，蓝得像一匹发光的锦缎，让人们不忍心去摸它、碰它。

我们一行人来到了珍珠滩。"哇! 飞流直下三千尺，疑是银河落九天。"我情不自禁地吟诵起李白的诗句。远看水流像银白色的布挂在青山之间，近看又像无数串长长的珍珠从天上降下来，那晶莹的水珠在阳光的照射下欢快地轻轻落入滩中，有的顽皮地跳到游人的身上、脸上，使人感到清爽，舒服极了。导游阿姨告诉我们：西游记的片头片尾都是在这里拍的。唐僧师徒四人就是从这珍珠滩上走过的。怪不得这么熟悉呢！

最后我们来到了海拔三千多米高的原始森林，这里没有任何污染，只有又粗又高的参天大树，林中见不到蓝天，只有阳光像利剑一样穿过树梢，照射在游人们的身上、脸上。站在林中，听到的是松涛的歌声，闻到的是格外清新的空气。这种声音、这种空气，只有神仙才能享受，我们来到了人间仙境！

畅游九寨沟虽然结束了，但九寨沟的美景却深深地刻在了我的脑海里，我多想天天生活在哪里呀！那种在大自然的怀抱中的感觉真好！

【博友评价】《作文评点报》编辑乔吉：

本文主要优点：

1. 条理清晰。作者以游踪为线索，依次介绍了熊猫海、珍珠滩、原始森林等景观，将一幅幅美丽的大自然图景展现在读者面前。

2. 描写出色。综合运用了比喻、拟人等修辞手法。如，"熊猫海……像一面镜子……""跳到游人的身上、脸上"，都非常生动、形象；另外，古诗的引入，也为文章增添了亮色。

3. 开头和结尾不错。开头简洁、自然；结尾主题升华恰到好处。

【博友评价】二胡：付静雯的《畅游九寨沟》生动、形象地描写了各个景点的特点、来由，并没有平均使用力量，详略得当。首尾照应，很连贯！

第八章　让作文更美

　　小学生作文大多是讲故事。如何把故事讲通顺、讲精彩，事先都要合计合计。故事如何开头、怎么展开、如何结尾，也就是构思；初步构思后选用哪些材料来组成故事，就是选材；把这些想好了再讲，讲好了再写，写好了再修改、完善，直到自己满意为止。反复修改过的文章会更美。

第一节　构思

　　构思是让思维明确路径，让作文变得轻松、容易、顺手，少做无用功、少写没用的话、少走弯路。构思好了再讲，讲好了再写，写的过程中，可能会有一些调整，那也只是微调，一般不会走太多弯路。

　　日常生活中的平常事不一定有趣、好玩、吸引人，这就要善于用巧妙的构思来弥补平常的不足。材料来源于生活，作品要高于生活，平常的故事就有了不平常的光彩。要构思那些内容呢？

　　一是构思文体。文体是作文的工具，适当的文体，能帮助我们更好地表达，吸引读者的眼球。用什么文体，不要局限于习惯，要有创新，不怕标新立异。

　　二是构思顺序。这是讲故事的技巧，先讲什么，再讲什么，让故事有波澜、有起伏、有曲折，而不一定是故事本身发生的顺序。哪些多讲，哪些少讲呢？能反映主题的多讲，那怕是一瞬间的事；不太反映主题的少讲或者不讲，哪怕场面大，持续时间长，不写。哪里设置悬念，用哪个点吸引人，要设计得巧妙，不精彩的故事也会放出异彩，那才有趣、好玩。

　　三是构思结构。同样的内容，结构新颖，令人耳目一新，文章会闪耀出七彩光辉。结构包括题目、开头、主体、结尾、各自份额比重、段落形式、句子形态等各个方面。

　　题目要简洁、新颖、独特、吸引人，让人一看眼球就被抓住，如《旅游处方签》《我们的"宣判"书》。

　　开头，不要戴一些华丽的"凤冠"，不要唱虚假的高腔。要朴素简洁，落在实处，一到三句话切入主题。字数在总字数的 10% 以内。

主体是顺写，还是逆写，或中间开花，要先想好。字数占总字数的 80% 左右，如写一件事可计划写三小段，写一到三个细节，如要写几件事，要围绕一个中心，有详有略，一般不要超过三件事。

结尾是要留有余韵，还是总结性语言或戛然而止，都要构思，字数也占 10% 左右。不要大尾巴狼或长尾巴蛇赖在那里不走。

一个段落写清一件事或一层意思，有时为突出"文眼"一句话甚至一个字也可独立为段，这也需要巧妙构思。

四是构思搭配。就是写进作文的材料如何搭配组合。有些材料互不相关，如调整一下顺序，让材料有或因果、或递进、或相似、或相反的关联，就会搭配出好文章的材料。

如："罚款十元、电影院、纸屑、小组会、口痰"这些粗看毫无关系的词语调一下搭配顺序，"王小明不爱清洁在教室乱扔纸屑，下午小组会还作了检讨。晚上我们刚进电影院，他把一口痰随意吐在了地毯上。'站住！'工作人员厉声喝道，'随地吐痰，罚款十元！''王小明啊王小明！坏习惯养成了，真难改啊！'我心里嘀咕。"这就有了因果、递进关系。"坏习惯养成了，真难改啊"一句，从中总结出了规律性东西。文章一下有了深度、有了高度，从 2D 变成 3D 了。

"黑风衣、雪、大黑马"是物件、自然、动物没啥关联，调一下搭配顺序："昨夜下了一场大雪。喝了早茶，张辉穿上他那钉有两排金色扣子的黑风衣，向我们道别后，骑上大黑马向山外奔去。我目送他好远好远。只见黑马黑风衣像一朵黑云在雪白的原野上飘啊飘。黑云变成了跳动的黑点，黑白依然那么分明，真美。是啊！没有黑那有白，没有白又怎么体现黑呢？"这一调配，颜色相反的关系出来了，最后一句道出了"白与黑"的共生辩证关系，文章有了高度，怎么来的？思考后发现的。

"草、人、奶、土地、牛"是植物、人类、食物、矿物、动物，不同的类别，没有内在联系。调配一下，"土地、草、牛、奶、人、土地"，他们需要什么？产出什么？这是形式上的共性，用这个形式串起来，就有了新的内涵——自然循环。在哪里？藏在背后的。

五是构思波澜。曲径通幽，作文也是如此。故事要有曲折波澜感，读着才有趣、有味、好玩；故事一平如镜，没有悬念、起伏，没有人喜欢读。曲折感，是讲好故事，吸引读者的重要手段。作文要有悬念，要写出曲折点，写深写透，作文才能出彩。

怎样才有曲折呢？第一，要写有曲折感的故事；第二，没有曲折感的故事要构思出曲折，设置悬念；第三，选两三个曲折点，写出起伏，写出悬念。有时内心的曲折感比故事本身的曲折更揪人心。"池塘里，荷花开得正艳，红蜻蜓轻轻地落在荷叶上，捉住了一只很小的虫子。一只青蛙腾空而起，鼓起气袋子一口将蜻蜓喝进嘴里，那个快啊，就是饿虎扑狼。昂着头在静静观察的眼睛王蛇，瞄准时机以箭一般的速度张开'1'字形大口咬住了青蛙的半个身子。事情没完，张开翅膀在上空盘旋的老鹰看到机会来了，像从天上落下的石子，'嗖'的一声直向眼睛王蛇砸去。鹰爪快抓住蛇头的一刹那，眼睛王蛇向鹰奋力喷出了青蛙。鹰抓住了青蛙，头却被蛇的毒牙刺中，蛇立马收兵回到草丛中观察。老鹰中了蛇毒扑腾着翅膀落在了不远的草丛里，眼睛王蛇又扭动着它弯弯曲曲的身子向目标出发了。"这个场景就写出了曲折。

【对家长说的话】构思是个技术活，好的构思能力是一次次磨练出来的。孩子构思的每一丝亮光，都要及时肯定鼓励，孩子构思能力就会日渐增强。构思能力不仅对于作文很重要，同时也是思考其它问题的重要方法。

【对孩子说的话】构思是要把故事讲得更好，把作文写得更美的基本功。这个功夫要一步一步练就。小学生作文的构思路径要清晰，让人看得出，自己作文也轻松。能力强了也可把构思路径隐藏起来，让读者去体会，就更上一层楼了。作文就更有趣、有味、好玩了，恭喜你。

 **例文 1**

我们的"宣判书"

山东　七年级　王延泽

公元二零一二年九月九日，山东省潍坊市奎文区的儿童法院对一起"重大案件"进行了开庭审理。

"原告"：王延泽、胡可心等小石子们。

"被告"：石头、大树。

"罪行"如下：

1. "主犯"石头，全心全意爱小石子们，为了让每个同学都进步，精心上好每堂课后，还付出大量的时间和心血对小石子们进行个别指导（将作文认真

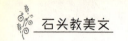

批改后发在"石头小屋"里），以致累坏了眼睛也不休息。

2. 石头义无反顾地为石子们发文章，极少数石子和家长不太理解，连一句"谢谢"都没有，石头一点儿不计较，她为学生不求回报。

3. 为了小石子们"玩中学，学中乐，乐中有收获"，石头不光每一堂课都很精彩，还不怕承担风险，组织各种各样、丰富多彩的活动：植物园踏青，张面河赏花，人民广场放风筝，参观博物馆、科技馆、城市规划艺术馆，看 4D 电影，军事训练，真人"CS"……

4. "帮凶"大树，不仅邀请非常渴望到石头家的小石子去家里吃饭，还请全体同学吃香辣劲道的四川凉面，一次就是几大盆啊。

鉴于以上"罪行"，现宣判如下：

1. 判石头、大树终身监禁在达凯教育，绝不允许离开山东。

2. 不准石头多发小石子的文章，必须爱惜身体。

3. 石头得在山东教出更多的好学生。

公元二零一二年九月九日

【学生评价】刘柄圻：延泽哥哥写得真好，开初一看，还把我吓了一跳。仔细一读才知道是正话反说，很有味道呢！从你的"宣判"中看出了石头和大树的贡献，他们全身心的付出。从你的"判石头、大树终身监禁在达凯教育，绝不允许离开山东"表达了我们的不舍。哈哈，太有意思啦！

【博友评价】宜欣妈妈：乍一看惊一身冷汗，再一看字字句句至真至纯。延泽虽语出惊人，但透出对两"被告"浓浓的不舍情。小石子们明白石头老师为他们付出了很多，懂得说让老师爱惜身体。小石子们要珍惜跟石头老师的机会，也要试着理解石头老师的决定，因为她是大家的石头老师。

例文 2

哎，原来是梦

四川　六年级　贾孟坤

我一直有一个梦想，就是有一天能在一个无污染的茂密的树林里学习，呼吸着新鲜的空气，过一种无忧无虑的生活，这个梦想，居然实现了……

那是一个风和日丽的日子，天格外的蓝，树格外的绿，我们的心情也格外的高兴。树上的鸟儿仿佛也在为我们的快乐举行一场"举世瞩目"的"演唱会"。那悦耳的歌声，传到四面八方，在这仙境般的环境里学习，谁能不心旷神怡呢？我和小左、小杨、小杜、小耿四位同学有说有笑，显然，他们也十分快活。小杨一时兴趣，想起了摔跤（因为他学过的），便大步流星地走过去，一把"抓"住小杜，说："咱俩来摔跤吧!"小杜知道小扬是在故意"挑衅"，自己却又要面子，便说："来就来!"我们就只好当拉拉队了! 只见他俩放下书包，就摔了起来。小杜先攻，一把将小杨按在地上，可小杨毫不服输，连忙在草坪上打了个滚儿，反守为攻，又将小杜按在地下，真是"以其人之道还治其人之身呀"! 他们后来又"大战"了"几十回合"，终于，小杨艰苦地取得了胜利，正在欢庆时，小耿看了一下手表，"糟了，糟了，都迟到30多分钟了!"我们以迅雷不及掩耳之势冲向学校，一进教室，老师"心平气和"地对我们说："'欢迎'你们回来! 你们是在外面升国旗的，对吗？"结果可想而知——只有"挨批"的份儿了!

"挨完批"后，我们便尽情享受学习的乐趣了，上课时我们专心致志，一丝不苟，没有一人在开小差，40分钟的时间很快就过去了。一下课，同学们就像决堤的洪水一样疯狂地冲向操场，只见他们有的在跳皮筋，有的在踢足球，有的在打乒乓球，还有的在打篮球。同学们真愉快呀! 在大自然里学习、玩耍，难道不好吗？突然，我渐渐地远离了同学，自己越来越小，越来越小……

"起床了，起床了，小懒虫!"原来是妈妈。我看了一看周围，花呀、树呀、草呀……全都没有啊! 我做了个梦，不会吧：妈妈，您为什么不让我多睡会儿呢……

哎，原来是梦!

【石头的话】这是毕业复习试卷中的一个给词语作文，题目中给了12个毫无关联的词语，要求写一篇作文，合理地用上这些词语：风和日丽、举世瞩目、心旷神怡、无忧无虑、大步流星、反守为攻、四面八方、一丝不苟、毫不服输、心平气和、专心致志、迅雷不及掩耳之势。孟坤不光将12个词语用得恰到好处，还展开了合情合理的想象，全文一气呵成，首尾照应。漂亮!

【学生评价】海滩小脚印：小贾的作文不错嘛! 我清楚地记得，那是一次用词语写作文. 小贾不仅用上了词语，完成要求，还写得非常不错!

【博友评价】印迹：真是快乐! 孩子多么需要梦境里的生活，自由自在，在现实中有吗？但愿有。如今的孩子只能在梦里快乐，太苦了。

【博友评价】翼耳：石头你好，自从来到你的博客，一直在想一个课题

——作文引领的育人模式。还没有想好。但是我觉得，"会弹琴的孩子不会学坏。"那么，同样的原理也可能存在于作文教学中。不是吗！建议你也思考，或许已经有成果。成果已经有了，那就是精彩纷呈的学生作文。只是还应该有另一个成果，是理论层面的成果，以便让更多的教育工作者共享。

第二节　选材

选材就是面对作文素材，挑选能表达中心意思、中心情感或中心观点的材料写进作文。"好的选择胜过努力"嘛。

怎样选呢？写作文，有自己的中心意思。依据中心意思，选择需要的材料，多余的舍去。就像雕塑家要表达他的艺术创作思想，选择石料一样。石料选好后还要取舍，把多余部分敲掉，有时也会保留利用石料的一些自然文理，为作品服务，才能成为艺术品。作文也一样，选对材料，只能表明可以用来写作文。总不能把材料的前前后后、里里外外，全写进去啊！要挑跟你要表达的中心意思有关系的写，多写；跟你的中心意思关系不大的少写；跟中心意思没什么关系的"敲掉"。这样，一个材料、一件事、一次活动，能写出好几篇中心意思不一样的作文呢。

【对家长说的话】孩子的作文不能是照片，更不能是流水账，应是写意画。材料选得怎么样，您也可以参谋参谋。

【对孩子说的话】作文，选材太重要了。材料好，用得巧，文章主题才鲜明。

下面是同一件事、同一个题目，选材不同，立意不同，写出了不一样的作文。

 例文 1

不一样的课

四川　六年级　周芯羽

今天，我们上了一堂不一样的作文课。有哪些不一样？告诉你吧！本来，我们的课堂上只有"石头老师"，而今天，我们班又多了一位"桃桃老师"。原来，我们的作文课有时是欣赏诗歌，有时是讲故事，有时是评讲同学们的优秀作文……由这些而引出新的作文。今天，我们是欣赏歌曲来产生新的美文。嘿嘿，不一样吧！

"咱当兵的人，有啥不一样……"音乐一响起，我们就进入了角色，你看，大家摇头晃脑的，用手拍着节奏，心里早跟着唱了。石头老师更可爱了，居然"跳起了舞"，手不停地摆动着，气势就像军人一样雄壮有力。听完歌，老师让我们用一个关键词来形容这首歌，同学们说得五花八门，有的说"威武"，有的说"豪爽"，有的说"雄壮"……一位四年级的女同学用"不一样"概括了这首歌，大家都很赞同，鼓掌表扬她。她的小脸蛋兴奋得像熟透了的苹果，眼睛都笑眯了。

石头老师亲切地说："孩子们感受到了军人的胸怀，军人的气势就是不一样。这说明了孩子们不光善于倾听，还能用心体会。谁能说说你还发现了生活中的哪些不一样？"

"我上美文班前和上美文班后不一样。"张馨文一马当先，抢着发言了。

石头老师欣赏地看着他，微笑着点头，满意地追问："对呀，那你今天作文的题目可以是……"

"不一样的我！"张馨文接过话音自豪地回答。啪啪啪，教室里响起了热烈的掌声，我们都从心里赞扬他的进步。

"不一样的课""不一样的家乡""不一样的爱""不一样的朋友"……天啦，同学们的想象力太丰富了，一口气说出了几十个不一样，有的还很有深度。比如："不一样的礼物"，一种是真诚的礼尚往来，一种是走后门的礼物；"不一样的路"，堂堂正正的人走的正路，不务正业的人走的歪门邪路……

石头老师在上面认真地引导，同学们在踊跃地发言，桃桃老师在下面专心地听课，还不停地记录。

"孩子们，你们真行，把今天作文的内容都说出来了。知道我们今天该写什么了吗？"

"知道，就是我们刚才说的话！"我们齐声答道。

"可是不能和别人一样哦，要写自己最想说的话，把自己心里真实的想法写出来就行。"石头老师每次都要求我们不能千篇一律，写出来的东西要有自己的特点。教室里很安静，大家沉思后便开始写作文了。

这节课真是不一样，歌曲引出了作文，生动有趣，石头老师真有办法！这学期我们上了16节课，16次不一样的作文，16次不一样的感受。我们的美文课真爽！我真希望这样美好的作文课继续下去，让这样的快乐、这样的享受，

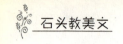

充满着我们的学习生活！

【博友评价】阳光：芯羽：你的思路清晰，描写生动，真实再现了当时的情景，让我和你一起上了一堂不一样的课。谢谢你！

【博友评价】桃桃：今天，我享受了一堂作文课，一堂和我平常听到的不一样的作文课。听石头老师上作文课真是一种享受，孩子们享受其间，我也享受其间。我确实没想到，她是抓住了歌中的"不一样"，让孩子们谈，这堂课给我的印象太深刻了！

石头老师的作文教学实在让人佩服！一首《咱当兵的人》引出了孩子们众多的不一样，看来只要肯动脑，让学生成为热爱生活的人，作文教学就大有可为。

 例文2

不一样的爱

四川　六年级　黄镤

今天的作文课，石头老师给我们放了一首歌"咱当兵的人"，由此我想到了家长对孩子不一样的爱：一种是溺爱，一种是挚爱。我和班上的聂闯就是鲜明的对比。

在我的家里，爸爸、妈妈、姥爷、姥姥都对我很宠爱，事事顺着我的心，生怕我不高兴。我不想吃饭，告诉姥姥要吃什么，姥姥就会满世界去找。我看电视坐近了，姥爷让我坐远一点，我不听，姥爷也就不再说什么，由着我任性。该上学了，每天上学出门前就要向爸爸要几块钱，爸爸会从包里拿出几十块，塞到我手里。妈妈更是无话可说，我说要骑自行车上学，妈妈当场就答应了，马上去买了一辆新车满足我的愿望。

可聂闯家就不一样了，我每次去他家玩，都看到聂闯在看书，而且全是一些很有价值的课外书，因此聂闯的知识面很广，比我们同龄人都懂得多。聂闯的爸爸从小就教育他，生活不要高标准，而学习一定要高水平。过平常的日子，但要掌握不平常的本领。

看来不同的爱有不同的结果啊，我应该好好地学习聂闯啊！

【博友评价】阳光：黄镤，从你的文章中可以看出两种爱的不同，感觉到你长大了，能够反思自己的行为了，不一样哦！希望你在爱中健康成长。

【博友评价】一剪梅：透过孩子们的作文，我似乎看到石头老师是如何在课堂上引导、启发学生们的思维，激发学生们的想象力，从而也就诞生了一篇又一篇"不一样"的作文。在这里，我也看到中国千千万万教师队伍中"不一样的高原石头老师"那不一样的风采。

第三节　修改

1. 再说修改

小学生开始学作文是想到什么写什么，写通，写顺，不一定要有主题。随着年级升高，作文要求也逐渐提高。作文就要求表达"那个"意思或"这个"中心思想，要求作文逐渐美起来，修改就是必要的手段和过程。写是对储存在大脑中的生活经验、内心独特的情感体验，进行梳理后，用自己习惯的方式自由地用文字表达出来。修改是对初次梳理的再梳理，是进一步的自我反省，是写作活动中不可或缺的重要一环。缺失修改，意味着写作行为的不完整和能力提升的停止。好文章是改出来的，作文的能力也是改出来的。因此要调动起学生修改的积极性和责任心。小学生的作文，老师要将常见的毛病挑出来，指出修改的路径和方法。

【对家长说的话】修改既是作文的基本功，也是写作的更高要求。我们要培养孩子能静下心来修改的习惯，只有认认真真地修改，才能切切实实地提高作文水平。

【对孩子说的话】作文写成后，我们认真修改过吗？会修改自己文章的孩子写作能力、作文水平更高呢。

 例文 1

还是那块石头

——再次走进美文班

山东　七年级　张晓晗

那十五节课，给我留下了很深的印象，也喜欢上了石头老师，从那以后，

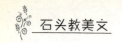

石头便在我心中连连出现。

——题记

走在路上，心情特别的好，终于可以来美文班了，为了说服我那亲爱的母亲大人，我可是费了好多口舌啊！

一走进美文班，便看见了乐呵呵的石头老师，心想还是没变啊，还是那块我喜欢的石头。

坐在座位上，看着一张张熟悉与不熟悉的脸，我很快融入了石头的课堂。

石头还是用那独特的方法把我们带入她的课堂，那磁性的声音依然宏亮，那天真的表情依然纯真。石头真的没变，还是那自由的课堂，还是那欢快的课堂，可我感觉自己变了。

升入初中，越来越多的作业，而且一周才能回家一次，繁杂的学习任务真的让我没有再多的时间去玩，我想在石头的课堂上找到那些童真与快乐，找到我所需要的……

与其他人不同，我不单单是来学作文，也不只是想见见石头老师，我喜欢的是那热情又有活力的课堂，找到学习是幸福享受的感觉，我要找到快乐的地方！

看着天真的弟弟妹妹，我真的变了，我不再是小孩子了，也许美文班只是对于小学生，也许我真的不该再来，但我会收获许多：收获快乐、收获幸福、收获甜蜜、收获真情、收获许多……

那块乐呵呵、"傻乎乎"的石头还是没变，她的课堂再次让我快乐。我相信，在这以后的每一次课，石头的课（都）会变出许多新花样、变出许多新办法，让更多人喜欢上她。

我想，石头是那种老了也不会孤独的人，因为石头有一颗快乐的童心……

【石头的话】晓晗，删去带下划线的字词会怎么样呢？好好思考，或许又有新的收获呢！

【博发评价】sunshine：晓晗对快乐的感悟好深刻，阳光快乐的心情对我们每一个人都很重要，无论是工作还是学习，有了快乐的心情，解决问题、处理问题的能力会提高，工作学习效率也会提高。愿快乐伴你成长！

【博发评价】海凝：如今中学生课业负担太重，这是教育的悲哀，更是学生的悲哀。所以昔日的学生无限向往石头老师的课堂。

第一次认识石头

山东 六年级 孙潇歌

也许你看到这个题目时会哈哈大笑，谁没见过石头啊？可是，你想错了，这是一块不一般的石头，她是一位作（语）文名（老）师，一位和蔼可亲的老顽童（，）——（我们叫她）石头老师。

石头老师讲课时绘声绘色，她给我们讲身边的故事，她生动形象地描绘她的所见所闻。她每到一个地方，都有一大群小朋友围着她，对她倾诉心里话，所以，她整天笑嘻嘻的。

石头老师的模样令人喜爱，那一双炯炯有神的大眼睛里洋溢出见到孩子们的高兴之情；那一对淡淡的、弯弯的眉毛显出她的和蔼可亲；那一张能说会道的嘴巴总爱得体地夸奖所爱的学生；哦，还有那一头短发，别看石头老师五十多岁了，可她的头发还是黑黑的，一根白发都没有。她身穿鲜艳的大红羽绒服，真像天边（上的）太阳红似火呀！

石头老师的家在天府之国——四川，那里有漂亮的九寨沟、泸沽湖、（清清的岷江）……乐山大佛、峨眉山那里有清清的岷江、（乐山大佛、峨眉山）、西岭雪山、若尔盖大草原……在那么美丽的地方，石头老师跟孩子们一起学习、生活多么幸福啊。

石头老师走过很多美不胜收的地方，深圳、厦门、三亚、济南、威海、大连、潍坊……石头老师爱每个地方的孩子。

石头老师，我——小石子孙潇歌，祝您永远年轻、快乐！

【石头的话】潇歌，老师给你划了下划线，又加括号添了字，你看看是为什么？弄清原因后，我们潇歌会自己把文章修改得更完美。

【博友评价】sunshine：潇歌，好美的名字啊！祝福潇歌学习进步，成长快乐，幸福如歌！

2. 改通顺

一口气写出来的作文，是个"毛坯"，到处疙疙瘩瘩。要使文章美，首先要读通，去结疤，解决笔误、错别字、错误标点等问题。这个工作是改文章的第一步，改完后，还要将全文读读，进行更细致的修改。这里有几个问题需特

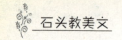

别重视。

一是"地、的、得"的使用。生活中打开报纸、杂志、广告，这三个字常常乱用。不必给小学生讲语法，告诉他"笨"办法，名词前面用"的"，动词前面用"地"，动词后面、形容词前面用"得"（或补充说明的词语前用"得"）。

二是标点符号。文章里，前后句之间是什么关系，哪里要停顿，想表达什么，作者最清楚。用好标点符号，是对读者负责也是对自己负责。小学生作文有几点要特别注意。

顿号：顿号用在并列词语之间，比逗号"小一级"，与逗号不要混淆使用。

分号：分号用在分句之间，并且任一个分句已用过逗号。如果还没用逗号，就不用分号，仍用逗号。

感叹号：感叹号用在感叹词和感叹句后。但不可遇上感叹词和感叹句就用感叹号，可以用逗号或句号。感叹号用来画龙点睛，也不能重复用几个，一个足够了。

双引号：引用资料原话、对话中重要的话、借用词语或句子表达特殊意义的，用双引号。引用资料转化为自己的话、对话中不太重要的话，不用双引号。

不写长句子。长句子写起来语意混乱不清；读起来喘不过气，理解费神，还可能有多种不同理解，不能正确领会作者意图。怎么办？改成短句。

方法：改、添顿号、逗号；调整词语、短句的顺序。如：

熄灯后女生院里突然响起一阵叽叽喳喳的哭笑打闹声像掀翻了麻雀窝。

这个长句读得换不过来气，改一下。

（1）熄灯后，女生院里，突然响起一阵哭笑打闹声，叽叽喳喳的，像掀翻了麻雀窝。

（2）熄灯后，女生院里，突然像掀翻了麻雀窝，一阵叽叽喳喳的哭笑打闹声。

第（1）句添了四个逗号，调整了短句的顺序。

第（2）句添了三个逗号，调整了短句的顺序，少了"响起"两个字。改后意思没变，读着轻松了。

【对家长说的话】出现这些结疤很正常，不是一次两次就能解决的，没关系，耐心地和孩子一起改。

【对孩子说的话】掌握了修改的基本方法，一切都好办了。初稿存在这些问题，全面修改后可能还会出现一些问题，别怕，好作文是改出来的，我们要有信心。

 例文 1

"的、地、得"的旅行

山东 四年级 刘浩宁

漆黑的夜里，三个好朋友"的、地、得"静静地躺在小主人的作文本里。的对地和得说："一直躺在这儿也太没意思了吧！"

"是呀！是呀！"地和得连声附和着。地又说："如果我们要出去，就应该想想去哪儿？"

得想了想，说："前天我看见小主人在客厅用汉字积木搭了一座城堡，我们去那儿看看吧！"

趁着说话的空，的和地早已从作文本里跑出来了。他们一会儿就来到了汉字城堡，在这儿它们认识了许多朋友，也帮助了许多带有"的、地、得"错字的词语和句子。

比如，小主人搭的城堡中有个句子"我们的校园有一个大大地花坛"，句子哭丧着脸说："小主人把'一个大大的花坛'搭成了'大大地花坛'了，害得我整天被他人笑话。"

的说："我来帮你！"说完，像孙悟空那样，变了一个分身术，"的"就替换了"地"。句子笑了，连声道谢。

"我这城堡搭的真漂亮啊！"还有我呢，"你们看看，真漂亮是补充说明城堡搭得怎么样的，可小主人用了白勺'的'，真冤枉啊！"

"呵呵，没问题，我来了！"双人旁"得"挺身而出。

就这样"的、地、得"在旅行中帮助小主人改正了城堡中所有用错的字，于是，它们在汉字城堡中一夜成名。它们的小主人由"的、地、得"不分的错别字大王也弄明白了"名词前面'白勺'的，动词前面'土也'地，形容词前'双人'得"。为此还受到了老师的夸奖呢！

【博友评价】一生有源：刘浩宁小朋友你愿意收我这个大朋友做学生吗？你这篇文章知识性与趣味性的完美结合，让我学习到了一直都难以克服的"困

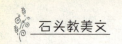

感"，我要牢牢记住："名词前面'白勺'的，动词前面'土也'地，形容词前'双人'得。"谢谢刘浩宁小朋友，我的"三字"老师！

【博友评价】印迹：浩宁，你这个《"的、地、得"的旅行》的故事讲得好呢！帮助大家解决了一个难题。我也要感谢你呢，我教了一辈子书，如何使同学们掌握"的、地、得"的用法始终没有想出好办法来，而你想出办法来了，你真聪明！

**例文2**

石头？石头！

山东 六年级 王浩然

"什么？石头？大自然中的？"你纳闷了吧，以为是一块硬邦邦的石头吗？错了。其实我开始听到石头是一位优秀老师时，也感到很奇怪，为什么姓石名头呢？（还真）有人这么取名啊！从谭老师那儿知道，原来石头是美文班蒋开键老师的博客名儿。可听到谭老师说石头是一位女老师时，我又纳闷了，石头应该是很坚强，不怕困难的象征，怎么会是女老师？后来看到《站到石头上》这本书，发现石头是位好老师，大家都喜欢她。她不光教孩子们本领，还教孩子们做人的道理，而且很温柔，关心学生就像关心自己的孩子一样。

这都是真的吗？百闻不如一见。我带着种种疑问觉得应该去看看，可是石头老师什么时候来呢？终于有一天谭老师对我说，石头老师来了，定在下个周日上课。我心里挺高兴，盼啊盼，从星期一到星期六，每天都要问妈妈："今天是星期几？"妈妈每次回答都让我失望。好不容易妈妈告诉我："今天是星期六，明天你该上课了。"那天晚上，我一夜无眠，满脑子都是石头老师。

今天早上6点我就起床了。我高高兴兴地赶到达凯学校，上了二楼，来到美文班教室。一推开门，石头老师笑眯眯地走过来，请我坐下，双手递给我一本红彤彤的书——《石头和孩子们》。我坐下的第一眼就看见黑板上方的一排大字"玩中学，学中乐，乐中有收获"，哇，快乐的学习，有劲儿！

开始上课了，老师喜笑颜开地和我们聊天，用具体的事例聊"把自己和书关起来"，做精神明亮的读书人；聊"特别注意细节"，细节决定命运；聊"和日本孩子共进午餐"，学会做一件件身边的小事……一个个生动的故事，一句句真爱学生的肺腑之言，亲切自然，一点儿也不说教。不知不觉一转眼就下课了。

课间休息时我想：石头老师虽然年纪大，但是她能走进我们心里，是我们的好伙伴，我认同这石头并喜爱她了。看了《石头和孩子们》这本书的介绍后，我知道老师为什么叫石头了：

（"）高原缺氧，人迹罕至。但我见过的高原，草木茂盛、鲜花盛开、牛羊成群，别有一番风味。遗憾的是没有像模像样、坚硬顽强的石头。大自然不应是一种单纯的美，应是万物共存的、自然的、和谐的美。因此，我愿做高原上的一块顽石。

（"）这块顽石，耐得住空气稀薄，守得住孤独寂寞，抵得住风雪侵蚀，始终默默无闻坚守一角。

（"）这块顽石，工作需要时，可敲碎作铁道铺路石，可作学子人生的基石，也可作房屋的奠基石……只要需要，只要能派上用场，做什么都可！（"）

真的，老师的确是一块高大的巨石！她托起无数的学子，让我们看得更高，走得更远！石头老师，我爱您！我会做一个最快乐、最优秀、最坚毅的小石子！

【石头的话】题目非常新颖：一个"问号"似在摇头询问着，一个"感叹号"似在感慨肯定着，给文章定下了悬念。连续引用别人几段话，每段前加前双引号，最后一段再加后双引号。老师用括号给你加了几处，你看看怎么样。

【博友评价】小台：浩然，通过你对石头课堂的记叙，我深刻感受到你对石头老师的喜爱，句句散发真情实感，最真实的就是最美的。同时注意语句通顺和简洁明确，文如其人哦，千万别罗嗦、重复。

3. 改身体

一篇文章开头、主体、结尾，都要认真推敲。开头第一句或第一段就要勾住读者的眼睛，引起读下去的兴趣。这种"勾引"，要让读的人立刻激动起来，感动起来。作文，要把最有吸引力、最有情趣、最有哲理性、最有爆炸性、最有反抗性的话写在前面。这种开头只能用于这一篇文章，而不能用于另一篇文章，这就是好的开头。由于受"文化大革命"时文风的影响，许多人作文喜欢制造"万能头"，什么文章都能套上去，高喊口号，说些漂亮的假话、套话、空话，这不可取。

作文主体短小。仔细检查：写自己，没心理活动；写他人，是哑巴，没表

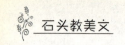

情、没动作，都是笼统的话。好像没装程序的机器人。怎么办？装进程序。将自己的想法，他人的表情，大伙的语言、动作，糅合在一起，写成一段话或几段话。文章内容丰富了、饱满鲜活了，读的人就有身临其境的感觉。

结尾也很讲究。写作文，不只是讲故事，还要能从故事中得到某些启示，总结出某些规律。最好将这些意义隐含在故事或描写的景物里，一般不用直白地写出来。读者阅读后，能发现这些意义，得到快乐，结尾就戛然而止。故意把还可以讲的话，隐藏起来，留有余地，让读者自己去发现。这是一种很有意思的结尾，高明的结尾。

你从故事里领悟到一个新鲜的、读者自己想不明白的道理，结尾就用总结性语言把道理说出来。既是首尾点题照应，又是主题的回归。

有些道理作者知道，读者也知道，而你却写出了读者没有见过的新意或是新颖的说法让人过目不忘，尽可以用来结尾，给读者享受阅读的乐趣。

【对家长说的话】开头、主体、结尾是文章的大格局，您可站得更高些给孩子出些修改的点子，那就是雪中送炭、锦上添花啦。

【对孩子说的话】修改是写作的最后战斗，涉及字词句、标点符号和结构的全面梳理。作文动笔前要构思好，初稿完成后再重新审视，不满意就调整、修改，争取更好。

 **例文 1**

滴滴嗒嗒（滴嗒滴嗒）

山东　六年级　胡可心

可心妈妈按：这篇文章，石头老师给可心修改过了。我仔仔细细地品了好几遍，很有味道。括号内的字是石头老师帮可心修改的或添加的内容，带下划线的文字是需修改或有问题的内容。谢谢亲爱的石头老师，可心觉得自己像是写了好几篇美文呢！

亲爱的石头老师：

今天是您在山东度过的第一个教师节，我把自己用心写下的美文献给您，祝您节日快乐！

时光流逝，脚步匆忙，从不间歇。滴滴嗒嗒（滴嗒滴嗒），是什么？

（滴嗒滴嗒）是快乐。在石头美文班，不论是哪一节课，都听得到小石子们的欢声笑语。猜谜语，吹气球，（唱京剧，赏诗文……）充满乐趣的课堂，成就一篇篇美文。

（滴嗒滴嗒）是付出。在快乐的田野里，一定有汗水的浇灌。石头老师每天都要花好几个小时，编辑石子们的文章。用辛勤的汗水，浇灌快乐的萌芽。

（滴嗒滴嗒）是收获。玩中学，学中乐，乐中有收获。在快乐中学习，在快乐中作文（习作）。生活处处有作文，（身边处处皆学问，）那些鲜活的课堂，激发了写作的热情，创造了写作的灵感。

滴滴嗒嗒（滴嗒滴嗒），时光流逝，脚步匆忙。

滴滴嗒嗒（滴嗒滴嗒），辛勤付出，汗水浇灌。

滴滴嗒嗒（滴嗒滴嗒），快乐无限，美文顺其自然。

滴滴嗒嗒（滴嗒滴嗒），时间在发芽，时间在长大。让我们用笔，留住时光的美好…

【石头的话】可心，这篇作文我已稍微修改，发出来你好好品品有什么不一样？哪怕仅仅是语序的变化。了不起的可心，老师修改的未必就真好，你依然可以保留自己的。因为每个人的想法不一样，思考的角度也不一样。

【学生评语】王延泽：可心，又是一篇好美文，从我开始对你的俯视，逐渐到平视，至现在的仰视，你一步一个脚印，成功离你触手可得。

你的诗歌体裁新颖，语句浑然天成，读着朗朗上口，读完让人回味无穷。你的文章，初读眼前一亮；再品，意味深长，犹如冬日阳光，暖暖照进心房。人生之路很长，愿你越走越开朗。

【学生评语】可心回复：谢谢延泽哥哥，读着你的点评，可心禁不住哈哈大笑。我觉得，你笔下的我，好像变"高"了很多。其实，可心是不高不矮的，真实才是最美的。

【博友评价】sunshine：滴嗒滴嗒，石头妙笔一点，锦上添花，美！滴嗒滴嗒，可心精益求精，精神可嘉，好！

【博友评价】亲亲乔木：可心美文构思巧妙！"滴滴答答"像下雨，"滴答滴答"准确，是时间的"脚步声"吧！哈哈，石头老师改得好！美文更添彩啊！

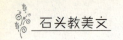

例文 2

小溪快乐的旅程

山东 六年级 王子健

"叮咚……叮咚……"听，是谁在轻轻地<u>歌</u>唱（歌）？噢！原来是一条潺潺的小溪在快乐地唱歌（。）呢！

春姑娘问："小溪，你为什么这么快乐<u>呀</u>？""<u>因为我决定</u>要去旅行，去寻找大海妈妈（哟）。"小溪答道。

"那你为什么非要去那里呢？大海可离这儿很远啊！"在一边听的小燕子提出了质疑。小溪高兴地憧憬着说："听人们说，大海无边无际。我这次旅行就是想要去见识见识大海的广阔，去看看大海的日出和日落，去欣赏那海天一色的蔚蓝！"

"你的志向真远大，祝你一路顺风！"春姑娘和小燕子一同真诚地祝福小溪。

告别了春姑娘和小燕子，小溪继续欢快地向着大海前奔去。一路上，他依然唱着动听的歌。忽然，前面的一块巨石挡住了去路，还霸道地对小溪说："你不可能过得去的，你还是快回去吧！"

小溪<u>听了巨石的话</u>，坚定地说："为了见到大海，我一定要过去，要不然之前的努力就白费了。"小溪不断地<u>像</u>（向）巨石冲去，又不断地被挡回来。<u>这样</u>，日复一日，月复一月，年复一年，巨石被小溪冲成了<u>一块鹅卵石</u>。小溪继续向前，依然唱着欢快的歌，快乐地奔跑。

<u>又过了一段时间</u>(穿过从山峻岭)，小溪来到了一片常有沙尘天气的地方。那里的沙尘将小溪变得浑浊了，由清澈见底变得浑浊不堪。小溪受到了如此的打击，他哭了，哭得好伤心，好难过。不过他哭过以后还是<u>决定坚持</u>，继续向大海（前）进发。就这样跑着跑着，他发现自己又变清了，又是那个清澈，活泼的自己了。小溪又恢复了往日的风采，坚持不懈地向大海进发。

在流（奔）向大海的旅途中，小溪经历了许多坎坷和磨难，而这些坎坷与磨难并没有动摇他的决心，反而成了他前进的动力。因为小溪坚信"不经历风雨，怎能见到彩虹"！就这样，小溪在经历坎坷时学会了坚强与持之以恒。★

★（穿过高山、奔过丘岭、淌过平源）<u>又过了很长很长的时间</u>，小溪终于见到了大海妈妈，见到了那广阔、那蔚蓝、那海（容）纳百川的大海。<u>这让小溪陶</u>

醉了，他悄悄地流入了大海，投进了妈妈的怀抱。这时的小溪不再是小溪，而是大海的一部分。

小溪，噢……不！应该说<u>说</u>（是）大海，他那宽广与气度使许多人所陶醉。<u>而</u>从前小溪的坚强与持之以恒的精神更让人赞叹！

【石头的话】 立意很好，加括号和下划线的地方仔细想想，老师是怎么讲的。第八自然段前半部分是总结性语言，后半部分又写小溪奔流，脱节了。从加双星号的地方前后调一下顺序怎么样？题目是旅程，重点在"程"，时间不是重点。

【博友评价】 sunshine：小溪，一路欢歌，一路奋进，最终奔向大海，靠的就是坚韧不拔、持之以恒的精神。人在旅途，同样需要这种精神，任何人想成就大事，都要向着自己的目标，脚踏实地，勇往直前！王子健，我们一起加油！

4. 改症句

英国人发明了红绿灯，中国人在中间加了个黄灯，用于指挥交通。健康专家，把红灯类比为疾病；把绿灯类比为健康；把黄灯类比为疾病与健康之间的第三状态，叫亚健康。就是不舒服，有症状，西医院的仪器检查不出病的那种状况，中医称作症。作文也是这样，用语法知识这个仪器，检查句子，有毛病一查就出来了，这叫病句。有些句子怎么读，怎么不舒服，有症状。用"语法仪"检查，查不出病。这种句子在"病句"和"健康句"之间，姑且与"症"作类此，就叫它"症句"吧！

症句在小学生作文中很普遍。作家肖复兴在《课文是怎样炼成的》一书中也作过分析。它有很多种类。

电视上一些明星接受采访，一开口说话，"<u>开始、先、最后、然后、我、接着、结果</u>"没完没了，这是"口语症"。这种症句，还有："<u>什么……的、在、就、其实、是……的、硬是</u>"等等。怎么改？读一读，如果删去这些有"症"的字词，句子仍然通顺，意思又不变，通通删去这些有"症"的字词。

乱用、滥用关联词。肖复兴曾说，爱用"<u>虽然、但是、因为、所以、便可以、以求、然后、就</u>"这样的词，像口头语，挂在嘴边。这样的口头语完全可以省略不要，"关联症"就这么治。

写人记事也有一些习惯性流行症句。"<u>他长着一个蒜头鼻，还长着两个招风耳</u>"。鼻子耳朵天生就长着，再用"长着"，就多余，就是症。这叫"长着症"。

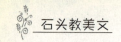

"高大全帅"，写人物，从五官到脚板一处不落，且高且帅。人又不是模子压出来的，怎会个个都患"高大全帅症"。

男性眼睛，个个炯炯有神，全都成了奥特曼；女性眼睛，全都水灵灵、水汪汪，个个都是洋娃娃美女，患了"痴眼症"。

称谓用"大明、小黑"，甚至网名"毛毛雨、心里凉"等。这些只能在特定环境里用，写在作文里，不熟悉的人摸不着头脑。这是"称谓不明症"。

"挑在肩上的担子、挎在肩上的书包、背在背上的包袱、端在手上的碗、穿在身上的衣服"等。完成这些动作是固定的肢体，换个部位就不是那个动作了。"肩上、背上、手上、身上"都多余，这是"肢体多余症"。

"我正讲得绘声绘色，钉铃铃……上课铃忽然响了起来。我想：讨厌，我还没讲完呢。"自己内心的想法已经写出来了，不用"我想"了，删去它既干净、通顺、意思不变、表达也清楚。这叫"我想症"。

"晚餐后，全体同学开节约粮食反对浪费的大会的时候，李师傅讲食物是社会资源的时候，这时，一向刁钻的付布仁小声嘀咕：'是我丢的'这时，我狠狠地盯了他几眼。"两个"的时候"、两个"这时"多余了。删去更清爽。这是"的时候症""这时症"。

"王晓明是个杯具人物""靠""你昨天偷菜怎么样？""我是打酱油的"，读到作文中这些话，真有点神仙感觉，云山雾罩。请教孩子，才知是网络用语和游戏。网聊是虚拟的，有它特殊的语言形式，这也可理解，不过那只能在特定环境中用。作文是现实的，非聊民哪懂网语，不可取。叫它"妄语症"吧。

【对家长说的话】日常生活中许多口语或习惯性语言，大家习以为常，指导孩子作文要"从我做起"，克服这些症。

【对孩子说的话】从小养成说话干净利索的好习惯，特别是写文章更要提高警惕，发现一种症就要有意识治疗。

例文1

快乐与感动

山东 七年级 王姿懿

今天的自助餐非常丰盛，无疑是快乐的，但在快乐的背后带给我的却是深

228

深的感动。因为，我看到了他们……

我看到了石头老师手中拿着相机，一会儿拍照，一会儿又要安排一些事情。忙得不可开交，几乎没有时间与我们一同分享自助餐。但她的脸上始终洋溢着微笑，我想她是快乐的。

晓磊，我从一进门就发现他和胜林站在那里切西瓜。好几个大西瓜他慢慢地分成小块、摆好，再切桃子、苹果……在自助餐开始后，他还是跑东跑西（，）。一次，我发现他正端着满满一桶垃圾朝我走来。没有抱怨、没有苦瓜脸，他却给了我一个淡淡的微笑，有汗水滑过他的嘴角。我想他是个男子汉，真正的君子。

还有大树伯伯，他微笑着给我们介绍四川凉面，却不提自己的辛苦。五点钟就去准备材料，跑好远买特殊的面条，回来后还要去煮面，备好 12 种佐料……所有的辛苦都没被看到。我想他真的是一棵树，一颗守护着石头和孩子们，无怨无悔的大树。

还有全体同学，面对如此美味的食物，我没有看到争、抢的场面，却常看到喂、让的画面。我想，因为这是一群小石子，而不是一盘散沙……

所有的感动都能酿成快乐，所有的快乐的背后都藏着感动。这些都是我最美好的回忆，我会永远珍惜。

【石头的话】勤奋的姿懿，你的这篇习作很有改的空间：

1. 第一句话"今天的自助餐非常丰盛，无疑是快乐的，"丰盛不是快乐的决定因素。没有交待自助餐的背景资料，陌生人看不懂，缺乏读者意识。

2. 全篇没有人物对话，是"哑巴"。

3. 缺乏具体的动作、表情和整个场面的氛围。

4. 怎么快乐的没有表达出来，表达感动也只是点了一下。

5. 患了"肢体多余症""我想症""一次症""关联症""还有症"、"在、从、的"等"口语症""无头症""长尾巴蛇症"。这些症在文中加了下划线，删去它们句子更通顺，意思不会变。

呵呵，这些建议仅供参考。因为姿懿是初中生了，老师对你要求严，相信我们姿懿会修改好的。

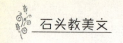

例文2

选同桌

四川　四年级　王胜羲

　　今天，我们学校来了四名新同学，他们是《西游记》里的唐僧、孙悟空、猪八戒、沙和尚。校长把他们安排在我们四年级，一个班一个，同学们可高兴啦！校长说："哪个同学旁边有空座位呢？如果有的话，请自己选一个做你的同桌吧！"正巧我旁边有一个空位子，我想给谁坐好呢？

　　假如我和唐僧坐，他<u>不仅</u>学习好、、<u>还</u>善良、诚实，可以帮助我。但是他不会踢足球、、不会做游戏、、课外活动时，他什么也不会，<u>所以</u>我不选他当同桌。

　　假如我和猪八戒坐，他好吃、懒惰，每次到学校要带好多吃的，吃完就扔在桌下，同学们会以为是我丢的，说我不爱卫生呢！<u>所以</u>我也不选他当同桌。

　　假如我和沙和尚坐，他老实听话，守纪律，可他没有自己的思想，别人叫他干什么，他就干什么。没劲儿。<u>所以</u>我还是不选他当同桌。假如我和孙悟空坐，他勇敢机智，不怕吃苦，可他有时候耍花招，爱作弄人，是个泼猴。可世界上没有十全十美的人啊，就选孙悟空吧！

　　经过一番思考，我终于选定了孙悟空，他很高兴，还和我握手呢！校长也很兴奋，说："你真会选，你们会成为好同桌的！"

　　【石头的话】思维独特，选材有眼光。加下划线的地方都可删去。读者看到文章时已不是"今天"了，再说是昨天选还是今天选，并不重要。其它地方没必要用那么多的关联词。

　　【博友评价】青山白水间：果然是眼光独到，不但是选同桌的眼光独到，选材的眼光也很独到，不过，生活中的同桌可不像文中所写的那样，是不可以随意选择的，可要注意相处啊！

　　【博友评价】阳光：王胜羲，文章的选材很独到，你把唐僧师徒的优缺点分析得那么透彻，自己的观点很明确。很棒！在这里想说的是：唐僧虽然没什么能耐，但他能把三个了不起的神仙组织起来，这本身就很了不起哦。所以协调能力与合作能力在我们现代的工作生活中是很重要的。

5. 改出美文

把文章改出情趣、改出韵味、改出哲理，这是更高的要求，这样的要求不要针对全体学生。只是学富力强、作文游刃有余的学生，向更高目标攀登的途径。

语言风格要统一。写作文，常常要用到查来的资料，或引用别人的话。然而，查来的资料往往专业术语多，或想引用的意思不集中但又相关；别人的话可能很长，要引用的意思在全句话中。这不能直接引用，要转换成自己的话写出资料的意思、别人的意思。怎样转换呢？先读上几遍，读出点印象，再把自己的理解、印象和感觉用自己的话、自己的风格写出来。

语言要有韵律感。作文不只是把意思写出来，还要让读的人，享受语言的美感。

文字读起来要顺口、舒服，有节奏感、韵律感。汉字本身就有节奏、音韵，我们只是利用"韵"来组合文字。节奏往往体现在字数的对称、句子的对称、段落的对称。韵有两个方面，一是前后句的"韵律"，二是语言含义要有"韵味"。这样的文字读起来美。

语言要有含蓄美。小学生作文不是学术论文，不要求意思表达那么精确。句子和句子间要有一定跳跃，有小的距离，距离产生美嘛。这是讲语言不要衔接太紧。好的表达，意思不能全说出来，留两分，有雾里看花的朦胧、模糊的含蓄美。让读的人琢磨、玩味，享受读的乐趣。当然作文也不能天马行空，东一句、西一句，让人摸不着头脑。

语言要新颖。好的语言表达，不是堆砌现成的华丽词汇，而是写出自己的新颖奇特，让人读着新鲜，容易记住。某同学竞争意识特强，有老师说："总希望，我们共同仰望的是蓝天白云，而不是战斗机。""42度了，太阳像个烧得发白的煤球，借我根竹竿，把它戳到太平洋去凉快凉快。"这样讲，不是说不用现成的形容词、成语、短语。可以用，要少而精，画龙点睛。

【对家长说的话】指导孩子作文时，与其过多谈方法、技巧，不如花点时间，放手让他们改，改到自己满意了，方法技巧自然有了。

【对孩子说的话】反复推敲，精雕细琢。初写的"毛坯"才能成"精品"，这才是美文呢。

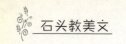

例文1

白天不懂夜的黑

四川　六年级　左楚霄

一年四季，昼夜交替，变化万千。人们常常是向往那充满光明的白天，我也不例外，总觉得黑夜总是给人惊恐的感觉。

最近，我读了《白天不懂夜的黑》后有所感悟。白天是喧哗的，让人貌合神离，虽然人们已习惯，但当你静静感受夜时，才会发现它们有天壤之别。

夜是宁静的。当夜深人静时，才会显示出一个真自我。生活中，往往要把身心放在夜的感觉中，心平气和，身静如夜，才会以更好的态度迎接挑战每一件事。

夜是神秘、深邃的。白天如五彩的画卷，而夜只像一幅黑白的中国画。没有了杂物的装饰，只留下真实的自己，似乎有一股清香和正气，是那样的神秘，令人琢磨不透。

夜是美丽的，因为静！在夜里青蛙为夜歌唱，细小声音汇成一支摇篮曲，为月儿歌唱。

夜是新陈代谢的关键。万物在夜里努力地生长，夜哺育着树木花草，折掉枯枝萎花，带来的是光明中骄艳葱郁的花木。夜是那样默默无闻，为了粉妆玉砌的白天，在默默无闻地工作，就像昙花，只在夜里开放，从不炫耀自己，伴着公鸡的啼鸣，她又悄然离去。

夜是孕育灵感的土壤。因为夜是豁然开朗的好时机，夜是自我回归的时候。白天人们匆匆地忙碌，始终不能打开透彻之门。只有夜，人们在背景是黑色的时候，才能好好地反醒自己。

夜的黑，是美好的象征，是平静的象征，是高雅的象征，是高尚的象征。

夜的黑，白天永远不懂；夜的黑，俗人永远不懂！

【石头的话】如果孩子们不是广泛地阅读，怎能写得出如此的文章？小孩子的能力是不能低估的，我们教师就是要千方百计地开发他们的潜力，让孩子们储备更多的能量，在学习过程中充分地展示自己的不凡之处，为他们的终生发展打下坚实的基础。

【博友评价】老洒：小孩子的文章写到这个份上，的确让老洒吃了一惊，特别欣赏。

【博友评价】阳光：楚霄，读过你几篇文章，写得都非常好。今天读到的这篇更具有思想性。我一直认为黑夜掩盖了很多罪恶。可在你的文章中却领略了黑夜的美丽：黑夜带给了你灵感，黑夜带给了你自省，黑夜带给了你纯洁。真独特！

 **例文 2**

最美的"石头"

山东 六年级 胡可心

一提起"石头"，我的脑海里便立即浮现出那个慈祥的身影——可敬又可亲的石头老师。不知为何，我对石头老师的印象是那么深刻。或许，是因为她身上最真切的东西——美！

这世间，永不衰老的——是美。在我心中，亲爱的石头老师就永远年轻漂亮！

石头的美，犹如冬日的暖阳。第一次见到她时，我站在美文班的教室门口，不知所措，茫然地向里面望着。石头面带慈祥的微笑，牵起我的手，把我领到一个空位上。然后，双手递给我一个作文本，脸上仍然挂着她那阳光般温暖的微笑。

石头的美，犹如春天的雨露。课堂上，她从来不拿教案。一边讲课，一边用眼神同我们交流。石头每讲完一个知识点，就会用眼神问我们："懂了吗？"我们会报以一个灿烂的微笑，一个疑惑的眼神，或是轻轻地摇摇头。

石头的美，犹如夏日的一丝凉风。石头讲课从不生硬，而是用一个个生动如画的小故事，来告诉我们一个个耐人寻味的道理。石头不会直白地告诉那道理的含义，而是点拨我们自己去探索。生活处处有作文，我手写我心，细观察、善思考、会推断，玩中学、学中乐、乐中有收获……

石头的美，朴素、温暖，真诚而又伟大。就是这些美，把我深深地吸引了；就是这些美，让我对石头的印象异常深刻；就是这些美，让石头在我心里永远年轻！

后记：其实，石头美的地方还有很多，很多。只不过我没有一一在此记录罢了。在跟随石头老师这一年多的时间里，我最大的收获，便是学会了珍惜。珍惜和石头在一起相处的美好时光。

现在，石头已经回到了她远在重庆的家乡。许多上过美文班的孩子和他们的家长，在石头走后，不停地说遗憾。我真为他们感到无奈，因为我珍惜了，所以，没有留下任何的遗憾。

佛说：前世五百次的回眸，才换得今生的一次擦肩而过。那么，我和石头相遇、相识，这份缘究竟是前世几千、几万次的回眸啊！

巴金说：我写作不是因为我有才华，而是因为我有感情。我，也只不过是在记录我心灵深处的感动……

【博友评价】吾静思老顽童：最美的石头美在心，最美的老师美在真；最美的石头人格魅，最美的老师学生亲。

【博友评价】快乐的人生：可心真是当之无愧的小才女，您用一些小事把石头的美一一展现。浓浓的师生情在字里行间流露。最喜欢你这句"因为我珍惜了，所以，没有留下任何的遗憾"。

【博友评价】老潘：再一次为可心震惊！一个小小的六年级孩子能有如此的大手笔大情感，实在为之叹服！可心，记住，你的笔，一定不能停的哦……祝福你的每一次进步，每一步成长。

傻傻的石头会唱歌

——写在《石头教美文》后面

一、石头退休、离开涪城好些年后，我还时常想起她。想起她的身影、神态，想起她的"憨"和"傻"。除文字中不断提及外，在专题讲座《好教师的样子》里，我甚至把"傻"作为好教师的第一"标准"，这"灵感"来自于她，举例，当然是她——现在，这专题已在省内外讲过很多场，石头的"傻"，也伴随着我的"标准"，而声名远播。

二、石头是特级教师，享受政府津贴的专家。2001年秋，被我们从重庆"挖来"的人才。但她并不恃才傲物，也不依专卖专，更不以特仗特。熟悉的人都叫她大姐。她的确有着邻家大姐的谦和、随意、亲切。她是开县人，刘伯承的小老乡。她多年生活在山城，有着重庆妹崽的耿直和大气，甚至，因豪爽而显得憨厚——照直说，就是"傻"（川话读"哈"，后同）。

三、跟石头相识不久，我就当面说她"傻戳戳的"。她不仅没有生气，反倒没心没肺地嘿嘿笑着，不仅认同我的说法，似乎还引以为自豪。她退休后游学山东，竟然把这说法，带到齐鲁大地。她的坦诚与率真，让一向以豪爽著称的山东人民，也认可了她的"傻"——只不过，她那时早已从蒋特、大姐，变成"高原石头"，被所有人"石头、石头"地乱叫了。

四、石头这一称谓，缘自她的网名"高原石头"。我问过她为何以此为名，她有所解释，却记不清了。想起她文章里似有阐说，便进入新浪博客，但查询的念头，立马被打散——那4000多篇博文，让人望而生畏。快速翻到"目录"最后一页，果然有《高原石头说在前》："高原缺氧，人迹罕至。但我见过的高原，草木茂盛、鲜花盛开、牛羊成群，别有一番风味。遗憾的是没有像模像样、坚硬顽强的石头。大自然不应是一种单纯的美，应是万物共存的、自然的、和谐的美。因此，我愿做高原上的一块顽石。"

五、这篇"开宗明义"的文字，以前应该看过，现在看，既熟悉，又陌生："这块顽石，耐得住空气稀薄，守得住孤独寂寞，抵得住风雪侵蚀，始终默默无闻坚守一角。""工作、生活其乐融融，易满足，易陶醉……易觉得天地之美好，大自然之广阔，老天之公平，一切都很完美。""顽石毕竟是顽石，她需不断地琢磨，她会觉得貌不如人，技不如人……会觉得自身毛病甚多，要努力克服，不断完善。"我注意到，她开博和发帖的时间：2007年2月16日。那时，石头已快53岁，离退休只有两年多时间。

六、她到涪城不久，我们就有所交往，但因为"业务口径"，平常联系不多。某次遇到，她说正在学电脑，准备到网上冲浪。2007年3月，我组建"知行社"时，她已是网络高手；此后不到两年，她的博客，就得了新浪网站的大奖。石头眼睛不好，对电脑、网络都不熟。但她发文很快，几乎每天更新，有时一天挂好几篇出来，而且每篇，都认真排版，精心插图，注重字体和颜色区分。看那漂亮的页面，分明能感觉到她的用心。

七、石头的用心，甚至让"身边树"不满。被我叫做"高大哥"的那个男人，并不高，跟教育原本半毛钱关系没有，但是当石头要做"高原石头"后，他便长成了石头身边的树，而被我昵称为"树大哥"。对石头的"每天更新"，树的确有过抱怨和责怪，那是为石头的身体着急，为石头的眼睛心痛。树对电脑也不熟，但石头退休后，他硬是从头学起，把石头30多年教学生涯积攒下的点点滴滴，一个字一个字敲进电脑，在多方征求意见、数易其稿后，梳理成现在这样一本非常"专业"的书。那，又该是怎样地用心？

八、在讲座里，我把教师的"傻"，理解为"一种满足和安静，一种恬然和忠诚"，并最终归结到爱：傻是因为爱，无爱就不傻。"傻，其实就是不挑剔，不计较，不攀比——选择了当教师，就不能羡慕政客的权，商人的钱。"我说，"那种过于精明、工于算计的老师，往往不可爱。"谈到石头，特别让我感慨和感动的是，每次讲到她的课堂，她都津津有味，每次说到她的学生，她都眉飞色舞。这让我感叹：一个教师喜不喜欢教育、喜不喜欢学生，首先可以从他的面部表情，或者，从面部肌肉的活跃程度看出来。

九、石头说过，教师对学生的爱，首先体现为自己对学习的爱。以她的年纪，仍在不断接纳新事物，积极参与网络研修。听说某个讲座精彩，连忙在网上寻找；看到谁的教法不错，便在班里尝试。愿意如此认真、精心，我相信，必是出于自愿，出于她对生命和责任的认定。在普遍贪图安逸、舒适的时代，有这样的认定和自愿的教师，不多。或者说，像这样"傻"的教师，不多。过于精明的教师太多，我以为，这是教育面目比较可憎的原因之一。

十、石头是特级教师，是专家，是引进的人才，但她一点儿也不追求分数。据我所知，在学校里，她很少拿到教学质量的最高奖。她不是不能，而是不愿。小学教育，不能"死整"，否则，中学教育只能"整死"，这样的道理，她懂。她知道教育的目的，也知道小学教育的方向，因此，她的用心和倾心，便不在所谓的"质量"，而在学生的成长——别班用来复习迎考、反复做题的时间，她更愿意让孩子沉浸在美文阅读和写作里。

十一、石头对作文教学很有一套。再不喜欢写的孩子，到她班上，很快就喜欢写了。写得再不好的孩子，在她指点下，很快就写得好了。我不相信教育的奇迹，但我相信教育一定有秘密。为了探究这个秘密，2008 年 3 月，我组织了"开智慧之门，启爱心之键"的主题活动，专门研讨石头的作文教学。即使以今天的眼光看，那也是比较"高大上"的活动——先由她弟子上作文教学示范课，再由她现身说法作报告，然后是学校教师代表发言、教研员作专题研究报告。我则是"专门的业余主持人"。

十二、"对作文教学，我想打个不恰当的比方，它是语文学科的半壁江山。得到这半壁江山，才可以得到语文教学的天下；失去这半壁江山，就可能失去语文教学的天下。正因它是半壁江山，往往很难捍卫和坚守，历史上，偏居一隅的王朝从来就没有昌盛过。所以，与其说今天是一次研讨会，不如说是一场战斗，而且是一次攻坚战。因为对作文教学'教也难，学也难'的状况，相信大家都有很深的感受。"我以这样的主持词，开启了研讨会的大幕。

十三、现在看，所谓的秘密，不过就是探究和实践，经验和思考，激情和智慧。石头的讲座，深入浅出，风趣幽默。既有她的人生感悟，更有她的教学追求，有做法，有思考，有体验，有感悟，有理论，有实证。素朴，家常，娓娓道来，却让人获益匪浅，热血沸腾。所以，那次的活动，既是研讨，也是推介，更是碰撞和激发，或者用我喜欢的说法，是"勾引和挑逗"：勾引大家搞好作文教学的兴趣，挑逗大家研究作文教学的激情。

十四、石头的作文教学，其实是一种"美文主张"，其核心，是"自然之道"。石头痛感于教学分离、缺乏生活、缺乏人文的流弊，也关注到"重技法，缺文心"的主次错位，使得作文仅仅局限于"教学"，难以上升到"教育"的尴尬。"要将对人的关注放在首位，才有生命力，才能破解作文之'难'。"她的应对"秘诀"，不过就是"唤醒孩子心灵的发现、心灵的感动、心灵的感悟"。缓慢地浸润，适当地点拨，如"山中清泉，林中小溪"那般自然。

十五、石头这主张，充分体现在这本《石头教美文》里。心灵的交流和温暖，耐心的关注和陪伴，方法的指点和导引……石头给出的策略，不过就是"文心统率文法"，所谓"文心"，即"为文之用心（刘勰）"，所谓文法，即为文之章法，由"文心"而至"文法"，如由"观念"而至"行动"，更符合人的发展。这也与石头的"为文先为人"一脉相承。如她所期望的，通过心灵的唤醒，让学生"用心感受生活、快乐写出美文、无声塑造灵魂"。

十六、今天的教育或教学，有观点容易，有主张不难，难的是如何践行。现在的教育界，山头峰起，流派纷呈，但大多不过是"扯虎皮，拉大旗"。就作文教学而言，据我所知，很多教师只是"为考而教"的技法传授，缺乏心灵的唤醒，徒有袭人的匠气——看学生考场作文的起承转合与八股作派，不难知道。石头却老实、憨厚。她甚至有意回避技法，在那次讲座中，她曾以"水无常态，法无常法"作比，言下之意，膏药一张，各人熬法不同。

十七、石头的"熬法"里，最重要的"一味药"，是将网络、博客引入作文教学。这看似拙笨，实则有效。除了她一以贯之的"爱"，除了让孩子作"自己的老师"，石头花了大量精力和心血，为孩子"搭建展示平台"，把孩子的习作通过网络，推介给更多的人，让更多的人关注孩子们，鼓励孩子们。石头曾说：对学生鼓励越多，学生越自信，对成就感的需要就越强烈。这或许正是石头能让孩子"爱上作文"的秘密所在。

十八、看石头博客里贴出的那些作文，稚嫩，单薄，甚至奶气。在成年人眼里，说不上多好，但对孩子来说，非同小可。那是他们的世界，是他们对这世界的"宣言书"。石头让那些文字的意义，不只局限于语文老师，而是扩大到更广大的世界。她认真修改，点评，编辑。她对每个孩子，都给予充分的鼓励和赞许。她凝视的眼睛，似乎是专为发现美好而生。她愿意为孩子哪怕丁点的美好，耗费巨大的心思，付出巨大的心血。

十九、一直觉得，教育，不过是简单的复杂。说简单，是因为教育的"双向"，都是人。人与人的理解、亲近与接受，肯定比与动物、植物间，要容易得多。做教育，我愿意相信，很多时候，其实只需要出自本能（即本身的能力），出自对生命的理解、体认、关爱、怜惜、同情与呵护。但另一方面，生命是复杂的，每个生命，都独一无二，每个生命与他者，都同质异构。所以，无论是相处的方式方法，还是对待的态度表情，都不可能简单地复制、粘贴、聚合。这样的特殊，既是教育的艰辛所在，也是教师的荣耀所系。

二十、石头真爱教育，也真懂教育。她慈爱的眼睛，关注到每个学生，哪怕是比较差的学生。她把自己的爱，像阳光般普洒给每株幼苗。她用真诚的关注和真心的欣赏，唤醒学生的激情和尊严。记得她说过，所有学生都是她的孩子。记得她还说过："我的班上没有差生！"那样肯定而自豪，那样温暖而用心。这让我感到，心，真的会看到美好的一切。当然，前提是要爱，更要会爱：会爱，即是要爱得智慧。

二十一、说到智慧，本书的结构即别具匠心。石头说，破解"作文难"的难题，"要孩子、老师、家长同唱一出戏。学生是主角，老师是二号，家长跑龙套"。戏怎么唱？石头像个老练的导演，把她理解的"作文心法"，既讲给孩子听，也讲给老师听，还讲给家长听。这样的"三讲"，统汇在一本书里，让"三者"同念一本经，同唱一个调。这种编排方式，套用一个滥俗的说法，有助于"三者"形成合力，共克作文难关。

二十二、石头得过知行社的"年度荣誉人物"称号。这或许是她一生中最不重要的奖项。但我愿意录下当时为她撰写的颁奖辞："蒋开键老师50岁时才开始接触网络，但很快就完成了由'菜鸟'到'大虾'的角色转换，她的博客甚至在著名的新浪网站获得奖励，既让人惊异于她的老而好学，又让人感叹于她的信心和热情。作为特级教师，她的谦逊、和蔼、正直、质朴，早已人所周知。她对生活的关注和热爱，她对事业的激情和智慧，更是深深地影响和激发着知行社的同仁。"我想说的是，时至今日，她仍然影响和激发着我们。而随着这本《石头教美文》的出版，她的经验和智慧，也必将影响到更多的老师、学生和家长。

2014 年 4 月 23 日　谢云于绵阳绿岛

（谢云，教育专家、四川省作家协会会员、全国"三生教育"优秀人物，著有《为促进学生探究而教》《"不乖"教师的正能量》《跟禅师学做教师》《幸福教师五项修炼——禅里的教育》《我们都是燃灯人》等一系列教育著作）

后 记

　　我不是教师，但热爱教育，哪一个人不是受教育者，同时又是教育者。与石头相处几十年，看着她迈出右腿的艰辛，收拢左脚的快乐，一步一回头地检视自己的脚印，哼着小调一往无前地行进在教育之路上，一走就是几十年。多少个脚印，数不清，总是印在身后的背影里；多少记录，数不请，总有几大柜；学生的信件、贺卡也数不请，总有几大箱。遗憾的是多次搬家，路途遥远运不走，房屋太小装不了，家庭的文化积淀真是越搬越穷啊。好在进入 21 世纪，电脑帮了大忙，总算把临近换乘站的一小段路程作了并不完全的记录。我们都已退休，石头想把自己的能找到的小学作文教育的东西理一理，串一串给小学教育同行、小朋友、小学生家长提供一点参考，也算是为"休"而修吧。奈何眼不好使了，我这个身边的闲人，正好是最合适的帮工，于是有了这本书。它既不是纯理论研究，也不完全是操作手册，只能算是石头对于作文教育的一些理性思考、感悟和作文教学的一些记录，既不完善，也不一定好使。所有例文都是她学生的习作，她的观点、做法都留在石头小屋（她的博客）里。孩子的习作很多，本书不是优秀作文集，挑选的例文只是为说明某个问题。虽然这些习作很稚嫩，也不完美，甚至有错误，但仍不失为同龄孩子写作的借鉴。企盼本书能为小朋友及其家长和老师提供一点实实在在的帮助，我们心亦安然。

2013.9.10　草于山东潍坊园丁园
2014.4.18　定于贵州黎平县翘街